석호집 石湖集

박현규 옮김
2층1효문화연구원 엮음

글로벌콘텐츠

석호집

© 2충1효문화연구원, 2022

1판 1쇄 인쇄__2022년 11월 01일
1판 1쇄 발행__2022년 11월 07일

옮긴이__박현규
엮은이__2충1효문화연구원
표지사진__CTN 신문방송 박순신 국장
펴낸이__홍정표
펴낸곳__글로벌콘텐츠
　　　　등록__제25100-2008-000024호

공급처__(주)글로벌콘텐츠출판그룹
　　　　대표_홍정표 이사_김미미 편집_임세원 강민욱 백승민 문방희 권군오 기획·마케팅_이종훈 홍민지
　　　　주소__서울특별시 강동구 풍성로 87-6
　　　　전화__02) 488-3280 팩스__02) 488-3281
　　　　홈페이지__http://www.gcbook.co.kr
　　　　이메일__edit@gcbook.co.kr

값 32,000원
ISBN 979-11-5852-377-0　93380

석호집(石湖集)

발간사

　먼저 〈2충1효문화연구원〉이 2021년 말에 발족한 이래 첫 작품으로 《석호집》 번역본을 발간하게 된 것을 무척 반갑고 의미 있는 일이라고 생각합니다.

　2충1효(二忠一孝)는 명나라 병부낭중(兵部郎中)으로 임진란 시 조선에 파병되어 공을 세우신 가유약(賈維鑰), 아들 유격장군(遊擊將軍)이었던 가상(賈祥), 손자 종사관(從事官) 가침(賈琛) 3대의 임진왜란 참전과 효행을 표상하는 말입니다. 가유약 3세가 원병으로 참전한 사실은 전쟁 당사국에서조차 찾아보기 힘든 일이요, 어쩌면 세계 전사상에서도 유례를 찾아보기 힘든 일입니다.

　나라에 대한 충성심과 부모에 대한 효도(孝道)는 동서고금, 남녀노소를 막론하고 백행의 근본이고 인간이 마땅히 지켜야 할 도리이며 최고의 덕목입니다. 연구원은 가유약 3세의 충효정신을 기리고 그 이념을 실현하고 연구하기 위해 설립하였습니다. 가유약 3세가 남기신 충효사상을 소주가씨 문중에 국한하지 않고 나아가 국가와 사회 발전을 위한 젊은 세대와 청소년들의 인성, 진로, 교육을 지원하고 지속적인 연구를 목적으로 하고 있습니다.

　소주가씨(蘇州賈氏)는 중국의 성씨로 본래 주나라 문왕의 자손인 당숙우(唐叔虞)의 아들 공명(公明)이 가백(賈伯)[낙양, 소주 일대를 통치하던 제후]에 봉해짐으로써 성을 가씨(賈氏)라 하였고 소주를 본관으로 하고 있습니다. 가씨 족보에도 본관을 소주로 하면서 입국 시조인 가유약을 중시조(中始祖)로 하여 세계(世系)를 계승해 온 지 430여 년이 흘러왔습니다.

임진왜란 이후 나라를 구한 황조인(皇朝人) 후예로서 여러 선조들이 벼슬길에 올라 여러 방면에서 역할을 해 왔습니다. 170여 년 전인 19세기 중엽 가행건(賈行健) 선조와 함께 일영(日永), 중영(中永) 두 자제분의 눈부신 활약으로 다시 한번 소주가씨의 중흥(中興)을 일으킨 사실에 주목을 하지 않을 수 없습니다. 만약 3부자의 활약이 없었다면 지금의 족보나 문화재로 지정된 숭의사가 빛을 보지 못했을지도 모릅니다.

장남 가일영에 의하면 부친 가행건의 시문과 ≪소학요어(小學要語)≫가 후세에 전하지 못할까 봐 근심이었는데, 족보를 편찬한 여력으로 그 이듬해 ≪석호집≫ 책자를 출간하게 되었다고 합니다. 여기에서 말한 족보는 1869년(고종 6)에 간행된 소주가씨 최초의 족보 소주가씨 대동보인 ≪기해보(己亥譜)≫를 지칭합니다. 가행건 생전에 족보 편찬에 나섰고, 아들 일영, 중영 형제가 부친의 뜻을 이어받아 완성시켜 족보가 탄생하게 되었습니다.

이듬해인 1870년(고종 7)에 완성된 ≪석호집≫은 400여 년 동안 우리 선조가 남긴 유일한 책자이고 역사기록입니다. 그간 역사자료나 유품이 부지의 소치로 팔려 나가거나 분실되어 전해 내려오지 못하였는데 다행히 국립중앙도서관에 원본이 보존되고 있어 금번에 번역을 하게 되었으니 천만다행한 일입니다.

≪석호집≫이 후대 우리에게 남겨 준 의미는 남다르다고 말할 수 있는 데, 그 키워드는 '태안(泰安)'과 '충효(忠孝)' 사상이 고스란히 담겨져 있다는 사실입니다. 태안의 역사에 관해 직접 밝혀 준 옛 기록물로 고향 태안 지역의 발전, 지역민의 삶과 질을 보살펴 주기 위해 노력한 흔적들이 그대로 생생하게 그려져 있습니다.

가행건은 1853년(철종 4)에 안흥첨절제사(安興僉節制使)로 안흥진성장을 맡았습니다. 재임 시기에 안흥진민들이 오랫동안 고통을 받고 있던 진상품 해산물의 폐단을 조정 대신인 김좌근을 통해 말끔히 해결했고, 또 해일, 가뭄, 염분 토지 등 자연재해로 피해를 본 지역민들을 찾아가서 위로하며 보살펴 주었습니다. 오늘날 안흥진성 입구 육모정(六茅亭) 앞에 세워진 가행건 공덕비가 본 책자를 통해 사실에 의거하여 나왔음을 증명해 주고 있습니다.

지금 진행되고 있는 안흥진성 복원사업에 본 책자 ≪석호집≫이 중요한 자료로 활용될 가치가 충분히 있는 바, 장차 안흥진성에 복원될 검소루(劍嘯樓), 제승루(制勝樓)에 안흥진성을 다스린 가행건의 시문이 걸릴 것으로 기대합니다.

≪석호집≫의 번역 작업은 박현규 순천향대 교수님이 해 주셨고 이 번역본을 금번 책자로 발행하게 되었습니다. 아울러 이 책자가 나오는 데 동분서주 뛰어 준 가재산 원장, 책 말미에 첨부한 '이충일효 이야기'를 정리해 준 가재모 종친, 그리고 물심양면으로 후원을 해 준 대종회 회장단에게도 감사의 말씀을 드리는 바입니다.

아무쪼록 본 책자가 소주가씨 모든 분들에게 자부심을 갖도록 하고 충효정신을 기리는 데 도움이 되기를 고대합니다. 연구원도 이를 시발점으로 여러 가지 활동을 통해 소주가씨 종친 모두가 하나로 대동단결할 수 있도록 배전의 노력을 다하겠습니다. 감사합니다.

이충일효문화연구원 이사장 가갑손

목 차

제3부
부록

1
석호집 해제

1

≪석호집≫ 가행건의 생애

본 책자는 19세기 중엽 충청 태안 출신 가행건(賈行健: 1798-1865)이 지은 ≪석호집(石湖集)≫을 국문으로 풀이한 것이다.

저자 가행건의 자는 강현(疆賢)이고, 호는 석호(石湖)이며, 본관은 소주(蘇州)이다. ≪소주가씨대동보(蘇州賈氏大同譜)≫에 의하면 소주 가씨의 해동조는 가유약(賈維鑰) – 가상(賈祥) – 가침(賈琛)이다.[1] 해동조 삼세는 모두 임진왜란 때 조선 지원에 나선 명나라 인사 출신이며, 훗날 집안은 조선 조정으로부터 황조인(皇朝人: 명나라 출신 집안의 후예)의 예우와 '삼세충효(三世忠孝)'의 편액을 하사받았다.

가행건의 생애에 관해서는 1870년(고종 7)에 박영무(朴永茂)가 지은 〈가의대부 행안흥수군절제사 가공행장(嘉義大夫行安興水軍節制使賈公行狀)〉과 ≪소주가씨대종보≫에 자세히 수록되어 있다. 1798년(정조 22) 8월 26일에 부친 가종식(賈宗軾)과 모친 달성(達城) 서씨(徐氏) 사이

---

[1] ≪소주가씨대동보≫는 1869년(고종 6)에 기사보, 1899년(광무 3)에 기해보, 1925년에 갑자보, 1960년에 경자보, 1983년에 계해보, 2008년에 무자보 등 총 6차례 편찬되었다. 기사보는 현재 소장처가 알려진 바가 없고, 기해보는 국립중앙도서관, 나머지는 집안에 각각 소장되어 있다.

에 장남으로 소성(蘇城) 석호리(石湖里), 현 태안군 남면 양잠리 안적돌에서 태어났다. 석호 지명은 고향 마을에 소재한 적산에서 바라본 바다, 현 부남호 바다가 잔잔하여 마치 호수와 같다는 데에서 유래되었다. 가행건은 자신이 태어나고 자란 고향 지명을 자호로 삼았다.

4세에 글을 배우기 시작하여 6세에 문장을 능히 지을 수 있었다. 이때 지은 시가 〈영포시(詠匏詩: 박을 읊은 시)〉이다. "너의 뿌리가 땅속에서 솟구쳐, 성긴 울타리 위로 뻗었구나.(爾根從地出, 延蔓上踈籬)" 7세에 ≪소학(小學)≫을 읽었는데, 훗날 ≪소학요어(小學要語)≫를 지을 정도로 ≪소학≫의 가르침을 중시했다. 10세에 외가에서 들어가서 외숙이 모셔 온 스승으로부터 ≪사서(四書)≫를 익혔다. 18세에 서산 출신 연안(延安) 이문수(李文秀) 문하에서 본격적으로 학문을 익혔다. 이때부터 송대 성리학(性理學), 이황(李滉)의 이기설(理氣說)을 평생 학문과 도리로 삼아 배우고 익혔으며 또한 이를 실천하는 데 노력했다. 〈심학에 대한 풀이(心學解)〉에 가행건이 마음(心)을 성리학의 핵심으로 삼은 사상 세계를 엿볼 수 있다. 나중에 과거에 몇 차례 나섰으나 모두 뜻을 이루지 못하였다.

장년 때 자신이 배운 학문을 세상에 드러내고 백성들을 구제하겠다는 원대한 꿈을 지니고 한양으로 올라갔다. 당나라 문인 한유(韓愈)가 광범문(光範門)에서 세 명의 재상에게 자신을 천거하여 벼슬을 구한다는 광범삼서(光範三書) 고사처럼 조정 대신들을 찾아가 자신의 인생을 개척하였다.[2] 처음에 조정 대신 김유근(金逌根)의 문하에 들어가 활동하다

2) ≪석호집≫ 〈석호유고서(石湖遺稿序)〉:「晚有當世意, 不顧干名之嫌, 上韓昌黎

가 얼마 후에 동생 김좌근(金左根)의 문하로 들어가 활동하였다. 이후 16년 동안 김좌근의 곁에 있으면서 조정에서 여러 정책을 도모하도록 도와주었다.3) 김씨 형제 또한 가행건을 친지나 빈객으로 삼아 높이 예우해주었다.4) 이후 가행건은 김좌근의 천거와 황조인의 예우 정책에 힘입어 관료 생활에 나섰다.

가행건 묘소

1849년(헌종 15) 10월에 경릉 명정봉지관(景陵銘旌奉持官) 겸 충무위(忠武衛) 부사용(副司勇)으로 제수되었다. 1850년(철종 1) 2월에 통정대부(通政大夫) 겸 용양위(龍驤衛) 부호군(副護軍)에 승직되었다.5) 1851년(철종 2) 10월에 절충장군(折衝將軍)에 올랐다.6) 이해 소주 가씨 집안은 조정

光範門外書, 盖胸中範圍, ≪三政策≫亦大推也.」

3) ≪석호집≫〈김대감께 올리는 서찰[하옥](上金相公書[荷屋])〉:「小生本以微質, 猥荷眷愛於伯氏黃山相公, 而爰暨閣下特賜容接, 奔走於門下者, 邇來十有六年矣.」

4) ≪석호집≫〈가의대부 행안흥수군절제사 가공행장(嘉義大夫行安興水軍節制使賈公行狀)〉:「遊於荷屋金相公之門. 相公延爲親賓, 問以古今得失, 公辨論甚悉, 言必正大, 相公禮之.」

5) 가행건이 통정대부에 오른 시점에 관해 〈가의대부 행안흥수군절제사 가공행장(嘉義大夫行安興水軍節制使賈公行狀)〉에는 1850년(철종 1) 2월, ≪소주가씨대동보≫에는 1851년(철종 2) 8월로 적혀 있다.

6) 가행건이 절충장군에 오른 시점에 관해 〈가의대부 행안흥수군절제사 가공행장(嘉義大夫行安興水軍節制使賈公行狀)〉에는 1851년(철종 2) 10월, ≪소주가씨대동보≫에는 1851년(철종 2) 9월로 적혀 있다.

으로부터 가유약 - 가상 - 가침으로 이어지는 해동 삼조의 훈덕을 선양하는 '삼세충효' 편액을 하사받았다.[7] 태안군 남면 양잠리에 해동 삼조를 기리는 사당인 숭의사(崇義祠)가 세워져 있고, 사당 안쪽에 철종 때 하사받은 '삼세충효' 편액이 걸려 있다.[8] 1852년(철종 3) 4월에 가선대부(嘉善大夫)에 올랐다가 5월에 가의대부(嘉義大夫) 동지중추부사(同知中樞府事) 겸 오위장(五衛將)에 올랐다. 1853년(철종 4) 6월에 안흥진수군병마절제사(安興鎭水軍兵馬節制使) 겸 수성장(守城將)·관향장(管餉將)에 제수되었다. 25개월 재임하다가 물러났다.

1865년(고종 2) 12월 23일에 석호리 사저에서 돌아갔다. 향년 68세이다. 1866년(고종 3) 4월 13일에 안적돌(적석산: 赤石山) 선영 왼쪽에 묻혔다. 정실은 풍산(豊山) 심의문(沈義文)의 따님이고, 계실은 평산(平山) 신재록(申在祿)의 따님이다. 아들 2명, 따님 1명이다. 장남 가일영(賈日永)은 울진현령(蔚珍縣令), 통정대부(通政大夫) 절충장군(折衝將軍) 행용양위부호군(行龍驤衛副護軍) 등을 역임했고, 차남 가중영(賈中永)은 절충장군(折衝將軍) 행용양위부호군(行龍驤衛副護軍), 안흥첨절제사(安興僉節制使) 등을 역임했다. 따님은 덕수(德水) 이민성(李敏星)

---

7) ≪석호집≫〈가의대부 행안흥수군절제사 가공행장(嘉義大夫行安興水軍節制使賈公行狀)〉:「(신해)是年, 以三世忠孝, 因儒疏上達, 特命立祠旌閭, 許叅皇壇班, 錄用子孫, 如李, 麻一例.」신해년은 1851년(철종 2)에 해당된다.

8) 숭의사 편액:「忠臣, 皇明兵部郎中兼監察史賈維鑰, 遊擊將軍賈祥: 孝子, 兵部從事官賈琛之門. 崇禎紀元後辛亥三月日命旌.」편액에 새긴 '숭정기원후신해(崇禎紀元後辛亥)'년은 1671년(현종 12)이 아니고, 〈가의대부 행안흥수군절제사 가공행장(嘉義大夫行安興水軍節制使賈公行狀)〉에서 가씨 집안에 사우와 정려를 세우도록 어명을 내린 1851년(철종 2) 신해년으로 봐야 한다.

에게 출가했다.

　끝으로 소주 가씨의 계보에 관해 저자 가행건을 중심으로 정리해 보면 다음 도표와 같다.

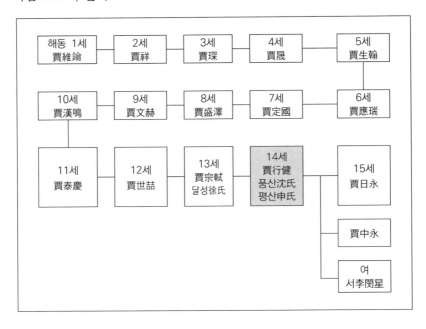

2
≪석호집≫의 서지 사항

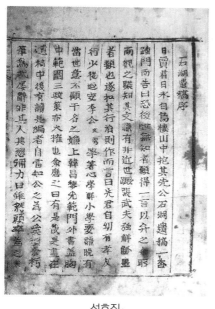
석호집

본 국역본 ≪석호집≫은 국립중앙도서관 소장본을 저본으로 삼았다. 청구번호는 고3648-11-22이다. 이 책자는 2016년에 대구 한옥션 경매에 나왔고, 이후 국립중앙도서관으로 들어갔다. 지방목활자본이다. 상하쌍란, 좌우단란. 반곽: 23.4×17.5㎝. 유개, 10행 20자. 백구, 상화내향2엽화문어미. 판심제: 「소학요어권지기(小學要語卷之幾) 기(幾)」 또는 「석호집권지기(石湖集卷之幾) 단(單)」. 책자 크기: 33.8×22.5㎝. 청능화지, 서제: 「소학요어(小學要語)」. 본문 곳곳에 후세인이 교감해 놓은 글자들이 적혀 있다. 이밖에 2000년대 초반에 충남대 한문학과에서 충청 한적을 조사할 때 수집한 ≪석호집≫(서제: 「石湖集」) 복사본과 2010년에

코베이 경매에 나온 ≪석호집≫(청능화지, 서제:「石湖集」)을 찍은 사진이 더 있다.9)

　≪석호집≫의 형태는 단권 책자로 묶여 있지만, 사실상 ≪소학요어≫와 ≪석호집≫(문집)으로 나뉜다. ≪소학요어≫는 전 2권이다. 권상에는 〈교육 세우는 예절(立敎之節)〉, 〈청소하는 예절(洒掃之節)〉, 〈응대하는 예절(應對之節)〉, 〈나가고 물러서는 예절(進退之節)〉, 〈수학하는 예절(受學之節)〉, 〈딸 가르치는 예절(敎女之節)〉, 〈부모 섬기는 예절(事親之節)〉 등 7편장으로 구성되었고, 권하에는 〈임금 섬기는 예절(事君之節)〉, 〈부부의 도리(夫婦之道)〉, 〈장유의 예절(長幼之禮)〉, 〈친구의 도리(朋友之道)〉, 〈제사의 예절(祭祀之節)〉, 〈음식의 예절(飮食之節)〉, 〈의복의 예절(衣服之節)〉, 〈옛사람의 말과 행동(古人言行)〉 등 8편장과 부록 중국과 조선의 간략한 역사를 담은 〈역대제왕(歷代帝王)〉, 〈부록 조선(附朝鮮)〉 2편장으로 구성되었다. ≪석호집≫(문집)은 단권이다. 가행건이 지은 문과 시, 가행건을 기리는 환갑 축수시, 만사와 박영무(朴永茂)의 〈가의대부 행안흥수군절제사 가공행장(嘉義大夫行安興水軍節制使賈公行狀)〉으로 구성되었다.

　≪석호집≫ 서수에는 1870년(고종 7) 7월에 임헌회(任憲晦)가 쓴 〈석호유고서(石湖遺稿序)〉가 있고, 서말에는 1870년(고종 7) 5월에 가일영(賈日永)이 쓴 후지(後識)가 있다. 가일영의 후지에 의하면 부친 가행건의 시문과 ≪소학요어≫가 후세에 전해지지 못할까 봐 근심이었는데, 족보를 편찬한 여력으로 본 책자를 출간하게 되었다고 했다.10) 여기에서

---

9) 코베이(KOBAY) 온라인경매 126회 2010년 6월 19일자.

　　　　　　　　　　　　　　　　　　　　　　　　　　　석호집(石湖集)

말한 족보는 1869년(고종 6)에 간행된 ≪(기사)소주가씨대동보≫를 지칭한다. 가행건 생전에 족보 편찬에 나섰고, 아들 가일영, 가중영이 부친의 뜻을 이어받아 완성시켰다.[11] ≪(기사)소주가씨대동보≫는 1869년(고종 6)에, ≪석호집≫은 이듬해인 1870년(고종 7)에 각판되었다.

가행건 교지: 숭의사 소장

---

10) ≪석호집≫ 〈가일영후지(賈日永後識)〉: 有詩文若干編, ≪小學要語≫一篇. 不肖常以無傳爲憂, 今因修譜餘力, 付之繡梓,

11) ≪(계해)소주가씨대동보≫ 이희장(李熙章) 〈기사보서(己巳譜序)〉: 「而尙書公十三世孫前安興行健方欲修正世譜.」 가중영 〈기사보서(己巳譜序)〉: 「夫繼志述事, 孝子事. 不肖者何敢妄議. 嗟, 我先君子嘗曰: 人道莫先於親親, 親親莫大於祖祖, 欲知祖祖親親, 捨譜牒奚.」

3
≪석호집≫의 내용 특징

1. 안흥진 진상품 탕감 주선

〈안흥 관해록: 하옥 김좌근 대감에게 올린다(安興觀海錄上金相國荷屋)〉는 가행건이 안흥진성을 지키면서 세밀하게 관찰했던 안흥 바다의 모습을 담아 한양에 있는 영의정 김좌근에게 올린 글이다. 문장 말미에서 송나라 명인 소철(蘇轍)이 태위(太尉) 한기(韓琦)를 만난 뒤 천하의 위대한 경관을 다 보겠다고 한 것은 자신이 김좌근을 만나 우리 동방의 위대한 경관을 다 본 것과 같다며 안흥 바다의 빼어난 경관을 자랑했다. 다만 자연 경관을 바라보는 유람 방법에 대해 가행건은 소철과 달리했다. 소철은 땅을 먼저 보고 사람을 나중에 보았지만, 자신은 사람을 먼저 보고 땅을 보았다고 했다.

가행건은 〈안흥 관해록: 하옥 김좌근 대감에게 올린다(安興觀海錄上金相國荷屋)〉를 지어 영의정 김좌근에게 올려 보내면서 자연 경관 감상 외에 또 다른 숨은 의도, 즉 안흥진민들이 그동안 겪어 온 진상물 폐단을 해결하기 위한 간절한 호소를 깔아 놓았다. 이러한 사실을 알아보기 위해 가행건이 안흥 민초들의 진상품 고통을 해결해 준 내용이 담겨 있는 〈영의정 김공좌근 영세불망비(領議政金公左根永世不忘碑)〉를 살펴볼 필요가 있다. 이 비석은 1860년(철종 11) 4월 안흥첨절제사 가중영이 세웠다. 원래 안흥진성 동문 밖에 세워져 있었는데, 나중에 안흥항 입구 국도변 새로 지은 육모정(六模亭)으로 옮겨졌다. 비석의 뒷면에 적힌 〈표명(表銘)〉을 옮겨본다.

夙余嚴君, 先守是城, 海物貢鰒, 郡有私營, 惟此吏校, 曁厥士民, 奔走王畿, 衷悃磬陳, 時我相公, 元揆敦仁, 廓揮明斷, 永著常規, 島抃泅手, 巷舞皺眉, 銘德寓慕, 堅石爲幟, 余亦在玆, 莫遏厥意, 閣以不朽, 匪私于已, 後或繼者, 是究是視.

일찍이 우리 부친께서 먼저 이곳 안흥진성을 지켰었다. 전복 등 해물을 진상했는데, 군에서 사사로이 경영하는 바가 있었다. 이곳 아전과 장리, 선비와 민초에 이르기까지 모두 분주히 한양으로 달려가 정성을 다해 마련해야만 했다. 이때 우리 대감께서 영의정 자리에 있으면서 인후하신 덕화로 명석한 판단을 크게 내리셔서 영원히 법규로 정하였다. 섬사람과 수부들이 손뼉을 치며 길거리에서 춤추며 찌푸린 주름을 펴게 되었다. 그 덕을 새기고 흠모하는 마음을 더하여 단단한 돌에다 표시하고자 하였다. 내 또한 이곳에 와 있어 그 뜻을 막을 수가 없었고, 비각을 세워 썩지 않도록 하는 것이 사사로이 행한 바가 아니다. 훗날 혹 이곳에 이르는 자는 이것을 궁구하고 살펴볼 것이다.

안흥진은 충청 북쪽 해역을 담당하는 지역이었다. 안흥진에서는 해마다 진상품인 바다에서 채집한 전복, 소라 등 해산물을 한양 경창(京倉)으로 올려 보내야만 했다. 1871년(고종 8)에 편찬된 ≪호서읍지(湖西邑

誌)·태안(泰安)≫(규장각장 규12716본)에 의하면 태안에서 올린 진상품에 생전복, 소라, 숭어 등 해산물이 포함되어 있다. 정조(正朝: 설날) 때 껍질 있는 생전복 369개, 9월에 생전복 6두, 탄신일 때 생전복 1두 2승, 동지 때 생전복 1두 2승 5홉, 5월에 작은 소라 3두 6승 8홉이다. 이 밖에 도계(到界: 감사 부임) 때 진상품으로 말린 숭어(乾秀魚) 4미가 있다.12) 이들 해산물 진상품은 모두 안흥 앞바다를 중심으로 태안 해역에서 채집되었다.

하지만 진상품을 채집과 납부하는 과정에서 온갖 폐단이 일어나 지역 민초들에게 극심한 고통을 안겨 주었다. 지역 민초들은 아전과 장리들에 의해 원래 진상품 물목에 정해진 할당량보다 훨씬 많이 부과받는 바람에 차가운 바닷물에 마구 들어가야만 했고, 또한 진상품을 한양 경창까지 납부하는 과정에도 탐욕스러운 관리들에 의해 이러저런 명목을 붙여 진상품의 상당량이 착복되는 심한 폐단에 시달려야만 했다.13)

안흥첨절제사로 부임한 가행건은 이와 같은 민폐의 사정을 파악하고는 조정에 강력히 건의해서 끝내 진상품 탕감을 이끌어 내어 지역 민초들의 오랜 고달픔을 해결해 주었다. 이 과정에서 가행건은 영의정 김좌근과의 친분관계를 십분 활용했다. ≪석호집≫에서 보듯이 가행건은 김좌근의 문하에서 16년간 활동하면서 국정 운영에 많은 도움을 주었고, 또한 김좌근과 함께 한양 도처의 명승지를 유력하면서 수창시 17수를

---

12) ≪호서읍지·태안≫ 〈진공약재(進貢藥材)〉.
13) 전 태안문화원 원장 정우영(鄭宇永)이 안흥 지역에서 전해오는 구전을 채집한 말에 의하면 안흥진에서 채집한 진상품 해산물을 한양 경창에 들어갈 때까지 도중에 탐욕스러운 관리들에 의해 착복된 양이 10의 7, 8 정도로 아주 심했다고 했다.

주고받았다. 〈안흥 관해록: 하옥 김좌근 대감에게 올린다(安興觀海錄上金相國荷屋)〉의 말미에서 자신은 소철과 달리 사람을 먼저 보고 땅을 보았다는 말, 즉 김좌근을 먼저 보고 안흥 바다의 빼어난 경관을 바라보았다는 말을 남기면서 김좌근에게 안흥 바다에서 일어나는 폐단을 해결해주기를 바라는 속마음을 은근히 담아 놓았다.

2. 지역민 민생을 보살펴 준 활동

1853년(철종 4)에 가행건은 안흥첨절제사를 맡았다. 당시 안흥진 관할지역의 민초들은 척박한 토지 여건으로 농산물 소출양이 매우 적어 살아가는 데 어려움이 많았다. 〈안흥 관해록: 하옥 김좌근 대감에게 올린다(安興觀海錄上金相國荷屋)〉에서 언급했듯이 농토가 염분이 많아 척박하여 곡식이 잘 자라지 않아 민초들이 부득불 바다로 뛰어들어 먹거리를 찾아 나서야 했다.[14] 게다가 이 지역에 자연재해가 자주 발생하여 민초들의 삶은 더욱 황폐해졌다. ≪석호집≫에 자연재해로 인한 민초들의 고통을 직시해 놓은 작품이 여러 편 보인다. 〈해일(海溢)〉 제1수에서:

齵水侵禾理豈生　짠물 침투해 벼가 어찌 살아남으리오
無華無實但枯莖　벼꽃 없고 알곡 없으며 오직 마른 줄기뿐
强招農叟傳來意　억지로 늙은 농부 불러 온 뜻을 전하니
垂首呑聲淚滿纓　머리 떨구고 울음 삼키며 눈물이 갓끈 듬뿍

---

14) ≪석호집≫ 〈안흥 관해록: 하옥 김좌근 대감에게 올린다(安興觀海錄上金相國荷屋)〉: 「厥土作鹵, 率多庀竄, 惟以海錯木道聊生焉.」

해일이란 지진, 폭풍, 해저 화산폭발 등으로 인해 해수면이 갑자기 높아져 바다의 거대한 파도가 육지로 넘쳐 들어오는 자연현상이다. 안흥진 관할지역의 바닷가에는 해수면과 거의 일치하는 저지대 농지가 꽤나 있다. 예를 들면 안흥진성 북쪽에 소재한 태안비치CC는 예전에 바다를 막는 간척사업으로 만들어진 농토였다. 이와 같이 바닷가에 소재한 농지는 평소에도 높은 염도로 소출에 적지 않은 차질을 빚어 농사짓기가 어려웠는데, 해일이 일어나기도 하면 방죽이 터져 짠물이 밀려들어 한 해 농사를 아예 망치게 된다.

가행건이 안흥첨절제사로 재임할 때 바닷가 농지가 해일로 인해 심한 피해를 입은 재난 사고가 있었다. 짠물이 침투해서 벼줄기가 말라비틀어지고, 설령 용케 이겨냈다고 하더라도 알곡이 없는 쭉정이라 수확을 기대할 수가 없었다. 이것을 본 가행건은 늙은 농부를 불러다가 지역을 맡은 수장의 입장에서 이번 자연재난은 인력으로 막을 수 없다며 이재민의 고통을 달래 줄 위로의 말을 전하였다. 하지만 늙은 농부 앞에 서 있는 가행건의 속마음은 까맣게 타들어 갔다. 앞으로 늙은 농부가 어떻게 살아갈 것이냐는 걱정에 그저 머리를 떨군 채 눈물만 주룩주룩 흘릴 수밖에 없었다.

〈해일(海溢)〉 제2수에는 해일로 방죽이 터지고 바닷물이 들어와 모래로 뒤덮인 양전(良田: 좋은 밭)의 피해면적이 눈길이 미치는 곳까지 아득하게 펼쳐졌던 장면을 읊었다.[15] 또 다른 〈해일(海溢)〉 시편에도 가을날 해일로 인해 양전이 막대한 피해를 입어 내년 봄에 양곡 부족을 어떻게

---

15) ≪석호집≫ 〈해일(海溢)〉 제2수: 「衝波決洑走良田, 極目平沙轉渺然, 欲睹禾苗無覓處, 提筇爲向地中穿.」

넘길 수 있느냐며 근심으로 가득 찬 모습을 그려놓았다.16) 이때 민초들이 이 사실을 아는지 모르는지 석양을 마주하며 짧은 노래를 부르는 모습에 대해 가행건의 마음은 더욱 울적해졌다. 독자들도 이 대목에서 가행건의 진솔한 마음을 읽고서 그가 겪고 있는 아픔을 같이 할 것이다.

〈농사 걱정(憫農)〉에서도 이곳에 자주 일어난 자연재해를 언급했다. 작년에 홍수, 올해에 병충해가 일어나 두 해 가을걷이가 모두 텅 비었던 재해현장을 언급했다. 이때 가행건은 농부들에게 이것은 사람의 탓도 아니고 하늘의 탓도 아니니 시세에 따라 궁하고 통함이 있다며 고통을 이겨내 달라는 위로의 말을 전하였다.17) 여기에서 가행건이 재난을 입은 농부들을 위로하는 모습을 엿볼 수 있다. 하늘이 행한 자연재해에 대해 지나치게 원망하거나 상심하지 말고 지역 수령 또한 여러분과 고통을 함께 하오니 참고 견디며 나아가면 조만간에 좋은 날이 올 것이라며 희망의 씨앗을 나누어 주었다.

〈삼정대책(三政對策)〉은 1862년(철종 13)에 철종이 삼남지역을 중심으로 전국의 여러 고을에서 일어난 임술민란(壬戌民亂)을 수습하기 위해 조정에 삼정이정청(三政釐正廳)을 설치하고 삼정을 개혁하겠다는 책문을 내려 조야의 관료들에게 물었을 때 가행건이 자신의 견해와 해결책을 마련해서 지어 올린 대책이다. 삼정은 조선 재정의 골간을 지탱해 주는 전정(田政: 농지 재정), 군정(軍政: 국방 재정), 환정(還政: 구휼 대책)이

---

16) ≪석호집≫〈해일(海溢)〉:「蘆葉稻花片片秋, 一回行過一回愁, 愚民不識明春餓, 猶對斜陽唱短謳.」

17) ≪석호집≫〈농사 걱정(憫農)〉:「去年大水今年虫, 兩度看秋一樣空. 人亦莫尤天莫怨, 祗緣時勢有窮通.」

다. 그러나 삼정을 운영하는 과정에서 부패한 관료들이 부정한 수법을 일삼아 정해진 수취액과 별도로 부과한 징수가 많았고, 또한 수취 과정에서도 원칙 없이 임의로 정하는 농단이 많았다. 민초들을 구제한다는 진휼 제도에 있어서도 당초의 취지와 괴리된 채 부세 기능만 두드러지는 폐단이 도처에 일어났다.

가행건이 내놓은 대책은 국가 재정을 공고히 하고 민생을 적극 돌봐주는데 초점을 맞추었다. 전정 부분에 대해서는 원장부를 전면 재조사하여 부패 관료들이 매긴 과외징수와 모리행위를 금하였다. 군정 부분에 대해서도 죽은 자에게 군포를 징수하는 백골징포(白骨徵布), 어린아이에게 군포를 부담시키는 황구첨정(黃口簽丁) 등 폐단 현상을 직시하며 군역 제도를 혁신하여 원칙에 맞는 군정 운영을 요구했다. 환정 부분에 대해서도 민초들이 부패 온상으로 지적하는 환곡제를 혁파하고 진휼과 비축기능을 강화시키는 혁신 방안을 내놓았다.

그 구체적인 사례로 앞서 논한 해일로 피해를 본 농토를 포함시킨 전정 개혁의 방안을 적어본다. 어진 정치는 반드시 전지의 개량(改量: 토지세 부과측량을 바꾸는 작업)에서 시작된다. 개량할 때에는 임금은 혁파하겠다는 굳센 의지를 담은 강명한 도를 세워야 하고, 또한 신료들에게 개혁 과정을 엄격하게 세우고 단단히 타일러 경계하라는 엄명을 내려야 한다. 양전(量田: 토지세 부과측량)이 이미 백 년이 되도록 실시되지 않았기에 이번에 현지 사정에 맞게 올바르게 바로잡아 시행해야만 한다. 해일에 방죽이 깨지고 그 물이 흘러 모래가 뒤덮인 땅, 산 위아래로 돌과 모래가 많이 섞인 거친 땅, 골짜기 좌우의 뒤집힌 땅을 양전(量田)의 대상으로 삼아 세금을 거두면 옳지 않다. 청렴하고 정직한 관리들을 뽑아 누

구나 받아들일 수 있는 합리적인 개량을 실시할 수 있도록 강력하게 주청하였다.[18]

당시 임술민란이 일어나게 된 주요 요인 중의 하나가 아전들의 폐단이었다. 〈삼정대책(三政對策)〉에서도 아전들의 폐단을 지적했다. 아전들은 공심(公心: 공평한 마음)이 작고 사심이 많아 토지의 질과 양을 관여하거나 재해의 유무를 살펴볼 때 교묘한 수단으로 농단을 부리는 일이 잦았다. 아전들에게 전적으로 맡기면 농정을 바르게 세울 수 없고, 민초 또한 자신들이 납부하던 세금에 대해 불공평하게 여길 것이다. 해당 읍의 수령이 마을에서 지조가 있고 전지의 결복(結卜)을 잘 계상하는 자를 오른팔로 뽑아 간사하고 거짓됨을 변별하고 측량을 바르게 해야 하고, 또한 구안(舊案)과 신량(新量)을 자세히 살펴 아전의 무리들이 그 사이에 들어와 간섭하지 못하게 해야 한다고 했다.

이에 가행건은 〈삼정대책(三政對策)〉에서 자신이 올린 방안에 따라 몸소 현장에 나가 농정 실태를 자세히 살폈다. 〈골짜기에 돌아와 농사 논하다(回谷談農)〉 제2수에서:

---

18) ≪석호집≫ 〈삼정대책(三政對策)〉:「請以田政言之. 仁政必自改量而始, 量田之停止已經百有餘年, 則不可無査正之道, 而此是不難之事也. 只令剛明之道臣嚴立課程, 申飭列邑之守宰, 仍舊案而卜陳起, 逐字號而分近遠, 執柯伐柯, 以印踏印, 民僞吏奸, 擧皆綻露. 而至於海溢破堰, 川決覆沙, 與山林上下磽确之地, 溪峒左右翻覆之處, 則不可成案執稅.」

敬承尊命到秋深　왕명 받들고 깊은 가을에

地利農形處處尋　지세(地勢) 농정(農政) 살피려 곳곳 돌아다니네

每陟高崗瞻左右　매번 높은 언덕 올라 좌우 바라보며

得無隴斷丈夫心　농단(隴斷) 없는지 살피는 장부(丈夫)의 마음

가행건은 곡식이 결실을 맺는 늦은 가을날에 왕명을 받들고 관할 지역 내의 여러 지역을 찾아가거나 언덕에 올라 농사 현황을 살펴보았다. 전지의 지세가 어떠한지? 올해 결실이 어느 정도인지? 아전들의 농단이 없는지? 등 농정 전반적인 실태에 대해 자세히 살폈다. 농정을 자세히 살펴보는 것이 장부, 즉 자신의 마음이라고 여겼다.

가행건 애민선정비

〈골짜기에 돌아와 농사 논하다(回谷談農)〉 제1수에서도 이러한 사실을 확인할 수 있다. 오씨 할배, 장씨 늙은이가 반가운 얼굴로 전번에 왔던 가생, 즉 가행건이 오늘도 또 와서 가을 들녘의 수확 현황을 자세히 물어보았다는 장면을 노래했다.[19] 지역의 수령이 된 자가 몸소 현장에 자주 나가 농정 실태를 살

---

19) ≪석호집≫ 〈골짜기에 돌아와 농사 논하다(回谷談農)〉 제1수: 「吳翁張老好顔開, 前度賈生今又來, 細問秋郊豊歉事, 不容人力是天灾.」

피는 행위가 바로 〈삼정대책(三政對策)〉에서 언급한 올바른 신료의 자세라고 여겼다.

가행건은 안흥첨절제사로 재임하는 동안 민초들을 자식과 같이 돌보았다. 가행건이 이임하게 되자 민초들이 안흥진성 동문 안에 그의 공덕을 기리는 마애비를 새겼다.[20] 송덕비는 원래 석비와 동비 2기가 있었다. 석비의 재질은 화강암이다. 비명에 '행첨절제사 가공행건 애민선정비(行僉節制使賈公行建愛民善政碑)'이고, 비음에 '숭정이백삼십삼년경신 이월일 건립(崇禎二百三十三年庚申二月日竪)'이라고 새겨져 있다. 숭정 233년은 1860년(철종 11)에 해당된다. 훗날 지역민들이 석비가 성 바깥의 황폐한 풀밭에 넘어져 있는 것을 발견하고 안흥항 입구 국도변 육모정 앞으로 이건하였다. 동비는 일제강점기 때 당국이 군수물자로 충당한다며 강제로 약탈해 갔다. 1978년에 서산군수 이관현(李寬鉉)이 흑요암으로 복원한 비석이 육모정 앞에 세워져 있다.[21]

---

20) ≪석호집≫ 〈가의대부 행안흥수군절제사 가공행장(嘉義大夫行安興水軍節制使賈公行狀)〉: 「癸丑六月, 拜安興水軍節制使. 處官三年, 視民如子. 及歸, 民磨崖於城東門內.」

21) 이관현(李寬鉉) 〈안흥수군첨절제사 가공송덕비 복원기(安興水軍僉節制使賈公頌德碑復元記)〉: 「噫, 公之碑本有銅石二碑, 而兵禍屢作, 滄桑幾變, 則小小一碑安得守其舊而保其全乎? 銅碑, 爲賊所拔, 去尋無去處. 石碑顚倒移立於城外荒草之中, 而字刓石缺, 難可判讀, 循是以往不幾年, 公之行蹟, 將泯沒於世矣. 豈不可惜哉. 余忝在牧民之職, 不可坐視泯沒而無傳, 故代石而復元之.」

3. 안흥진성을 읊은 작품

안흥진성은 현 행정구획으로 태안군 근흥면 정죽리 안흥마을 주변에 소재한 산성이다. 안흥진은 예로부터 해상 교통로와 군사 안보에 중요한 지역이었다. 고려 중엽에 송나라에서 오는 사신들을 맞이한 뱃길의 길목에 자리하였고, 후기에 왜구들의 침입으로 수군이 배치되어 군사적 요충지로 부각되었다. 조선시대에 들어와서는 삼남과 한양 사이를 오가는 조운선을 돌보는 해상 교통 운송의 역할이 크게 강화되었다.

안흥진성은 성벽 내 새겨진 각자석을 통해 1583년(선조 16)에 처음 축성되었고,[22] 1655년(효종 6)에 증축되었다. 동문은 수성루(守城樓), 남문은 복파루(伏波樓), 서문은 수홍루(垂虹樓), 북문은 감성루(坎城樓)이다. 1894년(고종 31) 직후 폐진되었는데, 안흥진성의 건물은 태안으로 이축하여 동학혁명으로 훼멸된 태안의 관사로 활용하였다. 다행히도 오늘날 성문과 성곽이 비교적 온전하게 남아있다. 전국의 수군진성 가운데 보전상태가 가장 양호하며 원형을 살펴볼 수 있어 문화유산의 가치가 매우 높다. 2020년 11월 2일에 국가사적 제560호로 지정되었다.

안흥진성을 기술한 옛 기록물은 전반적으로 소략한 편이다.[23] 이번

---

22) 안흥진성 각자석: 「萬曆十一年癸未閏二月, 結城縣官, 前內禁李彭祖, 兵吏吳□□. 此下藍浦之上四十一□□.

23) 1871년(고종 8) 편자미상의 ≪호서읍지·태안≫, 1901년(광무 5) 편자미상의 ≪태안군지례신선(泰安郡誌例新選)≫, 1926년 이민녕(李敏寧)의 ≪서선군지(瑞山郡誌)≫에 안흥진성 기록이 일부 들어가 있으나 전반적으로 소략한 편이다. 정조 연간의 〈안흥지도(安興地圖)〉(국립중앙박물관장본), 조선 후기의 〈충청도안흥진도(忠淸道安興鎭圖)〉(국립중앙박물관장본), 1872년(고종 9)의 〈태안지도(泰安地圖)〉(규장각장본) 등 안흥 관련 고지도에 안흥진성에 세워진 건물 명칭과 위치만

에 ≪석호집≫을 통해 그간 소략함을 조금이라도 보완해 줄 수 있어 주목이 간다. ≪석호집≫ 저자인 가행건은 1853년(철종 4) 6월에 안흥첨절제사로 부임한 뒤 25개월 재임하였다. 이때 임소인 안흥진성에서 여러 작품을 남겼다. 〈안흥 관해록: 하옥 김좌근 대감에게 올린다(安興觀海錄上金相國荷屋)〉에서:

余觀夫西湖之西, 有安興之鎭, 鎭之山自烏棲‧伽倻而來, 逶迤西馳, 爲瑞寧八峰. 再轉而爲泰安‧白華, 又抽一枝, 或崗或阜, 連亘四十里, 斗入西海. 峰壑周遭, 因地形作城, 延袤三里, 而不甚高. 城內居民可八九十戶, 城外諸島計二百餘家. 內有二倉三庫, 藏戎器, 峙軍儲, 以爲陰雨之備. 而島陸俱有屯田, 歲收禾麥, 每以百石, 補糴餉之不足. 或有羨餘, 則以充官用. 其民樸愚, 鮮有爭訟. 厥土作鹵, 率多庇窳, 惟以海錯木道聊生焉[24], 至於僚屬咸於

그려져 있다. 이와 경우가 조금 다르지만 2020년 4월에 안흥진의 관할지인 신진도 고가에서 발견된 19세기 초 수군 군적부를 적은 문서와 한시가 있다.
안흥진성을 읊은 한시로는 강백년(姜栢年)의 〈안흥진 즉사(安興鎭卽事)〉(≪雪峯遺稿≫ 권10 〈錦營錄〉), 이종성(李宗誠)의 〈안흥진(安興鎭)〉(≪梧川集≫ 권1), 김규오(金奎五)의 〈안흥진(安興鎭)〉(≪最窩集≫ 권1), 이상적(李尙迪)의 〈안흥진에 머물며(留安興鎭)〉(≪恩誦堂集≫[詩篇] 권2), 위백규(魏伯珪)의 〈안흥진성 남쪽 촌락에 조운선 호송차사로 여러 번 왔다(安興城南村舍以護漕差員屢次來往)〉(≪存齋集≫ 권12), 정간(鄭榦)의 〈안흥 제승루에 오르다(登安興制勝樓)〉(≪鳴皐集≫ 권2), 이진망(李眞望)의 〈안흥진성 태국사에 유숙하며 우연히 읊다(宿安興城泰國寺偶吟)〉(≪陶雲遺集≫) 등이 있고, 산문으로 김득신(金得臣)의 〈안흥진 복파정(安興鎭伏波亭)〉(≪柏谷集≫ 권5), 성해응(成海應)의 〈안흥진(安興鎭)〉(≪硏經齋全集≫ 권50 〈山水記上‧記湖中山水〉) 등이 있다. 이들 저자의 출신지는 모두 타 지역이다.
24) 원문 '목(木)'자는 '수(水)'자의 오기임.

沿邑丁鈔仰哺. 而諸般公需, 亦多倚辦. 日夕警惕者, 專在於撫養
防卒, 謹守闉堞, 迎護稅舶, 申嚴松禁而已.

城小西有峰, 上有制勝樓, 奉安殿牌樓, 下仍爲講武之庭. 樓之得
名, 以此也. 舊傳槎行歲二朝天, 每於此止宿. 自神州陸沈, 禮廢
不講, 樓前有存羊堂, 求以寓感. 而樓後有泰國寺, 置帥僧司軍,
供醢醬焉.

제가 호서(湖西: 충청도)의 서쪽을 보니[25] 안흥(安興)이라는 진
(鎭)이 있습니다. 진의 산은 오서산(烏棲山)과 가야산(伽倻山)에
서 나와 굽이굽이 서쪽으로 내달려 서령(瑞寧: 서산의 옛 이름)
팔봉산(八峰山)이 되고, 다시 돌아 태안(泰安)과 백화산(白華山)
이 됩니다. 또 한 줄기가 나와 혹은 언덕이 되고 혹은 구릉이 되어
40리 연이어 뻗어 서해로 들어갑니다. 산봉우리와 계곡으로 둘
러싸여 지형에 따라 성이 만들어졌는데 넓기는 3리나 되고, 그다
지 높지 않습니다.

성안에 거주하는 민가는 80~90가구이고 성 바깥과 여러 섬에는
2백여 가구가 있습니다. 성안에는 두 개의 곡식 창고와 세 개의
기물 창고가 있어 병기를 저장하고 군수품을 쌓아 놓아 국가의 비
상사태를 대비하였습니다. 섬과 육지에는 둔전(屯田)을 갖추어
해마다 벼와 보리를 수확하였습니다. 매번 백 섬으로 적향(糴餉)
의 부족함을 보충하였고, 간혹 남으면 관용(官用)으로 충당하였
습니다. 민초들은 순박하고 우둔하여 소송을 하는 일이 드뭅니

---

25) 서호(西湖): 호서(湖西), 즉 충청도를 지칭함.

다. 그 땅은 척박한 염분지라 키우는 것이 대부분 비뚤어져 오로지 바다에서 나는 먹거리로 생계를 도모합니다. 관료의 경우는 모두 연읍(沿邑)에서 조달하여 공양하고, 제반 공무에 필요한 것들도 대부분 의지하여 처리합니다. 밤낮으로 경계하는 것은 오로지 방어를 맡은 군졸을 잘 보살피고 성곽을 삼가 지키며 조운선을 호송하고 소나무 베는 일을 엄하게 금하는 것입니다.

성의 서쪽에는 봉우리가 있는데 위로는 제승루(制勝樓), 봉안전 패루(奉安殿牌樓)가 있고, 아래로는 무술을 연마하는 강무(講武) 마당으로 이어집니다. 누대의 이름은 이렇게 지어졌지요. 예전부터 전해지기로 당나라와 송나라를 오가던 사신들이 매번 여기에 와서 묵었다고 합니다. 신주(神州)가 멸망한 뒤로 예(禮)가 폐하고 강론되지 않았습니다. 누대 앞에 존양당(存羊堂)이 있어 감회 부침을 구합니다. 누대 뒤에는 태국사(泰國寺)가 있는데, 수승사군(帥僧司軍)을 두어 절인 채소와 장(醬)을 공급하였습니다.

안흥진성 서문

〈안흥 관해록: 하옥 김좌근 대감에게 올린다(安興觀海錄上金相國荷屋)〉에 19세기 중엽 안흥진의 모습과 민초들이 살아가는 생활상을 알아보는 소중한 정보가 담겨 있다. 충청 서해의 명산인 오서산(烏棲

山)에서 북쪽으로 뻗은 산맥이 가야산(伽倻山), 팔봉산(八峰山)을 차례로 지나 태안의 주산 백화산(白華山)에 이르고, 또 여기에서 다시 서쪽으로 뻗어 지령산(智靈山)과 안흥진성에 이르러 바다로 들어갔다. 안흥진성은 산봉우리와 계곡으로 둘러싸여 있으며, 자연 지형을 활용해서 성곽을 쌓았다. 너비는 3리 정도이고, 높이는 그다지 높지 않다. 성안 서쪽의 봉우리에 제승루(制勝樓), 봉안전패루(奉安殿牌樓)가 세워져 있고, 그 아래에 군사 훈련 장소인 강무(講武) 마당이 펼쳐져 있다. 봉안전패루는 외지 관공소에서 임금을 상징하는 '전(殿)'을 새긴 궐패를 봉안해 놓은 건물인데, 그 존재는 각종 안흥진 관련 문헌에서 찾아보기 힘든 자료이다.

〈안흥 관해록: 하옥 김좌근 대감에게 올린다(安興觀海錄上金相國荷屋)〉에서 전해 오기로 제승루가 당송 사신들이 안흥 바다를 지나갈 때 묵었다는 숙소라고 적었는데, 이는 오늘날 논란이 되고 있는 안흥정(安興亭)의 위치비정에 관한 또 다른 기록이니 참조할 필요가 있다.[26] 제승루 앞에는 존양당(存羊堂), 뒤에는 태국사(泰國寺)가 있다. 태국사에 수승사군(帥僧司軍)을 두었고, 또한 군사들에게 먹일 절인 채소와 장(醬)을 공급하였다. 임진왜란이 발발하자 태국사 주지에게 수막대장(守幕大將)으로 삼아 주사를 호령하였으며 18읍에 소재한 각 사찰 승군을 지휘하도록 했다.[27] 이후에도 태국사는 호국사찰로 남아 승군이 주둔하고 군사물자를 비축해 주는 장소로 활용되었다. 존양당은 예전의 조천관

---

26) 안흥정의 위치비정에 대해 학자와 문헌 기록에 따라 태안 마도설(용용혁, 진호신), 태안 신진도설(김기석, 모리하라, 오석민, 이호경), 서산 해미설(≪신증동국여지승람≫ 권20 〈해미〉), 마도와 해미 2개 설(김명진) 등 여러 설이 존재한다.

27) ≪(1926년)서산군지≫ 권2 〈사찰(寺刹)〉.

(朝天館)이다.28) 각종 안흥진 지도에 존양당 건물이 보이지 않는다.

당시 안흥진은 태안군에서 독립된 행정단위로 안흥진성과 주변 마을, 충청 북쪽 해역을 관할하였다. 안흥첨절제사는 수성장과 광향장을 겸임하였다. 〈안흥 관해록: 하옥 김좌근 대감에게 올린다(安興觀海錄上金相國荷屋)〉에 안흥첨절제사가 맡아야 할 임무가 자세히 명기되어 있다. 충청 북쪽 해역에서 서해로 올라오는 외적을 방어하는 주된 업무 외에 삼남과 한양 사이를 오가는 조운선이 물살이 센 안흥량을 무사히 지나가도록 뱃길을 안내하고, 관할 지역에 소재한 둔전 경영과 물자를 비축하며, 궁궐건축이나 전선제작으로 쓸 소나무 벌채를 단속하는 일을 겸하였다.

가행건이 재임하고 있을 당시 안흥진성의 성안에는 80~90 가구, 성 바깥과 도서에는 2백여 가구가 살고 있었다. 섬과 육지에 만들어진 둔전(屯田)에서 해마다 벼와 보리를 수확하는데, 관에서 거두어들인 곡식은 1백 섬이었다. 이것으로 적향(糴餉)의 부족함을 보충하고, 간혹 남으면 관용으로 충당하였다. 안흥진 민초들은 순박하여 소송하는 일이 드물었다. 하지만 육지에서 생산되는 소출이 적어 살아가는 데 애로점이 많았다. 농토가 척박한 염분지인지라 곡식이 잘 자라지 않아 부득불 바다에서 나오는 먹거리로 모생하였다. 공무에 사용되는 물품에 있어서도 대부분 부족하여 연로의 주변 지역에서 가져왔다.

≪석호집≫에 안흥진성의 건물에서 지은 〈검소루(劍嘯樓)〉와 〈제승루(制勝樓)〉가 수록되어 있다. 〈검소루(劍嘯樓)〉 제1수에서:

---

28) ≪최와집(最窩集)≫ 권1 〈안흥진(安興鎭)〉 제2수 자주: 「鎭中舊有朝天館, 今號存羊亭.」

一扼拱三路	한 곳 움켜쥐면 삼로(三路) 장악하니
廟籌防未然	미연에 방비코자 하는 묘당(廟堂)의 계책이라
安危西蜀地	서촉(西蜀) 땅의 안위(安危)
翻覆大明天	대명(大明) 하늘이 뒤집어진다
鰐海恬波浪	악어 바다의 파도가 편안하고
狼山絶燧烟	이리 뫼의 봉화가 끊겼구나
苞桑戎馬繫	뽕나무에 군마 매고
坐嘯老兵仙	휘파람 부는 늙은 병선(兵仙)이여

　가행건은 본 시의 자주에서 검소루를 안흥 동헌이라고 했다.[29] 반면 ≪(1926년)서산군지≫에 안흥진영의 건물을 논하는 대목에서 동헌(東軒) 외에 검소루, 제승루 등이 있다고 적어 놓았다. 두 기록 가운데 황해도 벽성(碧城)의 동헌이 검소루,[30] 부산진성의 동헌이 검소루인 점으로 미루어보아 가행건의 기록이 정확한 것으로 보인다. 묘당에서는 삼남과 한양 사이를 오가는 해상 길목에 자리한 안흥량의 군사적 요충지임을 익히 알고 있었다. 외적들의 해상 침공을 막아 내기 위해 이곳에 진성을 축조하고 첨절제사를 두었다. 안흥량을 제대로 지키지 못하면 천하가 뒤집어지는 큰 변란으로 온 나라가 위태해진다. 외적이 안흥량에서 곧장 서해 바다를 건너가면 옛 서촉 땅이나 중국 대륙 또한 모두 안위를 보장할 수 없다. 이곳 바다를 굳건하게 지키고 있는 가행건은 한편으로

---

29) ≪석호집≫〈검소루(劍嘯樓)〉 자주:「安興東軒.」

30) ≪명미당집(明美堂集)≫ 권6〈벽성기행(碧城紀行)·검소루(劍嘯樓)〉 자주:「舊節制使官衙.」

초한 전쟁 때 병선(兵仙) 한신(韓信)처럼 큰 전공을 세우겠다고 다짐하고, 다른 한편으로 군마를 뽕나무에 매어 두고 휘파람을 불며 평온한 마음 상태로 견지한 채 유사시를 대비하고 있다.

〈검소루(劍嘯樓)〉 제2수에는 안흥진성의 경관과 역할을 읊었다. 안흥진성은 마치 안흥량 바다에 떠 있는 부용꽃처럼 빼어난 경관을 지니고 있어 충청에서 뛰어난 명승지로 널리 알려졌다. 지금 어진 임금 아래 여러 신하가 마음으로 뭉쳐 화합하고 있어 세상이 평온하고, 자신이 굳건히 지키고 있는 안흥 바다도 평온함을 유지하고 있다. 이에 가끔 삼남과 한양 사이를 오가는 조운선을 돌봐 주며 평화의 노래를 부르고 있을 뿐이다.[31]

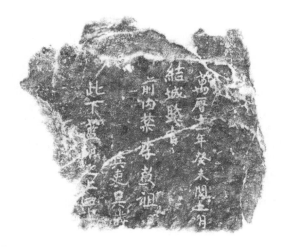

안흥진성 각자석: 이 각자석의 발견으로 성의 축조시기가 임진란전인
만력(萬曆) 6년인 선조11년으로 밝혀졌다.

---

31) ≪석호집≫ 〈검소루(劍嘯樓)〉 제2수:「名勝擅湖右, 芙蓉出水浮, 人和城自固, 主聖海安流, 月上黃樓夜, 風來赤壁秋, 間哦公事在, 包貢漢陽舟.」

〈제승루(制勝樓)〉 제1수에서:

若木花迷眼欲窮　해 지는 경관 바라보니 눈 빠질 듯
銀潢瑤海與俱通　은하수와 구슬 바다가 서로 통하네
西門鎖鑰金湯勢　금성탕지(金城湯池)의 서문(西門) 잠그고
天爲吾王鎭此中　하늘이 우리 왕에게 이곳 지키게 하네

　이 시에서 높다란 언덕 위에 지은 제승루에서 바라보는 바다의 멋진 풍광을 담아 놓았다. 시인, 즉 가행건은 해가 뉘엿뉘엿 지는 장면을 바라보니 바닷물에 반사되는 빛으로 눈이 아롱거리고, 곧이어 깊은 밤이 되어 하늘을 쳐다보니 뭇별이 반짝이는 은하수와 구슬 같은 바다가 어우러져 마치 온 세상이 혼연된 상태로 빠지는 느낌을 받았다. 자신은 우리 임금이 내려 준 소임에 따라 이곳을 금성탕지처럼 굳건하게 지키겠다는 마음을 다짐했다.

　〈제승루(制勝樓)〉 제2수는 일찍이 제승루에 올랐다가 멋진 경관에 놀라 누각에 걸려 있는 전인들의 시를 감상한 뒤 전인들과 마음이 서로 통한다는 심정을 읊었다.[32] 또 동시 제3수는 안흥의 제승루가 호서, 즉 충청에서 뛰어난 명승지였던 사실을 언급하고, 옛날 전란에서 동국 사대부가 수모를 받은 치욕을 떠올리며 자신은 강역을 온전하게 지켜 후세에 부끄럽지 않은 삶을 살아가겠다는 다짐을 노래했다.[33]

---

32) ≪석호집≫〈제승루(制勝樓)〉 제2수:「滿壁瓊琚語不窮, 古人心事點相通, 誰知 多少登臨跡, 遍照西湖鏡面中.」
33) ≪석호집≫〈제승루(制勝樓)〉 제3수:「湖西五十有三州, 高出安興制勝樓, 地轉 龍腰天外起, 城開鰲角海中浮, 豪生縱目雲千里, 大聖留神月萬秋, 分幅燕齊何

4. 충청 바다를 읊은 작품

가행건은 안흥첨절제사로 있을 때 자주 군선을 타고 수군훈련하거나 조운선을 점검하기 위해 충청 바다를 누볐다. 안흥첨절제사는 안흥량(安興梁), 신진도(新津島), 마도(馬島), 가의도(賈誼島) 등 안흥 앞바다 외에 북쪽으로 소근진(所斤鎭) 경계 등, 남쪽으로 태안 선소(船所) 등 광범위한 충청 북쪽 해역을 관할하였다. 당시 안흥진에 소속된 군선이

안흥진성과 바다(태안지도: 규장각)

여러 척 있었다. 18세기경 작성된 ≪안흥지도≫(국립중앙박물관장 본관 8968본)를 보면 바닷가에 전선, 거북선과 선박을 만드는 선소가 보인다. 또 1850년(철종 1)경에 충청수군 자료를 정리한 ≪가고수영(可考水營)≫ (보령소장 영인본)에 의하면 안흥진에 전선이 1척, 방선이 1척, 병선 1척, 사후선 1척을 가지고 있었다. 또 1871년(고종 8)에 제작된 ≪호서읍지(湖西邑誌)·태안(泰安)≫에 의하면 안흥진에 귀선 1척, 방선 1척, 병선 1척, 사후선 3척을 가지고 있었다.

日合, 永溮東國士夫羞.」

한 번은 가행건이 군선을 타고가면서 느낀 감회를 시편으로 남겼다.
〈배 타고 가다(行舟)〉에서:

東湖春水碧於天 동호(東湖)의 봄물은 하늘보다 푸르고
解纜靑靑柳崖前 닻줄 풀고 푸릇푸릇한 버들 언덕 앞으로
只信鷁頭風有力 단지 익조(鷁鳥) 머리엔 거센 바람 있다고 믿고
寧愁鯨背浪無邊 어찌 고래 등엔 끝없는 물결 근심할 필요 있나
荷花南浦明秋月 남포(藍浦) 핀 연꽃에 가을 달 밝고
楚竹西巖散曉烟 서암(西巖) 자란 초나라 조릿대에 새벽 연기 흩
               어지네
待得嬴金安泊處 황금 광주리(嬴金) 얻기 기다려 정박하는 곳에
肥猪綠蟻滿華筵 살찐 저육(猪肉)과 술개미(綠蟻)가 성대한 잔
               치 가득하네

이 시에서 바라보는 충청 바다의 모습은 환상 그 자체이다. 봄날 바다
물색이 푸른 하늘보다 더 진한 쪽빛으로 물들어져 있고, 배가 지나가는
주변의 언덕에 버드나무의 잎사귀가 푸릇푸릇하며 생기 있는 모습을 발
산하고 있다. 새벽에 일어나 하늘을 바라보니 남포(藍浦)에서 핀 연꽃처
럼 생긴 둥근 달이 떠있고, 또 주변을 바라보니 물안개가 걷히고 저 멀리
서암(西巖)에서 자란 초나라 조릿대가 보였다. 곧이어 뱃전에 서서 앞쪽
을 바라보니 군선이 쏜살처럼 빨리 달려 나가고 있었다. 이때 시인 가행
건은 그 모습에 대해 문학적 수사법을 동원하여 멋들이게 꾸며 놓았다.
자신이 타고 있는 군선이 커다란 물새인 익조(鷁鳥)의 머리처럼 거센 바

람을 뚫고 나가고, 또 고래의 등에 업힌 것처럼 끊임없이 출렁이는 파도를 이겨 내며 헤쳐 나가고 있다. 마지막 단락에서는 군선이 도착하는 항구의 모습을 담아 놓았다. 항구에는 도톰하게 썰어 놓은 살찐 돼지고기와 목구멍으로 술술 넘어가는 술로 차린 성대한 잔치가 기다리고 있다며 살짝 들뜬 시인의 마음을 엿볼 수 있다.

한 번은 가행건은 공무차 군선을 타고 멀리 보령 오천항에 소재한 충청수영에 나아가 언덕에 소재한 영보정(永保亭)에 올랐다. 영보정은 주변의 푸른 숲과 널따란 바다, 건너편의 한산사(寒山寺), 황학루(黃鶴樓)와 어우러져 예로부터 많은 시인묵객들이 찾아와 숱한 시문을 남겼고, 임진왜란 때 소주 가씨의 선조인 가상도 영보정에 올라 〈유격공주사남하시등소영(游擊公舟師南下時登蘇營)〉을 남겼다. 소영(蘇營)은 충청수영의 별칭이다.

가행건은 짧은 오언절구의 〈영보정(永保亭)〉을 지었다. 이 시편에서 먼 하늘과 푸른 물, 그리고 절벽 위에 높은 누각이 잘 어우러져 있는 멋진 풍광이라고 읊은 뒤에 그 속에서 연비어약(鳶飛魚躍)의 묘미, 즉 온갖 동물이 생을 즐기며 살아가는 자연의 섭리를 제대로 아는 자가 누구냐고 반문하며 깔끔하게 마무리했다.[34]

가행건은 충청 바다에 사는 생물의 특성에 대해서도 세밀하게 관찰한 바가 있다. 〈오징어(烏賊魚)〉에서:

---

34) ≪석호집≫ 〈영보정(永保亭)〉: 「天長惟碧水, 地絶更高樓, 爲問登臨客, 鳶魚見得不.」

爾雖微物亦知時	너 미물이지만 또한 때를 알아
每到炎風淺水湄	매번 더운 바람 불 때 얕은 바닷가로 오네
胸貯玄機濃墨瀉	가슴에 현묘한 천기(喘氣) 품고 진한 먹 뿜으며
背乘白飯小舟移	등에 울긋불긋 반점 띠며 조그만 배 따라다니네
泛疑佯死能擒賊	죽은 척하며 떠다니다가 적을 잡고
行怕漂流更引絲	표류 당할까봐 실처럼 이어가네
膾鮓烹鮮無不可	회나 젓갈, 삶아도 안 될 것 없으니
蘇元起我病中思	병중(病中)에 생각만으로도 나를 소생시키네

오징어는 태안을 비롯한 충청 바다에서 많이 잡힌다. ≪호서읍지·태안≫
에 태안의 특산물로 오징어(烏賊魚)를 꼽았다.[35] 주로 따뜻한 바다에서
서식하는 난류성 어족으로 해수 수온이 상승한 여름이면 바닷가로 몰려
든다. 군집 생활을 하며 불빛을 좋아하는 성질을 이용해서 어선들은 환
한 전등을 매달고 조업한다. 오징어의 한자어인 오징어(烏賊魚)에서 보
듯이 물 위에 죽은 체하며 떠 있다가 날아가던 까마귀가 이것을 보고 죽
은 줄 알고 다가서면 긴 발로 까마귀를 감아서 물속으로 들어가 오히려
잡아먹는다는 전설이 있다.[36]

이 시에서는 오징어의 특성을 세밀하게 묘사했다. 더운 바람이 부는
여름철이 되면 얕은 바닷가에 많이 출현하고, 군집생활을 하면서 서로

---

35) ≪호서읍지·태안≫ 〈물산(物産)〉.
36) ≪자산어보(玆山魚譜)≫ 권2 〈무린어(無鱗魚)·오징어(烏賊魚)〉: 「又≪南越志≫
云: 其性嗜烏, 每自浮水上, 飛烏見之, 以爲死而啄之, 乃卷取入水而食之, 因名
烏賊, 言爲烏之賊害也.」

석호집(石湖集)

실처럼 이어서 유영하며 선박들을 따라다닌다. 몸통에 울긋불긋한 반점을 띠고 있으며, 숨을 쉬는 구멍이 있어 적이 다가와 위협을 느끼면 먹물을 뿜어내어 도망친다. 오징어는 우리 국민들의 간식으로 불릴 정도로 널리 사랑을 받고 있다. 싱싱한 회나 삶아서 먹어도 좋고, 젓갈로 담아서 밥에 얹어 먹어도 좋다. 시인 가행건도 얼마나 오징어를 좋아했는지 병중에서도 오징어 생각만 해도 원기를 불러일으켜 자신을 소생시킨다고 했다.

5. 한양에서 노닐던 작품

가행건은 장년 때 청운의 꿈을 품고 한양으로 올라가 자신의 인생을 개척하였다. 처음에는 조정 대신 김유근의 문하로, 얼마 있다가 동생 김좌근의 문하로 들어가 16년 동안 곁에서 모셨다. 김씨 형제가 조정을 이끌어갈 때 국정을 도모하는 데 도움을 주었다. 김씨 형제 또한 가행건을 친지나 빈객으로 예우해 주며 그의 학문과 재주를 높이 평가했다. ≪석호집≫에는 이러한 사실을 증명해 주는 문장이 많이 수록되어 있다. 가행건과 김유근이 함께 노닐면서 화창한 시편이 1수,37) 가행건과 김좌근이 함께 노닐면서 화창한 시편이 17수가 있다.38) 이외에 가행건이 김좌

---

37) ≪석호집≫에 수록된 가행건과 김유근의 수창시는 〈증별(贈別)〉 1수이다.
38) ≪석호집≫에 수록된 가행건과 김좌근의 수창시는 〈천연정에서 연꽃 감상(天然亭賞蓮)〉, 〈금선암(金仙菴)〉, 〈천연정에서 연꽃 감상(天然亭賞蓮)〉, 〈매미(蟬)〉(2수), 〈금선암(金仙菴)〉(2수), 〈남수골의 남자 차운해서 읊다(次南樹洞南字韻)〉, 〈환월정(喚月亭)〉, 〈연꽃 핀 정자(蓮亭)〉, 〈홍수골 유람(紅樹洞遊賞)〉(2수), 〈정토사(淨土寺)〉(2수), 〈태화정 모임에서 마시다(太和亭會飮)〉, 〈평촌별서(平村別業)〉, 〈홍수골(紅樹洞)〉 등 17수이다.

근에게 보낸 서찰이 있다.

가행건과 김좌근은 자주 한양 도성과 그 주변에 소재한 여러 경관지를 유람하며 시편을 주고받았다. 〈홍수골(紅樹洞)〉에서:

滿城車馬摠遊人 온통 성안에서 거마 타고 놀러 온 사람들
花木樓臺處處新 꽃과 나무가 누대(樓臺) 곳곳에서 새록새록
最是東溪超物外 속세 벗어난 동쪽 개울이 최고일세
武陵山水一般春 무릉(武陵)의 산수와 같은 봄이로다

홍수골은 홍숫골, 홍수동이라고 부르며 한양 동대문 바깥, 현 서울 창신동에 소재한 골짜기이다. 이곳 골짜기에 복숭아와 앵두나무가 많이 심어있어 봄철에는 붉은 꽃, 여름철에는 붉은 열매가 골짜기 전체를 붉게 물든 데에서 이름이 지어졌다. 홍수골은 도성에서 아주 가까운 곳에 소재하지만, 시 속에서 보듯이 무릉도원(武陵桃源)의 이상향을 꿈꿀 수 있는 세속 바깥의 경관지라 당시 도성 사람들이 거마를 타고 몰려들었고, 가행건과 김좌근 또한 최소한 두 차례나 이곳을 찾아 유람했다.[39] 가행건과 김좌근은 홍수골 외에 돈의문 바깥의 천연정(天然亭), 창의문 바깥의 금선암(金仙庵), 용산 언덕의 환월정(喚月亭), 인사동의 태화정(太和亭), 김좌근의 별서인 평촌별서(平村別業), 남수골(南樹洞) 등지에서 시편을 수창했다.

---

39) ≪석호집≫에는 〈홍수골(紅樹洞)〉과 〈홍수골 유람(紅樹洞遊賞)〉이 분리되어 있다.

가행건의 한양 생활은 녹록지 않았다. 모친, 자식과 헤어져서 고향을 떠나 객지에서 홀로 살아가야만 했다. 한 번은 공조 관아에서 숙식을 하며 〈수조에서 묵다(水曹寄宿)〉 3수를 남겼다. 제3수에서:

十歲蘇州客　　열 살 소주(蘇州)의 객이
一筇漢水隈　　지팡이 하나 짚고 한강가 서 있네
世情憐抱玉　　세상의 정(世情) 품은 옥을 가련하게 여기고
鄕緖悵書灰　　고향 찾는 슬픔을 재로 적는구나
雨意風先驅　　비 오려고 하자 바람 먼저 불고
雲光月欲猜　　구름 빛은 달을 샘이라도 하는 듯
更深眠未遽　　깊은 밤 되도록 잠 이룰 수 없어
蹶起暫徘徊　　불뚝 일어나 잠시 배회한다오

가행건의 고향은 충청남도 태안이었다. 10살에 외숙의 도움으로 스승을 모시고 본격적으로 학문에 뜻을 세웠고,[40] 장년에 백성을 구제해 보겠다는 원대한 꿈을 품고 한양으로 올라와 이리저리 분주하게 돌아다 녔지만, 이제 지팡이를 짚는 늙은이가 되도록 뜻하는 바를 이루지 못하고 여전히 객지에 머물고 있었다. 고향으로 돌아가고자 하는 마음은 간절하나 관직에 매여 있는 몸이라 갈 수도 없어 향수만 쌓여 갔다. 한밤중이 되었으나 고향 생각에 골몰하여 잠을 이루지 못하고 자리를 뒤척이

---

40) ≪석호집≫ 〈가의대부 행안흥수군절제사 가공행장(嘉義大夫行安興水軍節制使賈公行狀)〉: 「十歲養于外宅, 舅氏愛之, 資給求師, 歷覽四書.」

다 불뚝 일어나 밖으로 나가 주변을 서성거려도 향수를 이겨 낼 수가 없었다.

또 한 해가 저물어 가는 섣달 그믐날의 밤에 지난 일을 돌이켜 보며 객중 생활의 고달픔을 노래했다. 〈(객지에서 맞은 섣달 그믐날)客中除夕〉 제1수에서 객지에서 평범하게 지내다 보니 어느덧 불혹의 나이를 훌쩍 지났지만 평소 품었던 뜻과 사업을 하나도 거두지 못했다. 학문은 찌꺼기만 찾았고, 시간도 함부로 낭비했다고 자평했다.[41] 또 동시 제3수에서도 고향을 그리워하는 마음을 시편으로 담아 놓았다. 예전에 모친과 이별할 때 슬퍼하던 장면을 떠올리며 한양에서 아득히 멀리 떨어진 고향으로 돌아가고 싶으나 현실적으로 갈 수 없는 처량한 자신의 신세를 한탄하였다. 이에 얼른 긴 밤을 넘기기 위해 차가운 술잔을 잡고 술에 취해 보려고 해도, 또 잠자리에 올라가 억지로 잠을 청하려고 해도 고향 생각으로 신경만 자극시켜 잠 못 이르고 뒤척이고 있는 애달픈 모습을 그려 놓았다.[42]

가행건은 오랜 객지생활을 더이상 이기지 못하고 고향으로 돌아가겠다는 결심을 하였다. 이에 자신이 16년간 모셨던 김좌근에게 서찰을 보냈다. 〈김대감께 올리는 서찰[하옥](上金相公書[荷屋])〉에서:

---

41) ≪석호집≫〈객지에서 맞은 섣달 그믐날(客中除夕)〉 제1수: 「客鄕凡凡到窮年, 志業蹉跎浪得年, 未蹈知非遽王轍, 候過不惑仲尼年, 只探糟粕追先覺, 謾費安排學少年, 永夕沈吟思悁悁, 那能來歲勝今年.」

42) ≪석호집≫〈객지에서 맞은 섣달 그믐날(客中除夕)〉 제3수: 「離親別子我心狂, 渺渺湖西隔漢陽, 强把冷樽寧取醉, 懶題凄語不成章, 嶺頭落日愁工部, 天末歸雲望太行, 倚枕不眠仍輾轉, 一年覊恨此宵長.」

嗟嗟, 小生早失所怙, 只有老母, 年迫八旬, 而氣息奄奄將盡. 可
以月計, 不可以年計. 而三時依閭而望, 翹首而思. 曰: 嗟余子兮.
旣處閤下之門, 景承閤下之恩. 能獲一資之榮, 式遄其歸, 而生色
於鄕里, 承顔於膝下耶? 一心冥祝, 兩眼欲穿. 此閭閻婦女之常
情, 而抑亦人子事親之至願也. 故小生所以冒觸尊嚴, 累陳悃愊
於閤下者, 此也.

아! 소생은 일찍이 아버지를 여의고 오직 노모만 계시는데, 연세
가 팔순이 임박해서 기식(氣息)이 곧 끊어져 다하실 지경입니다.
몇 달은 예상할 수 있으나 몇 년을 사실지는 예상할 수 없습니다.
그러니 삼시(三時)마다 문에 기대어 바라보시며 고개를 들고 생
각하십니다. 그리고 말씀하시길, "아, 내 아들이여. 이미 합하의
문하에 있으니 합하의 은혜를 공경히 받들어야 한다. 한 번의 도
움을 받는 영광을 얻어 속히 돌아올 수 있다면 고향에 빛을 내고
슬하에도 볼 수 있지 않겠느냐? 전심(全心)으로 기원하기를 두 눈
이 뚫어지게 하려 한다."고 하셨습니다. 이는 여염집 부녀자가 가
진 통상의 인정이자 또한 부모를 섬기는 자식의 지극한 바람이기
도 합니다. 이러한 까닭에 소생이 존엄(尊嚴)을 무릅쓰고 합하께
지극하고 정성스럽게 누차 이것을 말씀드리는 바입니다.

독자들도 상기 대목을 읽고서는 가행건의 깊은 효심에 대해 감동하지
않을 이가 없을 것이다. 가행건은 당시 조정 대신 김좌근에게 서찰을 올
리면서 자신의 절박한 심정을 담았다. 부친이 일찍이 세상을 버렸고, 모
친은 팔순이 가까워 기식이 다하며 죽음을 눈앞에 두고 매일 고향집의

문에 기대어 자식이 언제 돌아오는가 하며 두 눈이 뚫어지도록 기다리고 있었다. ≪(기해)소주가씨대동보≫에 의하면 부친 가종식은 1775년(영조 51)에 태어나서 1822년(순종 22), 즉 가행건이 25세 때 돌아갔고, 모친 달성 서씨는 1775년(영조 51)에 태어나서 1855년(철종 6)에 돌아갔다. 따라서 〈김대감께 올리는 서찰[하옥](上金相公書[荷屋])〉은 모친이 돌아가기 몇 년 전에 작성되었음을 알 수 있다.

그래서 가행건은 한나라 모의(毛義)의 봉격(奉檄) 고사를 원용했다. 모의가 모친 생존 시에 그 고을의 원님으로 발령한다는 사령장을 받고서 기뻐하며 부임했다가, 모친 사후에는 조정의 부름에 일체 응하지 않았다.[43] 가행건은 조정 대신 김좌근에게 모친의 간절한 소망을 이룰 수 있도록 자신을 고향의 수령으로 추천해 주기를 바랐다. 앞서 〈객지에서 맞은 섣달 그믐날(客中除夕)〉 제4수에서 가행건은 봉격을 받아 고향으로 돌아가 백발 지친을 모시고 싶다는 말을 남기기도 했다.[44] 김좌근은 가행건의 깊은 효심에 감동하여 관리 천거에 나섰다. 1853년(철종 4) 6월에 가행건은 고향집과 근거리에 있는 안흥첨절제사에 부임하였다. 1855년(철종 6) 7월 17일에 모친이 작고하였다. 가행건은 즉시 관복을 벗고 3년 시묘에 나섰고, 이후 더이상 관직에 나서지 않았다.

---

43) ≪후한서(後漢書)≫ 권39 〈유순우우강유주조전(劉趙淳于江劉周趙傳)〉: 「中興, 廬江毛義少節, 家貧, 以孝行稱. 南陽人張奉慕其名, 往候之. 坐定而府檄適至, 以義守令, 義奉檄而入, 喜動顏色. 奉者, 志尙士也, 心賤之, 自恨來, 固辭而去. 及義母死, 去官行服. 數辟公府, 爲縣令, 進退必以禮. 後擧賢良, 公車徵, 遂不至.」

44) ≪석호집≫ 〈객지에서 맞은 섣달 그믐날(客中除夕)〉 제4수: 「還鄕願作靑春伴, 奉檄思榮白髮親.」

6. 황조인의 자부심을 토로한 작품

　소주 가씨는 임진왜란 때 조선에 참전한 명군 가유약 – 가상 – 가침 등 삼대를 해동조로 삼고 있는 황조인 집안이다. 가씨 후예들은 대대로 태안에 거주하며 황조인의 전통을 이어갔다. 황조인이란 조선에 들어와 정착한 명나라 인사와 그 집안의 후예들을 지칭한다. 황조인은 여러 부류가 있다. 크게 임진왜란 시기 부상, 질병, 호상 등 여러 사정으로 부득불 본국으로 돌아가지 않고 조선에 정착한 부류, 명청 교체기에 청조 만주족 치하에 반대하여 조선으로 망명 또는 피난해 온 부류, 심양에 볼모로 잡혀갔다가 돌아온 효종을 수행하고 조선으로 들어온 수룡팔성(隨龍八姓) 부류 등이 있다.

　황조인들이 조선에서 정착하고 살아가는 것은 처음부터 순조롭지 않았다. 17세기에는 청나라가 조선 조정에다 조선에 들어온 명나라 사람들을 송환해 달라고 요구하는 바람에 대다수의 황조인들은 신분을 숨긴 채 숨어 살아야만 했다. 18세기에 들어와서 조선 조야에 존주대의(尊周大義)의 관념이 새롭게 부각됨에 따라 황조인에 대한 시각이 달라졌다. 1704년(숙종 30)에 창덕궁 후원에 명 황실을 기리기 위한 제단인 대보단(大報壇) 설치, 1751년(영조 27)에 화인(華人: 황조인)의 징포세역 면제, 1764년(영조 40)에 황조인에게 충량과(忠良科)에 나갈 수 있는 자격부여 등을 시행하였다. 19세기에 들어와서는 황조인의 대한 인식이 많이 바뀌기는 했지만, 아직까지 일부 황조인만 조정에 선천(宣薦)되고 대다수 황조인은 여전히 선천에서 빠진 경우가 많았다.

　소주 가씨 후손들은 대대로 태안에 거주하며 묵묵히 충효의 가통을 지켜오다가, 가행건 때에 이르러 집안을 크게 일으켰다. 가행건이 경릉명 정봉지관(景陵銘旌奉持官)이 되어 관료 생활에 처음 발을 디디게 된 것은 조정 대신의 천거도 있었지만, 그 숨은 배경에는 해동선조가 임진왜란 때 조선을 도와준 황조인 출신인 점도 커다란 한 몫을 차지했다. 가행건도 기회가 있을 때마다 해동선조가 임진왜란 때 조선을 도와준 황조인이라는 사실을 밝혔다.

한 번은 가행건은 다른 황조인 집안과 연대하여 영의정 조두순(趙斗淳)에게 서찰을 올리면서 황조인들이 처하고 있는 입장을 알렸다. 〈조대 감께 올리는 서찰[심암](上趙相公書[心庵])〉에서:

俯仰前後, 挽以言之, 則矣等先祖子孫挾義東來之初, 恥爲薙髮左衽之氓, 專意小華禮義之方, 携手東歸, 遯世無憫, 不圖宦達矣. 幸此諸昆, 碩果不食, 綿綿僅存, 則雖蠢庸碌者, 固無足道, 而就其中有文武挺特之才, 則朝家必有褒楊(揚의 통용)甄錄之盛意. 而矣等豈無隕結激感之微衷也哉? 但於出身之後, 言念先祖, 不忍爲守部之薦, 而欲擬於宣薦, 則百端掣礙, 事不容易矣.

전후로 우러러보고 굽어보며 애써 말씀드립니다. 우리 선조(先祖)와 자손들이 의(義)를 지니고 동쪽으로 온 초기에 머리털을 깎고 옷을 왼쪽으로 여미는 오랑캐를 부끄럽게 여기는 백성이라, 오로지 뜻을 소화(小華) 예의(禮儀)의 땅에만 두었습니다. 손을 잡고 끌며 동쪽으로 돌아와 세상에서 은둔하여 근심 없이 살며 벼슬길을 도모하지 않았습니다. 다행히 여기의 여러 후손은 큰 욕심 부리지 않고 면면히 겨우 끊어지지 않고 붙어 있습니다. 어리석은 이들은 실로 말할 필요가 없지만 그 중에서도 문무의 뛰어난 재능이 있는 이가 있으면 조정에서 반드시 칭찬하고 장려하며 골라 채용한 두터운 뜻이 있었습니다. 저희가 어찌 은혜를 갚기 위한 마음과 미천한 정성이 없겠습니까? 단지 급제자가 된 뒤에 선조들을 생각하니 수문장(守門將)과 부장(部將)에 천거되는 것은 말할 것도 없고, 선전관에 천거(宣薦)되는 것도 온갖 제약으로 일이 쉽지 않습니다.

가행건이 〈조대감께 올리는 서찰[심암](上趙相公書[心庵])〉, 즉 조두순에게 서찰을 올릴 때 연명에 참여했던 황조인 집안은 10여 개가 넘는다. 〈조대감께 올리는 서찰[심암](上趙相公書[心庵])〉에 열거된 황조인 집안은 가유약의 소주 가씨 집안 외에 제독 이여송(李如松) 집안, 총병 이여매(李如梅) 집안, 병부상서 석성(石星) 집안, 경리 만세덕(萬世德) 집안, 제독 마귀(麻貴) 집안, 운향사 천만리(千萬里) 집안, 공조참의 강세작(康世爵) 집안, 한림 호극기(胡克己) 집안, 예부상서 사요(史繇) 집안, 안찰사 왕즙(王楫) 집안, 황전당(黃錢塘) 집안, 정문상(鄭文祥) 집안, 풍삼사(馮三仕) 집안, 배삼생(裵三生) 집안, 전호겸(田好謙) 집안 등이 참여했다. 이들 집안의 해동조는 주로 임진왜란과 관련된 명군 출신이고, 일부는 명청교체기의 망명 한인, 수룡팔성으로 구성되었다.

황조인 집안들은 자신들이 청나라에서 머리털을 깎고 옷을 왼쪽으로 여미는 것을 부끄러워 여기고 소화(小華) 예의의 땅에 들어와 은둔하며 묵묵히 살아왔다. 그런데 자신들 가운데 재능이 조정에 은혜를 갚을 마음을 충분히 가지고 있으나, 다만 조정에 나갈 기회가 없다며 특별히 천거해주기를 바란다고 요청했다. 조두순이 영의정에 오른 시점은 1864년(고종 1) 6월이다. 가행건의 서찰을 받은 조두순은 황조인의 출사를 적극적으로 도와주었다. 1864년(고종 1) 12월에 병조가 국가에서 황조인을 돌보아주는 것이 다른 사람과 다르니 황조인 가운데 여러 대 월천(越薦)한 집안의 자손을 천거해 달라고 청하였다.45) 또 1866년(고종 3) 12월에 고종은 황조인 자손 등을 각별히 수용하라는 전교를 내렸다.46)

가행건은 집안 대대로 충효로 이어간 황조인이라는 사실에 대해 자부심을 가졌다. 당시 여러 조정 대신에게 올린 〈조대감께 올리는 서찰[심암](上趙相公書[心庵])〉, 〈김대감께 올리는 서찰[하옥](上金相公書[荷屋])〉, 〈김대감께 올리는 서찰[유관](上金相公書[遊觀])〉 등에서 가씨의

숭의사

해동조가 임진왜란 때 조선을 도와주었던 인사이고 자신들은 황조인의 유민이라는 사실을 강조했다. 한 번은 당시 유행하던 천연두를 물리치고자 지은 〈마마신을 보내는 글(送痘神文)〉에서도 우리 가씨가 주 문왕(文王)의 후예이고 임진왜란 때 조선에 공을 세웠으며 대대로 충효로 이어간 집안이니 마마신도 비켜갈 것이라고 했다.47) 그래서인지 ≪소학요

---

45) ≪승정원일기≫ 고종 1년 12월 29일(병신)조.
46) ≪승정원일기≫ 고종 3년 12월 20일(을사)조.
47) ≪석호집≫ 〈마마신을 보내는 글(送痘神文)〉: 「惟我賈姓, 胤自岐豊. 在明萬曆, 有功于東. 世葉承家, 以孝以忠.」

어≫ 서문의 작성년을 적을 때 명나라의 마지막 황제인 '숭정(崇禎)' 연
호와 '대명유민(大明遺民)'이라고 표기했다. 소주 가씨 족보에서도 줄곧
'숭정' 연호를 사용해 오고 있다.

　앞서 언급했듯이 가행건은 다른 황조인 집안과 연계 활동하며 긴밀한
유대감을 쌓았다. 한 번은 가행건이 조정에서 거행한 대보단의 춘향제
를 참여하면서 명 제독 이여송의 후손인 이희장(李熙章)과 함께 명나라
는 이미 사라졌으나 오직 하나 남은 조선의 대보단에서 계승되고 있다는
사실을 부각시키며 우리 황조인 후예들이 이를 굳건하게 지켜가자고 다
짐했다.48) 1854년(철종 5)에 이희장은 〈가낭중삼세충효기(賈郎中三世
忠孝記)〉를 지어 주었다.49) 1858년(철종 9)에 가행건의 환갑을 맞이하
자 황조인 후예인 산동(山東) 왕은주(王殷疇), 조주(潮州) 석천구(石天
球), 농서(隴西) 이병한(李秉漢) 등이 축수시를 지어 보내 주었다.50) 특
히 왕은주는 가행건의 해동선조가 임진왜란 때 혁혁한 공적을 세웠던 인
사였다고 밝혔다.51)

---

48) ≪석호집≫ 〈황단 춘향제에 참여하여 제단 아래에서 감회가 있어 지은 시(春享參
　　班壇下感而有詩)〉:「佳麗金陵舊業殘, 薊門雲黑北風寒, 可憐葦蘼全天下, 只有
　　東方一片坍.」 이희장(李熙章) 화답시:「莫歎當年曆數殘, 萬山一事百王寒, 桑
　　海乾坤長夜裏, 王春一脉有斯坍.」
49) 〈가낭중삼세충효기(賈郎中三世忠孝記)〉 현판은 숭의사 안쪽에 걸려있다.
50) ≪석호집≫ 〈산동인 화은 오위장 왕은주 축수시(山東人華隱五衛將王殷疇賀壽
　　詩)〉, 〈조주 석천구 축수시(潮州石天球賀壽詩)〉, 〈부사 농서 이병한 축수시(府使
　　隴西李秉漢賀壽詩)〉.
51) ≪석호집≫ 〈산동인 화은 오위장 왕은주 축수시(山東人華隱五衛將王殷疇賀壽
　　詩)〉:「公之先祖尙書公, 粤自皇朝, 贊劃方畧, 承皇命東來, 與其子遊擊將軍,
　　大殲倭奴, 一心敵愾, 兩代殉節. 其勳勞事蹟俱載於史牒, 赫赫若今日事.」

또 가행건은 여기에서 한 걸음 더 나아가 멀리 중국대륙에 있는 가씨 동족과 연계하고자 시도했다. 한 번은 〈연행에 가는 편에 중조 상서 가정에게 부침(因燕行寄中朝賈尚書禎)〉을 지어 연경(북경)으로 들어가는 조선사절 편에 동족인 가정(賈禎)에게 보냈다. 가정은 청 함풍(咸豊) 연간에 무영전대학사(武英殿大學士)를 역임했고, 동치(同治) 연간에 ≪문종성운실록(文宗聖訓實錄)≫을 편찬한 조정 고관이었다. 이 시편에서 소주 가씨는 명 만력연간에 만하(灣河)를 건너 저도(楮島)에 정착, 즉 임진왜란 시기에 압록강을 건너와 조선에 정착했던 집안이고, 후손들이 충성과 절개를 다지고 시(詩)와 예(禮)로 닦아 왔으며 만 갈래 물이 모두 한 원류에서 나왔으니 앞으로 중국의 가씨와 조선의 가씨가 교류하기를 원했다.52)

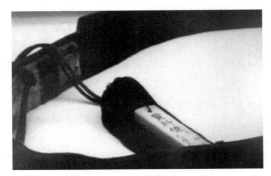

가행건 호패: 코리아나 박물관 소장

---

52) ≪석호집≫ 〈연행에 가는 편에 중조 상서 가정에게 부침(因燕行寄中朝賈尚書禎)〉 제1수: 「金陵古宅幻桑田, 三世東遷萬曆年, 名著忠貞鐫白石, 業修詩禮襲靑氈, 漂搖齊海萍蓬轉, 阻絶吳山葛藟連, 爲對行人重致意, 無忘蘇譜舊題篇.」 제2수: 「碩果天心理不窮, 誰知此橘渡淮叢, 新篇我記靑南叟, 舊典君稽職使公, 興亡家國桑田裏, 生長兒孫楮島中, 遥向灣河揮感涕, 萬流應是一源通.」

석호집(石湖集)

4
≪석호집≫의 의미

≪석호집≫은 19세기 중엽 충청 태안 출신인 가행건이 지은 문집이다. ≪석호집≫이 후대 우리에게 남긴 의미는 남다르다. ≪석호집≫의 키워드는 무엇일까? 여기에 대해 여러 가지로 생각할 수 있고, 독자들도 각자 관점에 따라 다양하게 표출하겠지만, 필자가 가장 소중하게 꼽고 싶은 것은 '태안(泰安)'과 '충효(忠孝)'이다.

태안의 역사에 관해 오늘날까지 전해오는 옛 기록물은 필자의 과문인지 모르겠으나 별로 많지 않고, 특히 태안 출신이 직접 태안의 역사를 밝혀준 옛 기록물을 찾아보기란 손에 꼽을 정도로 드물다. ≪석호집≫의 저자 가행건은 태안 땅에서 태어나고 자랐으며 태안 땅에 묻혔다. 그리고 고향 태안 지역의 발전, 지역민의 삶과 질을 보살펴 주기 위해 무척 노력했다.

1853년(철종 4)에 가행건은 안흥첨절제사를 맡았다. 재임 시기에 고향 사람인 안흥진민들이 오랫동안 고통을 받고 있던 진상품 해산물의 폐단을 조정 대신 김좌근을 통해 말끔히 해결해 주었고, 또 해일, 가뭄, 염분 토지 등 자연재해로 피해를 본 지역민들을 찾아가서 위로하며 보살펴 주었다. 오늘날 육모정 앞에 세워진 가행건 공덕비가 본 책자를 통해 사실에 의거하여 나왔음을 증명해 준다.

안흥진성은 전국 진성 가운데 원형이 가장 잘 보존되어 문화유산의 가치가 높은 국가사적이다. 오늘날 태안 민관이 합심해 안흥진성을 다시 지역민에게 돌려 달라는 운동이 장차 좋은 결실로 받아들여지고,[53] 안흥진성에 사라진 건물들이 다시 속속들이 복원될 것으로 믿는다. 이때 본 책자인 ≪석호집≫이 중요한 자료로 활용될 것이다. 그리고 장차 안흥진성에 복원될 검소루, 제승루에 안흥진성을 다스린 지역출신 가행건의 시문이 걸릴 것으로 보인다.

≪석호집≫의 저자 가행건은 소주 가씨 출신이다. 소주 가씨는 임진왜란 때 조선을 도와준 가유약 – 가상 – 가침을 해동 삼조로 모시고 있다. ≪석호집≫에는 임진왜란 때 해동 삼조의 활약상, 소주 가씨가 조정으로부터 '삼세충효(三世忠孝)'의 편액을 하사받았던 사실, 소주 가씨를 비롯한 황조인들이 조선에 대해 충성을 다하겠다는 다짐, 가행건이 고향에 홀로 있는 늙은 모친을 모시기 위해 봉격을 요청한 사유, 가행건과 두 아들이 ≪소학≫에서 인생의 가르침을 받들고 살아가고자 하는 자세 등이 담겨 있다. 이들 기록은 소주 가씨 집안에서 대대로 이어오는 '충효' 정신의 발로이다.

요컨대 우리 모두는 ≪석호집≫에 적혀 있는 두 키워드, 즉 '태안'과 '충효'를 소중하게 간직하고 살릴 필요가 있다.

---

53) 〈안흥진성 군사보호구역에 사실상 방치..해제 요구〉, ≪KBS≫, 2021년 03월 20일자: 〈태안 안흥진성 및 태안3대대 토지반환 범군민회, 안흥진성 현장방문〉, ≪중도일보≫, 2021년 06월 20일자: 〈가세로 태안군수, 문화재청장에 '안흥진성 전면 개방' 건의〉, ≪NEWS 1≫, 2021년 08월 21일자.

본 책자의 번역 작업은 여러 분의 협조와 분담으로 이루어졌다. 번역은 2021년 8월 20일에 착수하여 10월 31일에 마쳤고, 해제는 동년 11월 1일에 착수하여 12월 9일에 마쳤다. 번역은 박현규(朴現圭)·김숙향(金淑香), 표점은 박현규·소대평(肖大平), 감수는 김성환(金成煥), 자료 수집과 입력은 박종혁(朴鍾爀), 해제는 박현규가 각각 담당했다. [圭福室: 辛丑葭月辛卯]

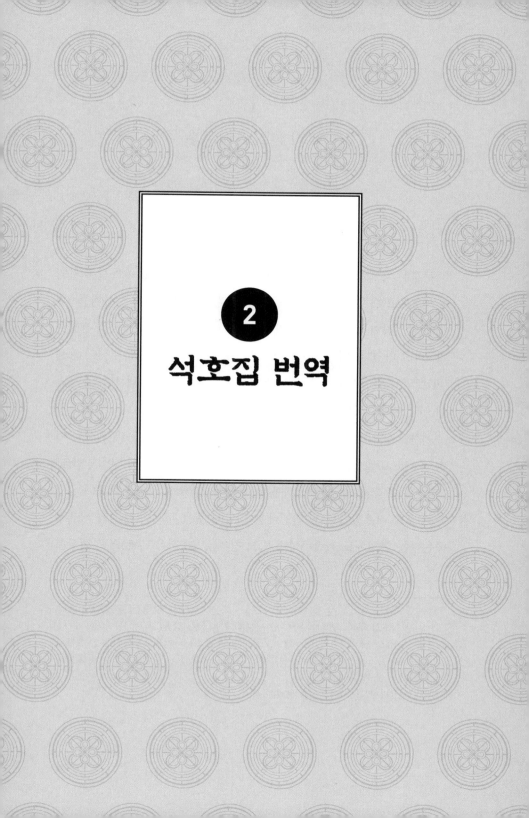

2

석호집 번역

1

≪석호유고 서문≫

　하루는 가일영(賈日永)54)이 오서산(烏棲山)55)에서 돌아가신 부친의 ≪석호유고(石湖遺稿)≫ 원고 뭉치를 가지고 문 앞에 와서 고하기를 "후세에 알려짐이 없을까 두려우니 서두에 한 말씀을 적어주시기를 청합니다."라고 하였다. 내가 받아서 살펴보니, 대개 그의 학문과 지식이 근세(近世)의 쇠뇌를 당기는 무인이나 억지로 필묵을 잡은 그런 부류의 사람이 아닌 것을 알았다.

　이윽고 그의 행적을 물으니 일어나 이렇게 말하였다. "선친께서는 어려서부터 효성스럽고 우애롭게 행동하셨습니다. 소년 시절에 연안(延安) 이문수(李文秀) 선생께 배워 ≪심학해(心學解)≫, ≪소학요어(小學要語)≫를 지으셨습니다. 만년에는 세상에 뜻을 두시어 명예와 지위를 쫓는다는 혐의에도 아랑곳하지 않고 창려(昌黎) 한유(韓愈)의 광범삼서

---

54) 가일영(賈日永): 자는 승여(昇汝), 호는 소화은(小華隱), 가행건(賈行健)의 장남. 임자(1852) 무과 중화성(中華城) 시사(試射) 급제, 갑술(1874) 충량과(忠良科) 중시(重試) 급제, 관직으로 행어모장군(禦侮將軍) 좌변포도청종사관(左邊捕盜廳從事官), 울진현령(蔚珍縣令), 절충장군(折衝將軍), 용양위부호군(龍驤衛副護軍) 등을 역임.

55) 오서산(烏棲山): 충남 보령 소재 명산.

(光範三書)56)를 올려 대개 가슴속에 품으신 바입니다. ≪삼정책(三政策)≫ 또한 그러한 까닭에서 나온 것입니다."라고 하였다.

내가 답하길, "그러하옵니다. 이런 것은 유고에 모두 담겨 있어 후세에 이 책을 읽을 사람은 마땅히 공(公)의 공익(公益)을 위한 바를 알 수 있을 것인데, 어찌 제 썩은 붓을 놀릴 필요가 있겠습니까."라고 하며 적임자가 아니라고 누차 사양하였다. 가일영이 더욱 간절히 힘을 쏟아 청하길, "비록 그렇게 말씀하시더라도 맡아서 끝내 주시기를 바라옵니다."라고 하였다. 그만두라고 하지 않으시면, 내가 공(公)에게 달리 느끼는 바를 남기고자 합니다.

공의 선조인 병부상서(兵部尚書) 가유약(賈維鑰), 유격장군(遊擊將軍) 가상(賈祥), 종사관(從事官) 가침(賈琛)은 모두 대명(大明: 명나라) 명신으로 임진왜란 때 3대가 함께 동정(東征)에 나서 여러 번 뛰어난 공을 세웠다. 상서공, 유격공은 함께 순절하였고, 종사관은 무덤가에 여막을 짓고 효를 다하여 성조(聖祖: 어진 임금)로부터 정포(旌褒)를 받았다.57) 또 천자 나라의 오랜 집안으로서 특별히 은총을 더하여 후손들에게 황단(皇壇) 제향에 나가 융숭하게 보답하는 의전에 참여하도록 명하니 유감됨이 없다고 말할 수 있다. 오로지 동으로 와서 돌아가지 못한 한(恨)은 여러 세대를 지났지만, 하루와 같았다. 이는 공(公)이 "집안과 국가의 흥

---

56) 광범삼서(光範三書): 당나라 문인 한유(韓愈)가 광범문(光範門)에서 세 명의 재상에게 자신을 천거하여 벼슬을 구한다는 〈상재상서(上宰相書)〉를 올린 일을 지칭함. 광범문은 당나라 황궁의 서남문인데, 재상이 정무를 살피는 상서성(尚書省)으로 통함.

57) 정포(旌褒): 정려문을 세워 충효를 포상함.

망은 상전(桑田: 뽕나무밭)이라, 자손들은 저도(楮島)에서 자랐네"라는 시구를 지은 까닭이다.58)

돌아보니 이제 오랑캐(청나라)의 국운이 장차 다하였다. 천하의 대사가 있어 군사를 일으켜 설욕하는 것은 마땅히 우리 동쪽(조선)에 있다. 공(公)이 살아 있었다면 반드시 창을 잡고 앞장서서 열조(列朝)의 유훈을 저버리지 않고 중원(中原)을 깨끗이 쓸어버리는 것을 확고하게 보이셨으리라. 이것은 공(公)이 평소에 품은 장렬한 마음이오, 또한 더 할 것 없는 공업(功業)이라 말할 수 있다. 공(公)의 무덤에 풀이 잘아 이미 여러 해 구천에 잠들어 다시 일어나기 힘드니 슬프도다. 이에 더욱 용가마59) 속에 있는 물고기가 품은 한과 지붕 위에 있는 까마귀까지도 사랑스럽게 보이는 깊은 사랑60)을 이길 수가 없어 이 글을 써서 돌려준다.

숭정 다섯 번 경오년(1870) 맹추에 서하(西河) 임헌회(任憲晦)61)가 술한다.

---

58) 집안과 국가의 흥망은 상전(桑田)이라, 자손들은 저도(楮島)에서 자랐네(興亡家國桑田裏, 生長兒孫楮島中). 이 시구는 ≪석호집≫ 〈연행에 가는 편에 중조 상서 가정에게 부침(因燕行寄中朝賈尙書禎)〉에 나옴.

59) 심어(鬵魚): 용가마, 즉 위가 크고 아래가 작은 시루 모양의 솥에서 있는 물고기.

60) 옥오지애(屋烏之愛): 사람을 사랑할 때는 그 집 지붕 위의 까마귀까지도 사랑하게 된다는 뜻임. ≪설원(說苑)≫과 두보(杜甫)의 〈봉증사홍이사장(奉贈射洪李四丈)〉 참조.

61) 임헌회(任憲晦): 자는 명로(明老), 호는 고산(鼓山)·전재(全齋), 시호는 문경(文敬), 본관은 풍천(豊川). 송치규(宋穉圭)·홍직필(洪直弼) 등의 문인이고, 송시열(宋時烈)의 제자인 전우(田愚)에게 전수받음. 경학과 성리학에 조예가 깊고 낙론(洛論)의 대가로 꼽힘. 문집으로 ≪고산문집(鼓山文集)≫ 등이 있음.

石湖遺稿序

日賈君日永, 自烏棲山中, 抱其先公≪石湖遺稿≫一杏[62], 踵門而告, 曰: 恐後世無知者, 願得一言以弁之. 余取而觀之, 槩知其文識有非近世蹶張武夫、强解觚墨者類也.

遂扣其行泊, 則作而言, 曰: 先君自幼有孝友行, 少從延安李公文秀學, 著≪心學解≫、≪小學要語≫, 晚有當世意, 不顧干名之嫌, 上韓昌黎光範門外書, 盖胸中範圍, ≪三政策≫亦大推也.

余應之, 曰: 有是哉. 是盡在遺稿中, 後有讀是編者, 自當知公之爲公, 奚須余朽筆爲哉." 屢辭非其人. 其懇彌力, 曰: 雖然, 願卒爲之. 無以則余於公別有所感者存.

公先祖兵部尙書諱維鑰、遊擊將軍諱祥、從事官諱琛, 皆以有明名臣, 龍蛇之役, 三世東征, 屢立奇功. 尙書、遊擊, 同時殉節. 從事廬墓全孝, 並被聖祖旌褒. 又以其天朝舊閥, 特加寵異, 命後孫參皇壇享祀, 崇報之典, 可謂無憾矣. 惟其徂東不歸之恨, 歷累世如一日. 此公所以有"興亡家國桑田裏, 生長兒孫楮島中"之句者也.

顧今虜運將窮矣. 天下有事, 興師復雪, 宜在吾東, 使公而在者, 其必執殳前驅, 不負列朝之遺意, 夬覩函夏之廓淸. 是爲公平日壯心, 亦可謂無上功業. 公之墓草, 已屢宿九原難作, 可悲也已. 於是乎. 彌不勝鷰魚之懷, 屋烏之愛, 書此以歸之云.

崇禎五庚午孟秋西河任憲晦述.

---

62) 원문 '杏': '杳'의 오기.

2
≪소학요어 서문≫

　≪소학(小學)≫은 아이가 처음 배우는 것이다.[1] ≪소학요어(小學要語)≫는 주자(朱子: 朱熹)가 쓴 ≪소학(小學)≫에서 긴요한 말을 취하였다. 주자의 책(≪소학≫)이 분명하고도 자세하나 아이가 배우지 못할까 걱정되어, 중요한 말을 취하여 간단하고 알기 쉽게 하였고, 그 사이에 또 살짝 나의 뜻을 덧붙여 뜻을 넓혔다. 아이에게 아침저녁으로 외우게 하고 아이가 익혀서 행동으로 실천한다면, 참람되고 외람된 것이 죄과에서 벗어날 곳이 없다는 것을 잘 알 것이다. 그러니 아이의 초학(初學)에 꼭 무익한 것만은 아닐 것이다.

　숭정(崇禎) 219년 병오년(1846)[2] 동짓달 하순[3]

---

1) ≪소학(小學)≫: 남송의 유청지(劉淸之)가 스승 주희(朱熹: 주자)의 지시에 따라 여러 문도들과 함께 1187년(순희 14)에 편찬 완성한 책자임. 내편(內篇) 4권, 외편(外篇) 2권, 총 6권으로 구성됨. 중국 고대부터 당대까지 아동에게 오륜(五倫), 성리(性理) 등 예절과 유학을 가르치는 내용을 담고 있음.

2) 숭정(崇禎): 명나라 마지막 황제 의종(懿宗)의 연호로 1628년~1644년에 해당함. 조선 후기 민간에서는 숭정 연호를 많이 씀.

3) 일양월(一陽月): 자월(子月), 즉 동짓달, 하현(下弦): 하순을 지칭함.

대명유민(大明遺民)4) 소주후인(蘇州後人)5) 석호(石湖) 가행건(賈行健) 서

小學要語序

≪小學≫者, 小子之初學也. ≪要語≫者, 取朱子≪小學≫切要之語也. 朱子之書明且盡矣, 而小子猶患其不能學, 故取其要語, 令簡而易知, 間亦竊附已意, 以衍其義. 俾小子朝夕諷誦, 習而行之, 極知僭猥, 無所逃罪. 然於小子之初學則未必無益也云爾.

崇禎二百十九年丙午一陽月下弦

大明遺民蘇州後人石湖賈行健序

---

4) 대명유민(大明遺民): 황조인(皇朝人)을 지칭함.
5) 소주(蘇州): 태안의 옛 이름.

3

≪소학요어(小學要語)≫ 권상(卷上)

　공자께서 말씀하시길, "천지가 있어야 사람이 있고, 부부가 있어야 부자(父子), 군신(君臣), 장유(長幼), 붕우(朋友)가 있으니, 이것이 사람의 오륜(五倫)이다."라고 하셨다.

　부모는 사랑하고 자식은 효도하며, 임금은 의롭고 신하는 충성스러우며, 지아비는 화합하고 지어미는 순종하며, 형은 사랑하고 아우는 공경하며, 친구끼리 어질게(仁) 되는 것을 도와주는 것, 이것이 이른바 명륜(明倫)이다.

　은혜를 상하게 하지 않고 불의를 경계하는 것이 부모의 도리이다.

　○자신이 가진 힘을 다하여 세운 뜻을 기르는 것이 자식의 도리이다.

　○덕(德)으로 관직을 하사하고 예로 대하는 것이 임금의 도리이다.

　○맡은 직위의 소임을 다하여 몸을 바치는 것이 신하의 도리이다.

　○바름(正)으로 인도하고 도리로 부리는 것이 지아비의 도리이다.

　○정절로 지키며 선으로 돕는 것이 부녀자의 도리이다.

　○사랑을 온전히 하여 노여움을 숨기지 않는 것이 형의 도리이다.

　○공경한 마음을 가지고 원망을 품지 않는 것이 아우의 도리이다.

　○학문으로 서로 도와주고 신의로 바로잡는 것이 친구의 도리이다.

小學要語卷之上

孔子曰: 有天地, 然後有人物: 有夫婦, 然後有父子, 有君臣, 有長幼, 有朋友, 此人之五倫也.

父慈子孝, 君義臣忠, 夫和婦順, 兄愛弟敬, 朋友輔仁, 此所以明倫也.

無傷其恩, 戒其不義, 父道也. ○能竭其力, 能養其志, 子道也. ○爵之以德, 待之以禮, 君道也. ○能任其職, 能致其身, 臣道也. ○帥之以正, 使之以道, 夫道也. ○守之以貞, 佐之以善, 婦道也. ○能全其愛, 不藏其怒, 兄道也. ○能持其敬, 不宿其怨, 弟道也. ○學問相資, 信義相規, 友道也.

교육 세우는 예절

부녀자가 아기를 가지면 부정한 색을 보지 않고, 부정한 소리를 듣지 않으며, 부정한 음식을 먹지 않는다. 바른 것만 말하고 바른 일만 해야 한다. 자식이 먹을 수 있으면 오른손으로 먹도록 가르치고, 말할 수 있으면 남자는 빨리 대답하고 여자는 느리게 답하게 한다.

조금 알고 깨닫는 게 있다면 먼저 부모를 사랑하고, 어른을 공경하며, 스승을 높이 받들고, 친구를 사랑하라고 가르친다. 8세가 되면 쇄소(洒掃: 청소), 응대(應對), 진퇴(進退)의 예절을 가르친다.

立敎之節

婦人有子, 不視邪色, 不聽淫聲, 不食邪味, 言正言, 事正事, 能食敎以右手, 能言男唯女喩.

稍有知覺, 先教之愛其親, 敬其長, 隆其師, 親其友. 生八歲則教以洒
掃、應對、進退之節.

청소하는 예절

집 안팎에 먼지가 있으면 주전자를 조심히 들어 먼저 물을 뿌린 뒤 빗
자루를 천천히 돌려 쓸되 어른에게 닿지 않게 해야 한다.

의관에 먼지가 있으면 떨어내고 창과 벽이 더러우면 닦아낸다.

새벽에 일어나고 해 질 무렵에는 들어와 먼저 자리를 바르게 하고 그
다음으로 물건을 하나하나 정리하여 안팎을 깨끗이 한다.

어른이 비를 잡으시면 반드시 꿇어앉아 대신할 것을 청한다.

겉옷을 펄럭거리거나 발을 미끌거리게 하지 말고 먼지를 앞으로 쓸되
날리게 하지 말아야 한다.

어른께서 비질을 시키시면 빨리 대답하고 바로 일어나 얌전하고 공손
히 잡아 일하며 청소를 마치면 비를 매달아 놓는다. 때로 어른이 침을 뱉
으시면 바로 일어나 씻고 다른 사람들이 보지 못하게 한다.

○닭과 개가 상하면 반드시 멀리 치운다.

어른이 진지를 드실 때는 청소를 하지 말고, 손님이 오시면 먼저 청소
한 뒤에 기다려야 한다.

제사와 손님 접대를 할 때 이미 깨끗한데 더욱 깨끗하게 하고 싶으면
물을 사용해서 뿌린다. 물을 사용할 수 없으면 쓸기만 한다.

손 모양은 공손히 하고 돌아서 나가고, 어른과 같이 어울리는 벗을 닿

지 말아야 하는 것만 아니라 비록 서책과 기물이 있어도 먼지로 뒤덮인 채로 두지 않는다.

청소할 때 어른께서 잃어버리신 물건이 있으면 반드시 가지고 있다가 돌려드리기를 기다린다.

먼지가 많으면 청소도구를 쓰고 적으면 손을 사용하여 반드시 버려 뜰을 다시 어지럽히지 않게 해야 한다.

청소를 마쳤으면 반드시 옷을 바르게 하고 뜻을 낮추며 안색을 온화하게 갖는다. 서 있거나 앉아 있거나 어른께서 부르시는지를 살펴본다.

洒掃之節

室堂庭戶有塵, 奉匜甚敬, 先播以水, 徐運其箒, 勿使觸犯長者.

衣冠有塵拂之, 窓壁有汚拭之.

晨起暮入, 先正几席, 次及器物, 一一整齊, 內外精潔.

尊長執箒, 必跪請代之.

衣無撥, 足無蹶, 斂塵向前, 勿使飛楊6).

長者使之掃, 唯而卽起, 溫恭執役, 掃畢懸箒. 或有長者唾涕, 卽起滌之, 勿令人見. ○雞犬有汚, 必遠去之.

長者當食勿掃. 賓至, 必先掃而待之.

祭祀及宴賓已精, 而益求其精, 可用水則洒之: 可不用, 則只掃之.

手容必恭, 折旋出戶, 非但不犯於尊長儕友, 雖書冊器物, 勿使蒙塵.

---

6) 원문 '楊': '揚'의 통용.

當掃, 有長者遺失, 必收而待之.

塵多則以器, 少則以手, 必屛棄之, 無使復亂於軒庭.

旣掃, 必正攝衣服, 降志和顔. 或立或坐, 視長者所命.

응대하는 예절

부모가 명하여 부르시면 허락하거나 말거나 빨리 대답하고, 종종걸음 하지 말고 걸어간다.

손에 일감을 잡고 있어도 던져두고, 음식이 입에 있어도 뱉어낸다. 앞으로 달려가 모시되 오로지 명한 대로 듣는다.

무릇 어른이 명하시면 난색을 표하지 말고, 높고 급한 소리로 응답하지 말아야 한다. 다른 사람에게 대신 청하지 말고, 다른 사람의 말을 빼앗지 말며, 다른 사람의 말로 어지럽히지 않는다.

부르시면 반드시 응답하고 물으시면 반드시 대답하되, 알면 안다고 하고 모르면 모른다고 말씀드려 항상 거짓 없이 말한다.

어른께서 노하시며 물으시거든, 안색을 살펴 목소리가 부드럽게 하고 얼굴을 펴면서 천천히 대답한다. 어른께서 기뻐하시며 물으시거든, 자기 자랑을 하거나 남을 헐뜯지 않는다.

음식을 주시면 반드시 사양하고, 허락하지 않으시면 반드시 자리를 피해 먹는다. 기물(器物)을 주시거든 꼭 쥐고 가슴에 품는다.

주인이 외출했을 때 손님이 오시면 외출 중이시라 말씀드린다. 외출한 이유를 물으시면 모른다고 말한다. 말할 수 있으면 말한다.

비방과 칭찬에 관한 일을 물으시면 대답하지 않는다. 다툼과 송사에 관한 일을 물으시면 대답하지 않는다. 재물과 이익에 관한 일을 물으시면 대답하지 않는다. 가무와 여색에 관한 일을 물으시면 대답하지 않는다. 잡기와 노리갯감에 관한 일을 물으시면 대답하지 않는다.

부모가 물으시면 감히 숨기지 말고, 남이 물으면 전부 말하지 않는다. 어른께서 물으신다고 사양하지 않고 대답하는 것은 예의가 아니다.

지극하지 않으면서 말을 하는 것을 조급(躁)이라 한다. 안색을 살피지 않고 말을 하는 것을 소경(瞽)이라 한다. 자기 마음을 다하면 충(忠)이라 한다. 사실로서 하는 것을 믿음(信)이라 한다.

성인의 말씀을 감히 업신여기지 말고, 쓸데없는 변명을 좋아하지 말며, 항상 비속한 말은 쓰지 말아야 한다. 선생과 함께 이야기를 나눌 때는 입교(立敎: 교육을 세움)·명륜(明倫)·경신(敬身)에 관해 묻는다. 형제와 이야기를 나눌 때는 양친(養親: 부모 봉양)·승제(承祭: 제사 계승)·제가(齊家)·접인(接人: 손님 접대)에 관해 묻는다. 대부(大夫)와 이야기를 나눌 때는 충군(忠君)·애민(愛民)에 관해 묻는다. 시골 사람과 이야기를 나눌 때는 농작물을 가꾸는 방법에 관해 묻는다. 산에 사는 사람과 이야기를 나눌 때는 새·짐승·풀·나무에 관해 묻는다. 바닷사람과 이야기를 나눌 때는 물고기와 자라에 관해 묻는다. 의약인(醫藥人)과 이야기를 나눌 때는 양생(養生)·제요(濟夭: 치료와 요절)에 대해 묻되 거짓으로 꾸미고 명예를 구하는 말은 하지 말아야 한다. 점쟁이와 이야기를 나눌 때는 혜적길(惠迪吉)·종체흉(從逮凶)[7]을 묻되 복을 구하지는 말아야 한다. 장

---

7) 혜적길(惠迪吉)·종체흉(從逮凶): 선도를 따르면 길하고 역을 따르면 흉하다는 뜻

사꾼과 이야기를 나눌 때는 가지고 있는 것과 없는 것을 서로 통하는 일에 대해 묻되 내게는 이롭고 남에게 해가 되는 말은 하지 말아야 한다. 백공(百工)과 이야기를 나눌 때는 이용후생(利用厚生)에 대해 묻되 사치를 다하는 말은 하지 말고, 천재지변·나라의 이익과 손해·관리의 득실은 말하지 말아야 한다. 또한 괴이하고 이상한 것은 말하지 말고, 질서를 어지럽혀 반란을 일으키는 말도 하지 말아야 한다. 권력, 요괴, 노불(老佛)의 승려와 도사, 무당, 부적, 음담, 농담, 치우치고 근거 없는 말과 분간할 수 없는 말은 하지 말아야 한다. 요(堯)임금과 순(舜)임금의 도가 아니면 도리가 아니다. 공자와 맹자의 학문이 아니면 학문이 아니다. 말을 할 때는 반드시 이를 칭해야 한다.

應對之節

父母命呼, 唯而無諾, 走而勿趨.

手執業則投之, 食在口則吐之. 趨侍於前, 惟命是聽.

凡長者有命, 無難色, 無噭應, 無使人代請, 無奪人之言, 無亂人之言.

有呼必應, 有問必對, 知則曰知, 不知則曰不知, 常言無誑.

長者怒而問, 伺察顏色, 柔其聲, 婉其容, 徐對之. 長者喜而問, 無伐善, 無毀人.

賜之食, 必辭: 不得命, 必避席而食. 賜之器用, 必執而懷之.

主人出而客至, 則曰出矣. 問所以, 則曰不知也, 可以言則言之.

임. ≪서경(書經)≫ 〈대우모(大禹謨)〉에 나옴.

問毀譽事, 不對. 問爭訟事, 不對. 問貨利事, 不對. 問聲色事, 不對. 問雜技玩好事, 不對.

父母有問不敢隱, 他人有問不敢盡.

長者有問, 不辭讓而對, 非禮也.

未至而言, 謂之躁: 不觀顔色而言, 謂之瞽: 盡己之, 謂忠, 以實之, 謂信.

不敢侮聖人之言, 勿喜無用之辯, 恒言勿稱鄙俗之言. 與先生言問立教明倫敬身: 與兄弟言問養親承祭齊家接人: 與大夫言問忠君愛民: 與野人言問農圃: 與山人言問鳥獸草木: 與海人言問魚鼈: 與醫藥人言問養生濟夭, 勿言矯情干譽: 與卜筮人言問惠迪吉, 從遞凶, 勿言奸回求福: 與商[8]賈言問有無相通, 勿言利己害人: 與百工言問利用厚生, 不言窮侈極巧, 勿言天災時變, 勿言國政利害、官長得失, 勿言怪異, 勿言悖亂, 勿言權力, 勿言妖神, 勿言老佛僧道, 勿言巫覡符章, 勿言淫褻戲慢, 勿言偏詖不根之言, 勿言未采之事. 非堯舜之道, 非道也: 非孔孟之學, 非學也, 言必稱之.

---

8) 원문 '啇': '商'의 통용.

나가고 물러서는 예절

≪예기(禮記)≫에서 "서 있을 때는 문 한가운데에 있지 말고, 다닐 때는 문지방을 밟지 않으며,9) 앉을 때는 가운데에 앉지 않는다."라고 하였다.10) 음식을 먹고 마시는 자리에 이르면 반드시 어른이 드신 뒤에 먹는다. 천천히 걸어 어른 뒤에 가는 것을 공손(悌)이라 한다. 어른 앞으로 빨리 가는 것을 공손하지 못하다(不悌)고 한다.11) 부모가 계실 때는 멀리 나가지 않는다. 나가게 되면 반드시 거처가 있어야 한다. 나갈 때 꼭 아뢰며 돌아오면 얼굴을 보여 드려야 한다.12)

○마루(堂)에 오를 때에는 반드시 소리를 내고,13) 두 손으로는 추켜올리고 용의를 흐트러뜨리지 말아야 한다.

○문이 열려 있으면 열어 두고 닫혀 있으면 닫아 둔다. 뒤에 들어오는 자가 있으면 닫더라도 다 닫지 말아야 한다.

○문밖에 두 켤레의 신발이 있고 말소리가 들리면 들어가고, 들리지 않으면 들어가지 않는다.

○빈 것을 잡는데 가득 찬 듯 받들고, 빈 곳에 들어가더라도 사람이 있는 듯해야 한다.

○주된 자리에 거처하지 않고 함께 앉으면 반드시 구석에 앉는다.

○어른을 모시고 앉았을 때 명을 들으면 일어나고 질문을 하시면 일어

---

9) 입불중문(立不中門), 행불리역(行不履閾): ≪논어(論語)≫ 〈향당(鄕黨)〉에 나옴.
10) 좌불중석(坐不中席): ≪예기(禮記)≫ 〈곡례(曲禮)〉에 나옴.
11) ≪맹자(孟子)≫ 〈고자하(告子下)〉에 나옴.
12) ≪논어(論語)≫ 〈이인(里仁)〉에 나옴.
13) ≪예기(禮記)≫ 〈곡례(曲禮)〉에 나옴.

나 답한다.

○어른이 일어나면 즉시 일어난다.

○손님이 오면 즉시 일어나 절을 하고 환영한다. 손님이 가시면 일어나 절을 하고 전송한다.

○어른이 주시는 게 있으면 일어나고, 청한 바가 있으면 일어난다.

○마을 사람과 술을 마시는데 지팡이 짚은 자가 나가면 따라 나간다.

○모시고 나갈 때 반드시 어른이 보이는 곳에 있다. 어른이 길을 지나시는데 어른이 말을 건네면 말을 하되 옷깃을 여미고 마주한다. 말을 건네지 않으면 손을 마주 잡고 서서 지나가시기를 기다린다.

○길에 어른이 짐을 가지고 있을 때 짐이 가벼우면 혼자 지고, 무거우면 나누어진다.14)

○남자는 왼쪽, 여자는 오른쪽으로 가되 남녀가 나란히 가지 않고 밤에 갈 때는 반드시 촛불을 밝힌다.

○길은 질러가지 않고 다리는 배로 건너지 않는다.

○깊고 험한 곳에 가지 말고, 높고 위험한 곳에 오르지 않는다. 다리 모양을 곧게 하고, 걸음걸이는 편안하고 침착하게 한다. 급작스레 오거나 급작스레 가지 않는다.

○머리를 한쪽으로 젖히지 말고, 손을 털거나 다리를 떨지 말아야 한다.

○나갈 때는 빠르게, 물러날 때는 공손히 한다. 땅을 가려 밟고 감히 뛰어넘지 않는다.

○어른이 주무시려고 하면 들어가지 않고, 또 같이 있다가 주무시려

---

14) ≪예기(禮記)≫ 〈왕제(王制)〉: "輕任幷, 重任分."

하면 물러날 것을 청한다.

○타인의 사적인 일에 나서지 말고, 자기 부모에게 근심이 있으면 물러나지 않는다.

○무릇 수재와 화재, 도적과 환난이 있으면 반드시 급히 달려 들어가 일어난 이유를 말씀드린다.

○무릇 제사·연회·질병·상난(喪難)이 있으면 반드시 온종일 모시고, 어른을 따라 주선에 있어 물러감을 청하지 않는다.

무릇 자식으로서의 예의는 출입과 진퇴에 있으니 자기 마음대로 하지 않는다.

進退之節

禮曰: 立不中門, 行不履閾, 坐不中席. 及即席飮食, 必後長者. 徐行後長者, 謂之悌: 疾行先長者, 謂之不悌. 父母在, 不遠遊. 遊必有方, 出必告, 反必面. ○將上堂聲必楊[15], 兩手摳之, 勿使失容.

戶開亦開, 戶闔亦闔. 有後八[16]者, 闔而勿遂. ○門外有二屨, 言聞則入, 言不聞則不入. ○執虛如奉盈, 入虛如有人. ○居不主, 與坐必當隅. ○侍坐於長者, 聞命則起, 有問則起而對. ○長者起即起. ○賓至則起, 拜而迎之. 賓退則起, 拜而送之. ○長者有賜則起, 有所請則起. ○鄉人飮酒杖者出斯出矣. ○侍遊必向長者所視, 過長者於道, 長者與之言, 則歛袊而對. 不與言, 拱手而立, 以俟其過. ○道路長者負戴, 輕任專, 重任分. ○

---

15) 원문 '楊': '揚'의 통용.
16) 원문 '八': '入'의 오기.

男子由左, 女子由右, 男女不並行, 夜行必以燭. ○路而不徑, 橋而不舟. ○無臨深險, 無升高危. 足容必直, 步履安詳. 無拔來, 無報往. ○頭無偏, 手無擺, 足無蹶. ○進則必趨, 退則必恭. 擇地而蹈, 不敢輕跳. ○長者方寢不敢進, 將寢請退. ○人有私事不進, 己有親憂不退. ○凡有水火, 盜賊, 患難, 必急趨而進告之以故. ○凡祭祀, 宴饗, 疾病, 喪難, 必侍立終日, 隨長者周旋, 不敢請退.

凡爲人子之禮出入進退, 不敢自專.

수학하는 예절

공자께서 "제자가 집에 들어가서는 효도하고 나가서는 공손하며, 행실을 삼가고 신의를 지키며, 널리 여러 사람을 사랑하되 어진 이를 가까이해야 한다. 이것을 행하고 나서도 여력이 있으면 그 힘으로 학문을 한다."라고 하셨다.17)

○선생께서 가르침을 베푸시면 제자는 이를 본받아 온순하고 공손하며 스스로 겸허하게 하여 받은 바를 극진히 해야 한다.18) 선(善)을 보면 따르고 의(義)를 들으면 복종한다. 온유하고 효제하며, 교만하게 굴면서 힘을 믿지 말아야 한다.19)

○뜻은 헛되고 간사하게 갖지 말고, 행실은 반드시 바르고 곧게 해야

---

17) ≪논어(論語)≫ 〈학이(學而)〉에 나옴.
18) ≪소학(小學)≫ 〈입교(入敎)〉에 나옴.
19) ≪관자(管子)≫ 〈제자직(弟子職)〉에 나옴.

한다. 놀고 거처함에 항상 일정한 곳이 있되 반드시 덕이 있는 사람에게 나아가야 한다.[20]

○안색을 정제하면 마음속은 반드시 경건해진다. 일찍 일어나고 밤늦게 자며 옷과 띠를 반드시 정돈한다. 아침에 배우고 저녁에 익히고 마음을 조심하여 공경히 해야 한다. 이에 한결같이 하여 게으름 피우지 않으면 배우는 법이라고 할 수 있다.[21] 태어나 10세가 되면 집 밖으로 나와 공부하게 하되 바깥에서 숙박하게 하여 어린아이가 지켜야 할 예식을 배우고 간략하고 진실한 것을 청하여 익힌다.

○13세가 되면 글씨(書), 시가(詩歌), 무도(舞蹈)를 배운다.

○선왕의 법에 맞는 말(法言)이 아니면 감히 말하지 않고, 선왕의 법에 맞는 옷(法服)이 아니면 감히 입지 않는다.[22]

○먹는데 배부름을 구하지 않고, 거처함에 편안함을 구하지 않는다. 일을 처리함에 민첩하고 말을 함에 신중하며, 도덕이 있는 이에게 나아가 잘못을 바로잡는다. 이렇게 되면 배우기를 좋아한다고 할 수 있다.

○시(詩)로 일어나고 예(禮)로 세우며 악(樂)으로 완성한다.

문장은 ≪시경(詩經)≫·≪서경(書經)≫·≪주역(周易)≫·≪춘추(春秋)≫·≪예기(禮記)≫·≪주례(周禮)≫·≪의례(儀禮)≫·≪효경(孝經)≫·≪논어(論語)≫·≪중용(中庸)≫·≪대학(大學)≫·≪맹자(孟子)≫를 위주로 한다.

성인(聖人)은 복희(伏羲)·신농(神農)·황제(黃帝)·요(堯)·순(舜)·우(禹)·

---

20) ≪관자(管子)≫ 〈제자직(弟子職)〉에 나옴.
21) ≪관자(管子)≫ 〈제자직(弟子職)〉에 나옴.
22) ≪소학(小學)≫ 〈명륜(明倫)〉과 ≪효경(孝經)≫ 〈경대부장(卿大夫章)〉에 나옴.

탕(湯)·문왕(文王)·무왕(武王)·주공(周公)·공자(孔子)·안자(顏子)·증자(曾子)·자사(子思)·맹자(孟子)이다.

○현인(賢人)은 익(益)·고요(皐陶)·기(夔)·직(稷)·설(契)·이윤(伊尹)·부설(傅說)·태공(太公)·소공(召公)과 같은 사람이다.

○성학(聖學)은 염옹(冉雍)·민손(閔損)·단목사(端木賜)·복상(卜商)·중유(仲由)·남객(南客)·증점(曾點)·유자(有子)·언언(言偃)과 같은 이들이다.

○한나라 유학자로는 동중서(董仲舒)가 있다.

○당나라 유학자로는 한유(韓愈)가 있다.

○성인(聖人)의 학문을 이은 이들은 송대(宋代)의 두 정자인 정호(程顥)와 정이(程頤)·주자(朱子)인 주희(朱熹)이다.

역사로 보면 위로 삼황오제(三皇五帝)부터 아래로 진(秦)·한(漢)·진(晉)·수(隋)·당(唐)·오대(五代)·송(宋)에 이르기까지, 도(道)가 있으면 나라를 얻었고 덕(德)이 없으면 나라를 잃었던 일이 있었다.

부모도 임금도 없는 불교의 가르침을 배우지 말고, 신불해(申不害)와 한비자(韓非子)의 형명(刑名)과 공리(功利)라는 학설을 배우지 말며, 참위(讖緯)와 혹세(惑世)를 담은 서적을 배우지 말고, 협잡한 술수와 남을 속이는 법도 배우지 말아야 한다.

○양주(楊朱), 묵적(墨翟), 도가(道家), 불가(佛家)와 떨어져 있다고 말할 수 있다면 성인(聖人)의 무리이다. 잡학을 싫어하고 잡희를 좋아하지 않는다면 군자(君子)의 무리이다.

널리 배우고, 자세히 묻고, 신중히 생각하고, 밝게 분별하며, 독실하게 행하는 것. 이 다섯 가지 가운데 하나라도 버린다면 학문이 아니다.

하늘은 양(陽)으로 원(元)·형(亨)·이(利)·정(貞)23)의 사덕(四德)이 있다. 땅은 음(陰)으로 목(木)·화(火)·토(土)·금(金)·수(水)의 오행(五行)이 있다.

○사람이 음양의 정기(正氣)를 얻고 인(仁)·의(義)·예(禮)·지(智)·신(信)의 성리(性理)가 있다. 오륜(五倫)을 행하고 육예(六藝)를 배운다.

≪맹자(孟子)≫에 이르기를 "사람에게는 도리가 있다. 편안하게 살면서도 가르침을 행하지 않으면 곧 금수에 가깝게 된다. 성인께서는 그러한 근심이 있으셔서 인륜을 가르쳤다. 즉 부자유친(父子有親), 군신유의(君臣有義), 부부유별(夫婦有別), 장유유서(長幼有序), 붕우유신(朋友有信)이다."라고 하였다.24)

○공자께서 "덕(德)을 굳게 지키고 인(仁)에 의지하며, 예(藝)에서 노닐어라."라고 하셨다.25)

○선비가 도(道)에 뜻을 두고도 거친 옷을 입고 맛없는 음식을 먹는 것을 부끄럽게 여긴다면 함께 논의할 가치가 없다.

○물리(物理)를 궁구하고 인성(人性)을 극진히 하는(窮理盡性) 것은 큰 학문의 큰 것이다. 가까이는 자신에게서 취하고 멀리는 사물에게서 취하여 비슷한 범주의 일에 적용해 나간다면, 천하에서 할 수 있는 일은 모두 다 할 수 있다.26)

---

23) 원형이정(元亨利貞): ≪주역(周易)≫ 〈건괘(乾卦)에 나옴. 원(元)은 만물의 시(始)로 춘(春)에 속하고 인(仁)이며, 형(亨)은 만물의 장(長)으로 하(夏)에 속하고 예(禮)이며, 이(利)는 만물의 수(遂)로 추(秋)에 속하고 의(義)이며, 정(貞)은 만물의 성(成)으로 동(冬)에 속하고 지(智)임.
24) ≪맹자(孟子)≫ 〈등문공상(滕文公上)〉에 나옴.
25) ≪논어(論語)≫ 〈술이(述而)〉에 나옴.
26) ≪주역(周易)≫ 〈계사전(繫辭傳)〉에 나옴.

受學之節

子曰: 弟子入則孝, 出則悌, 謹而信, 汎愛衆, 而親仁. 行有餘力則以學文. ○先生施敎弟子, 是則溫恭自虛, 所受是極, 見善從之, 聞義則服. 溫柔孝悌, 無驕恃力. ○志無虛邪, 行必正直. 遊居有常, 必就有德. ○顔色整齊, 中心必式. 夙興夜寐, 衣帶必飾. 朝益暮習, 小心翼翼, 一此不懈, 是謂學則. 生十年, 出就外傳, 居宿於外, 孝[27]幼儀, 請肄簡諫. ○十有三年, 孝書詠歌舞蹈.[28] ○非先王之法言不敢言, 非先王之法服不敢服. ○食無求飽, 居無求安, 敏於事而愼於言. 就有道而正焉, 可謂好孝學也已. ○興於詩, 立於禮, 成於樂.

文則以《詩》、《書》、《易》、《春秋》、《禮記》、《周禮》、《儀禮》、《孝經》、《論語》、《中庸》、《大學》、《孟子》爲主:

聖則伏羲、神農、黃帝、堯、舜、禹、湯、文、武、周公、孔子、顔子、曾子、子思、孟子也. ○賢則益、皐陶、夔、稷、契、伊尹、傅說、太公、召公之類也. ○聖學則冉雍、閔損、端木賜、卜商、仲由、南客、曾點、有子、言偃之徒也.

漢儒有董仲舒. ○唐儒有韓愈.

傳聖學則宋程子顥、程子頤、朱子熹也.

史則上自五帝三王, 下至秦漢晉隋唐五季及宋以來, 有道則得國, 無德則失國之事也.

無學佛者無父無君之敎, 無學申韓刑名功利之說, 無學讖緯惑世之書, 無學雜術欺人之方.

能言距楊墨老佛者, 聖人之徒也. 能不喜雜學, 不好雜戲者, 君子之徒

---

27) 원문 '孝': '學'의 통용.
28) 국립중앙도서관장본에는 '영(詠)'자 옆에 '계(計)'자가 적혀 있음.

也.

博學之, 審問之, 愼思之, 明辨之, 篤行之, 五者廢其一, 非孝[29])也.

天爲陽, 而有元亨利貞之德: 地爲陰, 而有木火土金水之行. ○人得陰陽之正氣, 而有仁義禮智信之性理. 其行五倫, 其學六藝.

孟子曰: 人之有道也, 逸居而無敎, 則近於禽獸. 聖人有憂之, 敎以人倫, 父子有親, 君臣有義, 夫婦有別, 長幼有序, 朋友有信. ○子曰: 據於德, 依於仁, 遊於藝. ○士志於道, 而耻惡衣惡食者, 未足與議也. ○窮理盡性, 斯學之大. 近取諸身, 遠取諸物, 觸類而長之, 天下之能事畢矣.

---

29) 원문 '孝': '學'의 통용.

딸 가르치는 예절

≪예기(禮記)≫에 "여자 나이 7세면 남녀가 함께 한자리에 앉지 않는 다."라고 하였다.

○10세가 되면 바깥에 나가지 않는다. 온순히 순종하는 법을 가르치고 삼베와 모시를 잡고 생사(生絲)와 고치를 다루는 여자의 일을 배운다. 제사를 관찰하고 어른을 도와 보고 갖추도록 보살핀다.

○놀지 못하게 하고, 가곡(歌曲)을 익히지 못하게 하며, 교묘한 변론을 배우지 못하게 하고, 화려하고 사치스러움을 일삼지 못하게 한다.

○어른의 뒤를 따르고 부모에게 아침에는 문안을 드리고 저녁에는 잠자리를 보살펴 드린다. 조부모가 있으면 또한 그렇게 한다.

○자신을 수양함에 단정하게 하고, 청신(淸新)하고 삼가함으로 마음을 다잡으며 순일(純一)함으로 곧고도 고요하게 한다.[30]

○성정(性情)이 바른 사람은 말이 적고 흉한 사람은 말이 많다.

○부모가 아프시면 비록 비첩(婢妾)과 음식이 있더라도 반드시 친히 살펴보고 올린다. 살펴보고 모시어 주물러 드리며 어른과 함께한다.

비록 지혜가 있어도 바깥일을 말하지 않는다. 비록 언변이 좋아도 바깥사람을 비난하지 않는다. 비록 솜씨가 있다 해도 예가 아닌 옷은 만들지 않는다.

○무릇 부모와 여러 형제가 물으면 반드시 소리를 낮추어 대답한다. 무릇 사내종과 계집종에게는 반드시 엄하게 대하며 사랑으로 기른다.

---

30) 정정(貞靜): 곧고도 고요한 성질.

○태도와 몸가짐은 반드시 조용하고 온순하게 가져야 한다. 화려한 옷에 고운 단장을 좋아하지 말고, 항상 깨끗한 옷을 입는다.

○외부 사람이 물으면 말을 섞지 않는다. 비록 친척이라 해도 반드시 자리를 피해 대답한다. 이웃 마을에서 잔치를 열고 노는 일을 보지 말고, 무당이나 비구니처럼 기도하는 무리와 통하지 말아야 한다.

○밤에 나갈 때는 반드시 다른 사람 함께 촛불을 켜고 가고, 바깥에 나가면 반드시 얼굴을 안 보이게 가려야 한다. 옛일을 거울삼아 ≪열녀전(烈女傳)≫에서 말한 바를 바라고, '암탉이 울어 새벽을 알린다.'라는 이야기를 경계로 삼아야 한다.31)

○여자는 비록 문사(文辭)를 숭상하지 않으나, 임금에게 충성하고 어버이를 사랑하는 도리와 '착한 사람에게는 복이 오고 못된 사람에게는 재앙이 닥친다.'라는 이치는 마땅히 알아야 한다.

음식을 만들 때는 반드시 식기를 청결히 하고, 고기와 생선을 자를 때는 반듯하게 잘라야 하며, 채소는 잘 익혀서 만든다. 의복을 만드는 데 예법과 제도에 따라야 하며 치수를 잃지 말아야 하고, 꿰매는 옷은 완전히 견고하게 하도록 힘쓴다.

부모의 옷에 때가 끼면 잿물을 타서 빨기를 청한다. 옷이 터지고 찢어졌으면 바늘에 실을 꿰어 깁고 꿰매기를 청한다.

○여자의 일이 아니면 배우지 말고, 여자의 일이 아니면 말하지 않는다. 행동과 일 처리를 삼가고, 길쌈하고 공양하는 예절을 부지런히 지킨다.

---

31) 빈계사신(牝雞司晨): 암탉이 울어 새벽을 알린다는 것인데, 예전에 여성이 전권을 가지고 날뛴다는 뜻으로 자주 사용됨.

≪시경(詩經)≫에서 "딸아이를 낳아서는 땅에다 뉘어놓네."라고 하여 겸손과 순종을 가르쳤다. 또 "포대기에 감싸주네."라고 하여 검소함을 가르쳤다. 또 "실패 가지고 놀게 하네."고 하여 옷 짜는 것을 가르쳤다. 또 "그른 일도 없고 잘하는 일도 없이, 그저 술과 음식 마련하는 데에만 의논하네."라고 하여 용모를 꾸미는 일을 일삼지 않고 음식을 마련하는 일을 일삼아야 함을 가르쳤다.32)

≪예기(禮記)≫에서 "15세에 비녀를 꽂고, 20세에 시집간다."라고 하였으나 특별한 사정이 있으면 23세가 넘어 시집을 갔다. "예를 갖추어 맞이하면 처(妻)가 되고, 그냥 가면 첩(妾)이 된다."라고 하였다.33)

≪맹자(孟子)≫에 이르기를 "남녀가 가정을 이루는 것은 부모의 마음으로, 모든 사람이 다 가지고 있다.", "부모의 명을 기다리지 않고 구멍을 뚫고 서로 엿보며 담을 넘어 서로 따라다니면, 부모와 나라 사람들이 모두 천하게 여길 것이다."라고 하셨다.34)

≪시경(詩經)≫에서 "요조(窈窕)한 숙녀(淑女)는 군자(君子)의 좋은 짝이다."라고 하였다.35) 요조(窈窕)는 늘 규문(閨門) 안에서 지내면서 얌전하고 점잖은 덕(德)이 있다. 오직 이와 같은 숙녀(淑女)만이 군자(君子)의 배필이라고 할 수 있다.

---

32) ≪시경(詩經)≫ 〈사간(斯干)〉에 나옴.
33) ≪예기(禮記)≫ 〈내칙(內則)〉에 나옴.
34) ≪맹자(孟子)≫ 〈등문공하(滕文公下)〉에 나옴.
35) ≪시경(詩經)≫ 〈관저(關雎)〉에 나옴.

敎女之節

禮曰: 女子七年, 男女不同席. ○十年, 不外出. 敎以婉娩聽從, 執麻枲, 治絲繭, 孝36)女事, 觀於祭祀, 佐長者視具. ○勿令遊戲, 勿習歌曲, 勿學巧辯, 勿事華靡. ○隨長者之後, 晨昏定省於父母. 有祖父母, 則亦如之. ○修身以端莊, 淸愼秉心, 以純一貞靜. ○吉人之辭寡, 凶人之辭多. ○父母有疾, 雖有婢妾食飮, 必親進之, 省侍按摩. 與長者共之.

雖有智慧, 勿言外事. 雖有才辯, 勿是非外人. 雖有技巧, 無作篡繡非禮之服. ○凡於父母諸兄, 有問必低聲以對. 凡於奴婢, 必莊而涖之, 慈以畜之. ○儀容必雍容安順, 勿喜麗服艶粧, 常着純潔之衣. ○外人有問, 不相交語. 雖親戚, 必避席而對. 勿觀隣里宴遊之事, 勿通巫尼祈禳之徒. ○夜行必以人以燭, 外出必擁蔽其面. 鑑於古事, 以≪烈女傳≫所言爲期, 以牝雞司晨爲戒. ○女子雖不尙文辭, 然猶當知忠君愛親之道, 福善禍淫之理. ○造飮食, 必潔其器用: 割魚肉, 必方正: 作蔬菜, 必精熟: 製衣服必遵禮制, 勿失尺寸, 縫合務要完固. ○父母衣裳垢, 和灰請澣: 衣裳綻裂, 紉鍼請補綴. ○非女工不學, 非女事不言. 謹於行己處事, 勤於織績供奉之節.

詩曰: 乃生女子, 載寢之地. 敎以卑順也. 又曰: 載衣之裼. 敎以儉素也. 又曰: 載弄之瓦. 敎以紡績也. 又曰: 無非無儀, 惟酒食是議. 敎以不事容飭, 事在饋食之間而已矣.

禮曰: 十五而筓, 二十而嫁. 有故二十三年而後嫁. 聘則爲妻, 奔則爲妾.

孟子曰: 男女有家室, 父母之心, 人皆有之. 不待父母之命, 鑽穴隙相

---

36) 원문 '孝': '學'의 통용.

窺, 踰墻相從, 父母、國人皆賤之矣.

詩曰: 窈窕淑女, 君子好逑. 窈窕者, 常處於閨門之內, 而有幽閒貞靜之德也. 惟如此之淑女, 可以爲君子之匹矣.

부모 섬기는 예절

≪예기(禮記)≫에서 "자식이 부모를 섬길 때는 첫닭이 울면 모두 일어나 세수하고 양치질하며, 옷을 단정히 하며 좌우에 사용할 물건을 차고 부모님이 계신 곳으로 간다. 기(氣)를 내리고 소리를 낮추어 옷이 따뜻한지 추운지, 음식이 어떠한지를 여쭌다. 병이 나 아프시거나 옴으로 가려워하시면 공손히 만지고 긁어 드린다."라고 하였다.37)

○원하시는 것을 여쭈고 공손히 올리되, 얼굴은 온순하게 하고 반드시 입에 대시는 것을 본 후에 물러난다. 앉으려 하시거든 자리를 들고 어느 쪽으로 향하시는지를 청하고, 장차 누우려 하시거든 자리를 받들고 어디로 누우실지를 청한다. 잠자리를 다 하면 이불과 자리를 걷는다.

○부모의 옷과 이불, 삿자리와 돗자리, 베개와 안석은 고정된 곳에 두고 옮기지 않으며, 지팡이와 신발은 소중히 간수하고 감히 가까이 두지 않는다. 사용하시는 기물은 함부로 옮기지 않는다. 감히 구역질, 트림, 재채기, 기침, 기지개를 하지 않고, 짝다리로 기대거나 곁눈질을 하거나 침을 뱉고 눈물 흘리지 않는다. 추워도 감히 옷을 껴입지 않고 가려워도

---

37) ≪예기(禮記)≫ 〈내칙(內則)〉에 나옴.

감히 긁지 않으며, 더위도 감히 옷자락을 걷지 않고 더러운 옷과 이불은 속을 보이지 않게 한다.[38]

○무릇 자식 된 자의 예절은 겨울에는 따뜻하게 해 드리고 여름에는 시원하게 해 드리며, 저녁에는 잠자리를 봐 드리고 아침에는 문안 인사를 올려야 한다. 놀러 나가면 장소를 바꾸지 말고, 평상시 말할 때면 늙었다고(老) 일컫지 않는다.[39]

○신체를 마음대로 하지 않고, 재물을 사사로이 쓰지 않으며, 친구를 위해 목숨 바치는 일을 허락하지 않고, 명하시거든 거스르거나 게을리 하지 않는다.

○만일 음식을 주시면 좋아하지 않더라도 꼭 먹어보고 기다린다. 옷을 주시면 원치 않더라도 꼭 입어 보고 기다린다.

증자께서 "부모가 사랑해 주면 기뻐하며 잊지 말아야 한다. 미워하시면 두려워하고 원망하지 말아야 한다. 부모에게 잘못이 있으면 간언하되 거스르지 말아야 한다. 간언하였으나 만일 받아들이지 않으시면 더 공경하고 더 효도하여 기뻐하실 때 다시 간언한다. 노하여 기뻐하지 않고 매질하면 피가 흘러도 감히 미워하거나 원망하지 않는다. 세 번 간언함에도 듣지 않으시면 울부짖으며 따라야 한다."라고 하셨다.

효자에게 부모의 깊은 사랑이 있으면 반드시 온화한 기운, 기쁜 안색, 온순한 용모가 있으니, 엄숙하고 위엄 있으며 지나치게 삼가는 모습은 자식 된 도리가 아니다.

---

38) ≪소학(小學)≫ 〈명륜(明倫)〉과 ≪예기(禮記)≫ 〈내칙(內則)〉에 나옴.
39) ≪소학(小學)≫ 〈명륜(明倫)〉에 나옴.

○무릇 음식은 반드시 먼저 부모에게 올린 뒤에 먹는다. 무릇 일이 있으면 반드시 부모에게 명을 받은 뒤에 행한다. 무릇 사용해야 할 재물이 있어도 마음대로 빌리지 않는다.

○부모의 사랑이 계집종의 자식(婢子), 서자(庶子), 서손(庶孫)에게 미치더라도 반드시 공경하는 것을 게으르게 하지 않아야 한다. 비록 과일나무나 개와 말이라도 그렇게 해야 한다. 부모가 아프시면 성년인 사람은 머리를 빗지 않고, 다닐 때 활개를 치지 않으며, 말할 때 게을리하지 않는다. 술을 마시되 얼굴빛 변할 때까지 이르지 않고, 고기를 먹되 입맛이 변할 때까지 이르지 않는다. 웃을 때는 잇몸이 보이지 않게 하고, 화가 나도 꾸짖는 데에까지 이르지 않아야 한다. 오직 의약에만 힘을 쓰고, 다른 일은 감히 잡지 않는다.[40]

○임금께서 병이 나서 약을 드시면 신하가 먼저 맛본다. 부모가 병이 나서 약을 드시면 자식이 먼저 맛본다.

증자(曾子)께서 "머리부터 발끝까지 이 몸(身體髮膚)은 부모에게 받은 것이니 함부로 다치게 하지 않는 것이 효(孝)의 시작이다. 출세하여 명성을 드날려(立身揚名) 부모를 드러나게 해 드리는 것이 효(孝)의 마지막이다."라고 하셨다.[41]

공자께서 "부모를 사랑하는 사람은 감히 남을 미워하지 않고, 부모를 공경하는 사람은 감히 남에게 함부로 하지 않는다. 천자(天子)로부터 서인(庶人)에 이르기까지 하나같이 이를 효의 근본으로 삼는다."라고

---

40) ≪소학(小學)≫ 〈명륜(明倫)〉에 나옴.
41) ≪효경(孝經)≫ 〈개종명의장(開宗明義章)〉에 나옴.

하셨다.

○윗자리에 있을 때 교만하지 않고, 아랫자리에 있을 때 어지럽히지 않으며, 예절을 따르고 법도로 삼가고, 스스로 검소하게 생활하며, 부모에게 정성스럽게 대하면 효라고 할 수 있다.

기거하심에 공경을 다 하고 봉양함에 즐거움을 다해야 한다. 병에 걸리시면 근심을 다 하고, 돌아가시면 슬픔을 다하며, 제사를 지냄에는 엄숙함을 다해야 한다.

살아계실 때는 예(禮)로 섬기고, 돌아가시면 예(禮)로 장례를 치르며, 제사 지낼 때도 예(禮)로 해야 한다.

효자는 부모의 뜻을 잘 잇고 부모의 업적을 잘 서술한다.

맹자께서 "세속에서 이른바 불효라고 하는 것은 다섯 가지가 있다. 사지(四肢)를 게을리하여 부모에 대한 봉양을 돌보지 않는 것이 첫 번째이다. 장기나 바둑, 음주를 좋아하고 부모에 대한 봉양을 돌보지 않는 것이 두 번째이다. 재물과 처자식만 좋아하여 부모에 대한 봉양을 돌보지 않는 것이 세 번째이다. 귀와 눈의 욕망만을 좇다가 부모를 욕되게 하는 것이 네 번째이다. 만용 부리기를 좋아하여 싸우고 사나운 짓을 하여 부모를 위태롭게 하는 것이 다섯 번째이다."라고 하셨다.[42]

공자께서 "무릇 효는 부모를 섬기는 것이 시작이고, 임금을 섬기는 것이 중간이며, 입신양명(立身揚名)하여 어버이를 드러내는 것이 끝이다."라고 하셨다.[43]

---

42) ≪맹자(孟子)≫ 〈이루하(離婁下)〉 나옴.
43) ≪효경≫ 〈개종명의장(開宗明義章)〉에 나옴.

오형(五刑)에 관한 종류는 3천 가지나 되나 불효보다 더 큰 죄는 없다.[44]

事親之節

禮日: 子事父母, 雞初鳴, 咸盥漱, 整衣服, 左右佩用以適父母之所. 下氣怡聲, 問衣燠寒, 問何食飲矣. 疾痛苛癢, 而敬抑搔之. ○問所欲而敬進之, 柔色以溫之, 必嘗之而後退. 將坐奉席請何向, 將衽請何趾. 既寢, 斂衾與簟. ○父母之衣衾、簟席、枕几, 不傳杖屨, 祇敬之, 勿敢近. 器用不敢移, 不敢噦噫、嚏咳, 欠伸跛倚, 睇視唾涕, 寒不敢襲, 癢不敢搔, 暑不敢褰祖, 褻衣衾不見裏. ○凡爲人子之禮, 冬溫而夏凊, 昏定而晨省. 出遊不易方, 恒言不稱老. ○不敢有其身, 不敢私其財, 不許友以死. 有命勿逆勿怠. ○若飲食之, 雖不嗜, 必嘗而待之. 加之衣服, 雖不欲, 必服而待之.

曾子曰: 父母愛之, 喜而弗忘. 惡之, 懼而無怨. 父母有過, 諫而不逆. 諫若不入, 起敬起孝. 悅則復諫, 怒不悅而撻之, 流血不敢疾怨. 三諫而不聽, 則號泣而隨之.

孝子之有深受者, 必有和氣、愉色、婉容, 嚴威儼恪, 非爲人子之道也. ○凡飲食必先進於父母, 然後敢飲食. 凡事必禀命於父母, 然後敢行之. 凡財用無敢擅假借之. ○父母之所愛, 雖婢子、庶子、庶孫, 必敬之不衰. 雖果木犬馬亦然. 父母有疾, 冠者不櫛, 行不翔, 言不惰, 飲酒不至變貌, 食肉不至變味. 笑不至矧, 怒不至詈. 惟以醫藥爲務, 不敢執他業. ○君有疾飲藥, 臣先嘗之. 親有疾飲藥, 子先嘗之.

---

44) ≪효경≫ 전(傳) 8장에 나옴.

曾子曰: 身體髮膚, 受之父母, 不敢毀傷, 孝之始也. 立身楊[45]名以顯
父母, 孝之終也.

子曰: 愛親者, 不敢惡於人: 敬親者, 不敢慢於人. 自天子達於庶人, 一
是以孝爲本. ○在上不驕, 爲下不亂, 制節謹度, 儉以自奉, 厚於其親, 可
謂孝矣.[46]

居則致其敬, 養則致其樂. 病則致其憂, 喪則致其哀, 祭則致其嚴.

生事之以禮, 死葬之以禮, 祭之以禮.

孝子善繼其志, 善述其事.

孟子曰: 世俗所謂不孝者五: 惰其四肢, 不顧父母之養, 一也: 博奕好
飲酒, 不顧父母之養, 二也: 好貨財私妻子, 不顧父母之養, 三也: 從耳目
之所欲, 以爲父母戮, 四也: 好勇鬪狠, 以危父母, 五也.

子曰: 夫孝始於事親, 中於事君, 終於立身.

五刑之屬三千, 而罪莫大於不孝.

≪소학요어(小學要語)≫ 권상(卷上) 마침

小學要語卷之上終

---

45) 원문 '楊': '揚'의 통용.
46) ≪효경(孝經)≫ 〈천자(天子)〉에 나옴.

4
≪소학요어(小學要語)≫ 권하(卷下)

임금 섬기는 예절

≪예기(禮記)≫에서 "장차 공소(公所)[47]로 가고자 할 적에 전날 밤에 재계하고 바깥 침소에서 거처하고 목욕한다. 사(史: 문서 담당 관리)가 상아홀을 올리면 자신의 생각과 임금에게 고할 말, 대답할 말, 군주가 명령한 말들을 적는다. 조복(朝服)을 입은 후 반드시 행하는 용모와 패옥 소리를 살핀 뒤에 나간다."라고 하였다.[48]

≪논어(論語)≫에서 "임금께서 부름을 명하시면 수레에 멍에를 매기를 기다리지 않고 갔다."라고 하였다.

○당 아래에서 절하는 것이 예이다.

○임금을 섬김에 예를 다했지만, 사람들은 아첨한다고 여긴다.

≪곡례(曲禮)≫에서 "무릇 임금을 위해 사자(使者)가 된 자는 이미 임금의 명을 받았으면 집에서 묵으면 안 된다. 임금의 말씀이 오면 주인은 나가서 절하고 임금의 말씀이 욕되게 자신에게 이르렀다고 여긴다. 사

---

47) 공소(公所): 공적(公的)인 사무를 처리하는 관청 등을 가리킴.
48) ≪예기(禮記)≫ 〈옥조(玉藻)〉에 나옴.

자가 돌아가면 반드시 문밖에서 절하여 전송한다."라고 하였다.

공자께서 공문(公門: 대궐 문)에 들어가실 적에는 몸을 굽히며 삼가셨고 용납하지 못하는 듯이 하셨다.

○옷자락을 잡고 당(堂)에 오르실 적에 숨을 죽여 마치 숨 쉬지 않는 듯하셨고, 나와서 한 계단 내려가셨다. 그런 뒤에 안색을 펴고 기뻐하셨다. 그 자리에 돌아와서는 조심스러워하셨다.

≪예기(禮記)≫에서 "임금께서 수레와 말을 하사하시면 이것을 타고서 하사하심에 절하고, 의복을 하사하시면 이것을 입고서 하사하심에 절한다."라고 하였다.

≪논어(論語)≫에서 "임금께서 날고기를 하사하시면 반드시 익혀서 조상님께 올리고, 산 것을 하사하시면 반드시 그것을 길러야 한다."라고 하였다.

부모에게 효도하는 것처럼 임금을 섬기면 충(忠)이다.

○군자는 나아가서는 충성을 다할 것을 생각하고 물러나서는 잘못을 보완할 것을 생각한다. 장차 아름다움은 따르고 잘못된 점은 바로 잡아 구제하니 이러한 까닭에 위아래가 서로 친해지게 된다.

자기를 바르게 하여 임금의 잘못된 마음을 바로잡는다.

○비루한 사람과 함께 임금을 섬기겠는가?

≪맹자(孟子)≫에서 "임금에게 어려워하는 것을 공(恭)이라 하고, 선을 펼치게 하고 사특함을 막는 것을 경(敬)이라 하며, 우리 임금은 훌륭한 일을 할 수 없을 것이라고 하는 것을 적(賊)이라 한다.49)라고 하였다.

---

49) ≪맹자(孟子)≫ 〈이루상(離婁上)〉에 나옴.

- 관리를 맡은 자가 그 직책을 수행할 수 없으면 떠나야 하고, 간언하는 책임을 맡은 자가 그 말이 받아들이지 않으면 바로 떠나야 한다.
- 왕촉(王蠋)이 "충신은 두 임금을 섬기지 않는다."라고 하였다.

小學要語卷之下

事君之節

≪禮≫曰: 將適公所, 宿齊戒, 居外寢, 沐浴, 史進象笏, 書思對命. 旣服, 習容觀玉聲乃出.

≪論語≫曰: 君命召, 不俟駕行矣. ○拜下禮也. ○事君盡禮, 人以爲諂也.

≪曲禮≫曰: 凡爲君使者, 已受命君言, 不宿於家. 君言至, 則主人出拜. 君言之辱, 使者歸, 則必拜送于門外.

子入公門, 鞠躬如也, 如不容. ○攝齊升堂, 屛氣似不息者, 出降一等. 逞顔色, 怡怡如也. 復其位, 踧踖如也.

≪禮≫曰: 君賜車馬, 乘以拜賜: 衣服, 服以拜賜.

≪論語≫曰: 君賜腥, 必熟而薦之, 賜生必畜之.

以孝事君則忠. ○君子進思盡忠, 退思補過. 將順其美, 匡救其惡, 故上下能相親也.

正己以格君心之非. ○鄙夫可與事君也哉.

≪孟子≫曰: 責難於君謂之恭, 陳善閉邪謂之敬, 吾君不能謂之賊. ○有官守者, 不得其職則去: 有言責者, 不得其言則去. ○王蠋曰: 忠臣不事二君.

부부의 도리

≪예기(禮記)≫에서 "남자는 20세가 되면 관례(冠禮)를 치르고, 30세가 되면 가정을 얻어 비로소 남자의 할 일을 처리한다."라고 하였다.[50]

○남녀 사이에 중매가 오가지 않으면 서로 이름을 알지 못하며, 폐백을 받지 않으면 아내를 취하지 않는다. 동성을 취하지 않는다.

≪사혼례(士婚禮)≫에서 "아버지가 초례(醮禮: 혼례)에 나선 아들에게 명하기를 가서 너와 함께할 배필을 맞이하여 우리 종묘의 제사를 받들도록 해라. 공경한 태도로 인도하여 네 어머니의 덕행을 계승하도록 해라. 시종일관 변치 말거라."라고 하였다.[51]

아버지가 딸을 보낼 때 명하기를 "경계하고 공경하여 새벽부터 밤까지 명을 거스르지 마라."라고 하였다.

다른 성씨에서 아내를 맞이하는 것은 멂을 가깝게 하고 분별을 후하게 하는 것이다. 폐백은 반드시 정성스럽게 올리며 말을 후하게 하지 않음이 없어야 한다. 곧음으로 아뢰어야 하고, 믿음이야말로 아녀자의 덕이다. 한번 혼례를 올리면 종신토록 고치지 않는다. 그러므로 남편이 죽어도 개가하지 않는다.

예(禮)는 부부를 삼가는 데에서 시작되니 남자는 바깥채에서 지내며 바깥일을 논하고, 여자는 안채에서 지내며 집안일을 다스린다.

남녀가 횃대와 시렁을 같이 쓰지 말고 감히 남편의 옷걸이와 횃대에 걸지 않으며, 남편의 상자에 보관하지 않으며, 목욕을 함께 하지 않는다.

---

50) ≪예기(禮記)≫ 〈내칙(內則)〉에 나옴.
51) ≪의례(儀禮)≫ 〈사혼례(士昏禮)〉에 나옴.

남편이 집에 없으면 베개를 거두어 상자에 넣으며 대자리와 돗자리를 보로 싸서 보관한다.

젊은 사람이 연장자를 섬기며 천한 자가 귀한 자를 섬김에 모두 이와 같이 한다.

○제사나 상사(喪事)가 아니면 서로 그릇을 주지 않는다. 광주리가 없으면 모두 앉아서 남자가 그릇을 땅에 놓은 뒤에 여자가 취해 간다.

○내외(內外)가 우물을 함께 쓰지 않고, 잠자는 자리를 통용하지 않고, 빌리거나 빌려주지도 않으며, 의복을 통용(通用)하지도 않는다.

○밤에 다닐 적에는 반드시 등불을 밝히되, 등불이 없으면 나가지 않는다.

공자께서 "부인에게는 세 가지 따라야 할 도리(道理)가 있다. 집에서는 아버지를 따르고, 남에게 시집가면 남편을 따르며, 남편이 죽으면 아들을 따라야 한다."라고 하셨다.

일을 마음대로 처리하지 않고 행동을 홀로 하지 않는다. 다른 사람에게 의견을 구하여 확실히 안 뒤에 행동하고, 증험할 수 있는 경우에만 말한다. 낮에는 뜰에 놀러 다니지 말고 밤에도 문을 나가지 말아야 하니 아녀자의 도리를 바르게 하는 것이다.

○아내로 맞이하지 말아야 할 여자가 다섯 있다. 역적 집안의 딸, 패륜한 집안의 딸, 대대로 죄인이 있는 집안의 딸, 아버지를 잃은 집의 큰딸, 대대로 나쁜 질병이 있는 집안의 딸을 맞이하지 않는다.

○부인에게는 칠거지악(七去之惡)이 있다. 시부모에게 순종하지 않는 것, 자식이 못 낳은 것, 음란한 것, 질투하는 것, 나쁜 질병이 있는 것, 말이 많은 것, 도둑질하는 것이다.52)

○왕촉(王蠋)이 "열녀는 두 지아비를 섬기지 않는다."라고 하였다.

夫婦之道

禮曰: 男子二十而冠, 三十而有室, 始理男事. ○男女非有行媒, 不相知名, 非受幣不交, 不親娶妻, 不取同姓.

≪士婚禮≫曰: 父醮子, 命之曰: 往迎爾相, 勗率以敬, 先妣之嗣, 若則有常.

父送女, 命之曰: 戒以敬之, 夙夜無違命.

取於異姓, 所以附遠厚別也. 幣必誠, 辭無不腆, 告之以直, 信之婦德也. 一與之齊, 終身不改, 故夫死不嫁.

禮始於謹夫婦, 男子居外治外事, 女子居內治內事.

男女不同椸架, 不敢懸于夫之楎椸, 不敢藏於夫之篋笥, 不敢共湢浴. 夫不在, 斂枕篋簟席、襡器而藏之.

少事長, 賤事貴, 咸如之. ○非祭非喪, 不相授器. 無篚則皆坐奠之而後取之. ○外內不共井, 不通寢席, 不通乞假, 不通衣裳. ○夜行必以燭, 無燭則止.

子曰: 婦人有三從之道. 在家從父, 適人從夫, 夫死從子.

事無擅爲, 行無獨成. 參知而後動, 可驗而後言. 晝不遊庭, 夜不出門, 所以正婦道也. ○女有五不取: 逆家子不取, 亂家子不取, 世有刑人不取, 喪父長子不取, 世有惡疾不取. ○婦有七去: 不順父母去, 無子去, 淫去, 妒去, 有惡疾去, 多言去, 竊盜去 ○王蠋曰: 烈女不更二夫.

---

52) 칠거지악(七去之惡): ≪대대례(大戴禮)≫ 〈본명(本命)〉에 나옴.

장유의 예절

공자께서 "공손함을 어른에게 옮길 수 있다."라고 하셨다.

○맹자께서 "유년의 아이도 자기 부모를 사랑할 줄 모르는 자가 없다. 자라서는 자기 형제를 공경할 줄 모르는 자가 없다."라고 하셨다.53)

○(맹자가) "마을 사람이 그대 큰 형보다 한 살이 많으면 누구를 공경합니까?"라 하자, (공도자가) 답하기를 "나의 형을 공경합니다."라 하셨다. (맹자가) "술잔은 누구에게 먼저 따라야 합니까?"라 묻자 (공도자가) "마을 사람에게 먼저 따릅니다."라고 하셨다. 평소에는 형을 공경하되, 잠시 동안에는 마을 사람을 공경하는 것이다.54)

○≪예기≫에서 "나이가 배나 더 많은 사람은 아버지처럼 섬기고, 10년이 더 많은 사람은 형처럼 섬기며, 5년이 더 많은 사람과는 어깨를 나란히 하고 걷되 조금 뒤에서 따라간다."라고 하였다.55)

공자께서 "어리면서 어른 섬기기를 싫어하며, 천한 신분이면서 귀한 사람 섬기기를 싫어하는 것은 천민(天民)56)의 적이라 말한다."라고 하셨다.

長幼之禮

子曰: 順可移於長. ○孟子曰: 孩提之童, 無不知愛其親. 及其長也, 無不知敬其兄也. ○鄕人長於伯兄一歲, 則誰敬? 曰: 敬兄. 酌則誰先? 曰:

---

53) ≪맹자(孟子)≫ 〈진심상(盡心上)〉에 나옴.
54) ≪맹자(孟子)≫ 〈고자상(告子上)〉에 나옴.
55) ≪예기(禮記)≫ 〈곡례 상(曲禮上)〉에 나옴.
56) 천민(天民): 천도(天道)나 천리(天理)를 아는 백성.

先酌鄉人. 庸敬在兄, 斯須之敬在鄉人. ○禮曰: 年長以倍, 則父事之. 十
年以長, 則兄事之: 五年以長, 則肩隨之.

子曰: 幼而不肯事長, 賤而不肯事貴, 是謂天民之賊也.

친구의 도리

공자께서 "친구에게서 믿음을 얻는 방법이 있다. 부모에게 순종하지
않는다면 친구에게 믿음을 얻지 못할 것이다."라고 하셨다.

친구가 멀리서 찾아오면 또한 기쁘지 아니한가?

○군자는 학문으로 친구를 모으고 인덕(仁德)으로 보강한다.

○친구 간에는 간절하고 자상하게 권면한다.

○친구 섬김이 잦으면 멀어진다.

충고하여 잘 이끌어 주며 그렇지 않으면 그만둔다.

맹자께서 "선(善)으로 권면하는 것이 친구의 도리이다."라고 하셨다.

○벗이라는 것은 그 덕을 벗하는 것이니 기대는 것이 있어서는 안
된다.

○≪예기(禮記)≫에서 "소인(小人)의 사귐은 엿처럼 달고 군자의 사귐
은 물처럼 담백하다."라고 하였다.

≪논어(論語)≫에서 "유익한 세 유형의 벗이 있고 해가 되는 세 유형의
벗이 있다. 정직한 벗, 진실된 벗, 식견이 많은 벗은 유익하다. 아첨을 잘
하는 벗, 말만 잘하는 벗, 편벽된 벗은 해가 된다."라고 하였다.57)

선비 중에는 어진 사람(仁者)과 벗하고 대부 중에는 현자(賢者)를 섬

겨야 한다.

≪대학(大學)≫에서 "나라 사람(백성)과 사귀는 데에는 신의에 그쳤다."라고 하였다.58)

증자(曾子)가 "나는 하루에 세 번 나 자신을 반성한다. 남을 위해 일을 도모함에 충성을 다하지 않았는가? 친구와 사귐에 신의가 없었는가? 전수받은 것을 익히지 않았는가?"라고 하였다.59)

朋友之道

子曰: 信乎朋友有道, 不順乎親, 不信乎朋友矣.

有朋自遠方來, 不亦樂乎? ○君子以文會友, 以友輔仁. ○朋友切切偲偲. ○事朋友, 數斯疏矣.

忠告而善導之, 不可則止.

孟子曰: 責善朋友之道也. ○友也者, 交其德也, 不可以有挾. ○禮曰: 小人之交甘如飴, 君子之交淡如水.

論語曰: 益者三友, 損者三友. 友直、友諒、友多聞, 益矣. 友善柔、友便佞、友便辟, 損矣.

友其士之仁者, 事其大夫之賢者.

大學曰: 與國人交, 止於信.

---

57) ≪논어(論語)≫ 〈계씨(季氏)〉에 나옴.
58) ≪대학장구≫ 〈전(傳)〉에 나옴.
59) ≪논어(論語)≫ 〈학이(學而)〉에 나옴.

曾子曰: 吾日三省吾身, 爲人謀而不忠乎? 與朋友交而不信乎? 傳不習乎?

제사의 예절

≪논어(論語)≫에서 "자기가 제사에 참여하지 못하면 제사를 지내지 않은 것과 같다."라고 하였다.[60]

○제사를 지낼 때는 조상이 계신 듯이 하였고, 신에게 제사 지낼 때는 신이 계신 듯하였다.[61]

○모셔야 할 귀신이 아닌데 제사를 지내면, 아첨하는 것이다.[62]

≪예기(禮記)≫에서 "제삿날이 되면 평소에 거처하던 곳, 뜻하던 것, 웃고 이야기하던 것, 즐거워하던 것, 즐기던 것을 생각한다."라고 하였다.[63]

○집은 반드시 물을 뿌려 청소하고, 음식은 반드시 향기 나는 제수(祭需)로 하며, 의복은 반드시 깨끗이 빨아야 한다.

제삿날에는 이웃 마을에 감히 나가지 말고, 감히 즐거이 놀아서도 안 되며, 마음을 오로지 제사 지내는 일에 쏟아야 한다.

비록 일삼는 바가 없더라도 반드시 단정하게 거처하며 엄숙하게 공경

---

60) ≪논어(論語)≫ 〈팔일(八佾)〉에 나옴.
61) ≪논어(論語)≫ 〈팔일(八佾)〉에 나옴.
62) ≪논어(論語)≫ 〈위정(爲政)〉에 나옴.
63) ≪예기(禮記)≫ 〈제의(祭義)〉에 나옴.

해야 하며 혹 감히 게으르게 하지 말아야 한다.

○현재 부귀하면 희생과 제수를 극진히 마련하고, 현재 가난하면 거친 음식과 나물국으로 극진히 정성 들인다.

≪중용(中庸)≫에서 "귀신의 덕이 참으로 성대하구나. 천하의 사람들로 하여금 깨끗이 재계하고 옷을 성대하게 차려입고서 제사를 받들게 하고 신명이 충만하여 마치 그 위에 있는 듯하고 마치 그 좌우에 있는 듯하다."라고 하였다.64)

≪예기(禮記)≫에서 "군자는 비록 가난하더라도 제기를 팔지 않으며, 비록 춥더라도 제복을 입지 않는다."라고 하였다.65)

○제기는 남에게 빌려서 제사 지내지 않고, 제기가 마련되지 못하였어도 일반 용기(燕器)66)로 만들지 않는다.

○무릇 제사란 반드시 부부가 친히 행하고 내외의 제관을 마련해야 하므로 제관이 갖추어지면 재물도 갖추어지기 마련이다.67)

자사자(子思子)가 "아버지가 사(士)이고 아들이 대부(大夫)이면, 사(士)의 예법으로 장례를 치르고 대부(大夫)의 예법으로 제사를 지낸다. 아버지가 대부이고, 아들이 사(士)이면 대부의 예법으로 장례를 치르고 사(士)의 예법으로 제사를 지낸다."라고 하셨다.68)

○그 자리를 밟아 그 예를 행하고, 그 음악을 연주하며, 그가 받들던

---

64) ≪중용장구(中庸章句)≫ 제16장에 나옴.
65) ≪예기(禮記)≫ 〈곡례 하(曲禮下)〉에 나옴.
66) 연기(燕器): 일상생활 또는 잔치에 사용하는 그릇을 지칭함.
67) ≪예기(禮記)≫ 〈제통(祭統)에 나옴.
68) ≪중용장구(中庸章句)≫ 제18장에 나옴.

바를 공경하고, 그 친애하던 바를 사랑하며, 죽은 이를 섬기기를 산 사람 섬기듯 하는 것이 효의 지극함이다.[69]

○하나의 작은 물건이라도 미리 모아서 제사에 사용한다.

○비록 먼 곳을 갈 적에도 반드시 날짜를 계산하여 도착하고, 감히 이유 없이 제사에 참여하지 않으면 안 된다.

○비록 조종(祖宗)이 멀어도 제사에 정성을 다하지 않으면 안 된다. 이미 제사를 지냈으면 늦지 않게 치우고, 제사 지낸 고기는 집에 남기지 않는다.

祭祀之節

論語曰: 己不與祭, 如不祭. ○祭如在, 祭神如神在. ○非其鬼而祭之, 諂也.

禮曰: 祭之日思其居處, 思其志意, 思其笑語, 思其所樂, 思其所嗜. ○室堂必洒掃, 飲食必芬芬, 衣服必潔濯.

祭之日不敢出隣里, 不敢嬉戲, 心惟一於祀事.

雖無所事, 必端居肅敬, 無敢或懈. ○素富貴, 則犧牲粢盛極其備: 素貧賤, 則蔬食菜羹極其誠.

中庸曰: 鬼神之德, 其盛矣乎. 使天下之人, 齊明盛服, 以承祭祀. 洋洋乎, 如在其上, 如在其左右.

禮曰: 君子雖貧, 不鬻祭器: 雖寒, 不衣祭服. ○祭器不假祭, 器未成不造燕器. ○夫祭也者, 必夫婦親之, 所以備外內之官也. 官備則具備.

---

69) ≪중용장구(中庸章句)≫ 제19장에 나옴.

子思子曰: 父爲士, 子爲大夫, 葬而[70]士, 祭以大夫. 父爲大夫, 子爲士, 葬以大夫, 祭以士. ○踐其位, 行其禮, 奏其樂, 敬其所尊, 愛其所親, 事死如事生, 孝之至也. ○一物之微, 預先蓄聚以需祭用. ○雖適遠方, 必計日而至, 無敢無故不與祭. ○祖宗雖遠, 祭祀不可不誠.

既祭, 廢撤不遲, 祭肉不留於家.

음식의 예절

≪논어(論語)≫에서 "밥은 곱게 찧은 쌀로 지은 것을 싫어하지 않았고, 회는 가늘게 썬 것을 싫어하지 않았다."라고 하였다.

○밥이 쉬어 맛이 변했거나 생선이 상하고 고기가 부패했으면 먹지 않고, 시장에서 사 온 술과 육포도 먹지 않는다.

자른 것이 바르지 않으면 먹지 않고, 제철이 아닌 음식도 먹지 않는다. 오직 술은 제한을 두지 않고 마시되 정신이 흐려지지 않을 정도로 마신다.[71]

밥을 먹을 때는 말을 하지 않고, 생강 먹는 것을 그만두지 않으며, 많이 먹지 않는다.

○≪예기≫에서 "밥숟가락을 크게 뜨지 말고, 국을 흘리지 말아야 하며, 밥을 헤집지 말고 뭉치지도 말아야 하며, 기장밥을 먹을 때에 젓가락을 쓰지 말아야 한다."라고 하였다.[72]

---

70) 원문 '而': '以'의 오기.
71) ≪논어(論語)≫ 〈향당(鄕黨)〉에 나옴.

○국물만 마시지 말고, 젓갈을 마시지 말아야 한다.

○여러 사람이 함께 음식을 먹을 때는 배부르게 먹지 말고, 함께 밥을 먹을 때에는 손때를 묻지 않게 해야 한다.73)

○나이 많은 사람을 모시고 먹을 때는 개에게 뼈를 던져 주지 말아야 한다.

○나이 많은 사람을 모시고 먹을 때는 감히 바로 마주 앉아 먹지 않고, 소란을 피우지 말아야 하며, 젓가락 소리를 내면 안 된다.

무릇 손님에 대한 예절은 국에 간을 맞추지 말고, 자반을 마시지 말아야 한다. 입에 댄 고기나 생선은 다시 가져다 놓지 말아야 한다.

젖은 고기는 이로 끊고, 마른 고기는 이로 끊지 않으며, 자주 씹어 입 놀리는 모양을 만들지 말아야 한다.74)

≪맹자(孟子)≫에서 "음식 먹기를 일삼는 자는 세상 사람들이 천하게 여기니, 작은 것을 마음에 기르게 되어 결국에는 큰 것을 잃어버리게 되기 때문이다."라고 하였다.75)

飮食之節

論語曰: 食不厭精, 膾不厭細. ○食饐而餲, 魚餒而肉敗不食, 沽酒市脯不食,

---

72) ≪예기(禮記)≫ 〈곡례(曲禮)〉에 나옴.
73) ≪소학(小學)≫ 〈경신(敬身)〉에 나옴.
74) ≪예기(禮記)≫ 〈곡례(曲禮)〉에 나옴.
75) ≪맹자(孟子)≫ 〈고자(告子)〉에 나옴.

割不正不食, 不時不食. ○惟酒無量不及乱.

食不語, 不撤薑食, 不多食. ○禮曰: 無放飯, 無流歠, 無楊[76]飯, 無團飯, 飯黍無[77]以箸. ○無嚃羹, 毋歠醢. ○共食不求飽, 共飯不澤手. ○侍食於長者, 毋投與狗骨. ○侍食於長者不敢正對, 不敢喧亂, 不敢出七箸之聲.

凡爲客之禮, 毋絮羹, 毋歠鹽. 毋反魚肉之經口者.

濡肉齒決, 乾肉不齒決, 數噍毋爲口容.

孟子曰: 飮食之人, 卽人賤之矣. 爲其養小而[78]失大也.

의복의 예절

≪논어(論語)≫에서 "군자는 감색(紺色)과 붉은색으로 옷의 선을 두르지 않는다."라고 하였다.[79]

○붉은색과 자주색을 평상복으로 입지 않는다.

○반드시 잠옷이 있었으니 길이가 몸의 한 배 반이었다.

○평소에 입는 갖옷은 옷자락을 길게 하셨지만, 오른쪽 소매를 짧게 하였다.

○염소 가죽으로 만든 갖옷과 검은 관으로는 조문하지 않는다.

≪예기≫에서 "선비는 직(織)을 입지 않는데,[80] 직은 갈포에 수놓은

---

76) 원문 '楊': '揚'의 통용.
77) 원문 '無': '毋'와 통용.
78) 원문 '而': '以'와 통용.
79) ≪논어(論語)≫ 〈향당(鄕黨)〉에 나옴.

것이다."라고 하였다.

○≪시경(詩經)≫에서 "검은 옷이 잘도 어울리는 분."이라는 말은81) 그 덕(德)에 마땅함을 의미한다.

또 "저 소인이여, 그 옷이 도대체 걸맞지 않구나."라는 말은82) 그 덕과 맞지 않는 것을 말한다. 또 "고운 갈포 거친 갈포 만들어 새 옷을 입으니 싫증이 안 나네."라는 말은83) 부지런히 힘을 써서 입은 옷이 때가 타고 헤졌는데, 비록 오래되었어도 싫증 내지 않는다는 것이다.

문중자(文中子)가 "군자는 누런색과 흰색이 아니면 입지 않아야 하고, 부녀자는 푸른색과 초록색을 사용해야 그 옷이 검소하고 깨끗하다."라고 하셨다.84)

≪중용(中庸)≫에서 "비단옷에 홑옷을 더해 입는다."라는 말은 그 문양이 드러남을 싫어하는 것이다.

衣服之節

論語曰: 君子不以紺緅飾. ○紅紫不以爲褻服. ○必有寢衣長一身有半. ○褻裘長短右袂. ○羔裘玄冠不以吊.

禮曰: 士不衣織, 織紝繡也. ○詩曰: 緇衣之宜兮, 宜其德也.

又曰: 彼其之子, 不稱其服. 言不稱其德也. 又曰: 爲絺爲綌, 服之無斁.

---

80) ≪예기(禮記)≫ 〈왕조(王藻)〉에 나옴.
81) ≪시경(詩經)≫ 〈정풍(鄭風)〉에 나옴.
82) ≪시경(詩經)≫ 〈조풍(曹風)〉에 나옴.
83) ≪시경(詩經)≫ 〈갈담(葛覃)〉에 나옴.
84) ≪논어(論語)≫ 〈향당(鄕黨)〉에 나옴.

言其用力之勤服之垢弊, 雖久無厭也.

　文中子曰: 君子非黃白不御, 婦人則靑碧, 其服儉以潔.

　中庸曰: 衣錦尙絅, 惡其文之著也.

옛사람의 말과 행동

　≪서경(書經)≫에서 "요(堯)임금께서 큰 덕을 제대로 밝히시니 구족(九族)이 친애하게 되었다. 구족이 이미 화목해지자 기내(畿內)의 백성들을 고루 밝혀서 백성이 스스로 밝게 되었다."라고 하였다.85)

　순(舜)임금의 아버지는 완악하고 어머니는 어리석어 순(舜)임금을 죽이려고 하였다. 순(舜)임금은 효도로 화합하였고 끊임없이 다스려 악한 일을 하지 않게 하였다.

　문왕(文王)이 세자였을 때 왕계(王季)에게 문후를 여쭈었는데 날마다 세 번씩 내시에게 묻기를 "오늘 안부가 어떠신가?"라고 하였는데 매일 그렇게 하였다.

　○일상의 거처에 편안하지 않으면 근심하는 얼굴을 하고 다닐 때도 발을 바로 디디지 못하였으니 병이 나으면 처음으로 돌아갔다.

　문왕이 병이 났더니 문왕이 밥을 한술 뜨면 무왕도 밥을 한술 떴다.

　증자(曾子)가 아버지 증석(曾晳)을 봉양함에 반드시 술과 고기가 있었고 장차 밥상을 물리려 할 때면 누구에게 주시겠냐고 꼭 여쭈어보

---

85) ≪서경(書經)≫〈요전(堯典)〉에 나옴.

았다.

증석(曾晳)이 고욤을 좋아하였다. 증석(曾晳)이 죽자 증자(曾子)는 차마 고욤을 먹지 못하였다.[86]

노래자(老萊子)가 효성으로 부모를 받들어 나이 70세가 되도록 색동옷을 입고 어린아이의 놀이를 하여 부모를 기쁘게 하였다.

백유(伯兪)가 잘못을 저질러 그 어머니가 매질하였다. 백유가 울자, 어머니가 "다른 날은 매질해도 울지 않았는데 지금은 어째서 우는 게냐?"라고 물었다. 백유가 "다른 날의 매질은 매가 늘 아팠는데 이제 어머니의 힘이 저를 아프게 할 수 없을 만큼 약해지셔서 눈물이 납니다."라고 대답하였다.

왕상(王祥)의 어머니가 병이 났다. 어머니가 잉어회를 먹고 싶어서 했는데, 때는 마침 겨울이었다. 왕상은 옷을 풀고 강에 가서 얼음 깨고 물고기를 구하였다. 잉어 두 마리가 튀어 올라 잡아 돌아와 어머니께 드렸다. 그 어머니가 또 참새구이를 생각하자 왕상이 밤낮으로 울부짖으며 구하였다. 그러자 갑자기 참새 수십 마리가 장막으로 들어와 이를 잡아다가 어머니를 먹였다.[87]

유검루(庾黔婁)가 외지의 군수가 되었는데, 그 아버지가 집에서 병이 났다. 유검루는 마음이 갑자기 놀라고 두근거리며 전신에 땀을 흘렸다. 즉시 벼슬을 버리고 집으로 돌아갔는데, 집안사람들이 모두 그가 갑자기 돌아오자 놀랐다. 의원은 "병세를 알기 위해서는 똥이 단지 쓴지를 맛

---

86) ≪맹자(孟子)≫ 〈진심하(盡心下)〉에 나옴.
87) ≪진서(晉書)≫ 〈왕상전(王祥傳)〉에 나옴.

보아야 합니다."라고 하였다. 유검루가 곧장 똥을 맛보았는데 맛이 달고 미끈거려 근심하면서 더욱 정성껏 간호하였다. 매일 저녁이 되면 북극성을 향해 머리를 조아리고 자신이 대신하기를 빌었다.[88]

자로(子路)는 어려서 가난하였다. 부모를 봉양하기 위해 백 리 밖에서 쌀을 지고 다녔는데, 훗날 초나라의 재상이 되었을 때는 부모가 세상에 없었다. 비록 돌아가실 때까지 봉양하고 싶었으나 그러지 못하였다.

황향(黃香)은 부모에게 효도하였는데, 여름이면 베개와 침상에서 부채질하고 겨울이면 자신이 이불에 들어가 따뜻하게 하였다.

육적(陸績)은 유년시절 원술(袁術)의 연회에 갔는데 귤 세 개를 가슴에 품었다가 인사를 할 때 땅바닥에 떨어졌다. 원술이 이상하게 생각하고 묻자 답하길, "돌아가 어머니께 드리려고 합니다."라고 하였다. 원술이 크게 기특하게 여겼다.

만석군(萬石君) 석분(石奮)은 말을 하지 않고도 몸소 행동하였다. 여러 아들이 잘못하면 밥상을 마주하고도 먹지 않았다. 자식들이 두려워하여 어깨를 드러내고 사죄해야 비로소 먹었다.

이상은 부자간의 친밀함을 다룬 실례

古人言行

書曰: 帝堯克明峻德, 以親九族. 九族旣睦, 平章百姓, 百姓昭明.

虞舜父頑母嚚, 欲殺舜. 舜克諧以孝烝, 烝乂不格姦.

---

88) ≪양서(梁書)≫ 〈효행전(孝行傳)〉과 ≪이십사효(二十四孝)≫에 나옴.

文王之爲世子朝於王季, 日三問內竪曰: 今日安否何如? 每日如之. ○
其有不安節, 色憂, 行不能正履, 疾止復初.

文王有疾, 文王一飯, 武王亦一飯.

曾子養曾晢必有酒肉, 將撤必請所與.

曾晢嗜羊棗. 曾晢死, 曾子不忍食羊棗.

老萊子孝奉二親, 行年七十, 作嬰兒戲, 以悅親心.

伯兪有過, 其母笞之. 伯兪泣, 母曰: 他日笞, 未嘗泣. 今泣何也? 伯兪
對曰: 他日笞, 笞常痛. 今母之力不能使之痛, 是以泣.

王祥有母, 疾. 其母欲食鯉魚膾. 時當冬月, 祥解衣, 臨江剖氷求之. 雙
鯉躍出, 歸而供之. 其母又思黃雀炙, 祥日夜號泣以求之. 忽有黃雀數十
入幕, 取而餇之.

庾黔婁出爲郡守, 其父在家遘疾. 黔婁心忽驚動, 擧身流汗. 卽棄官歸
家, 家人悉驚其忽至. 醫云: 欲知劇易, 嘗糞恬苦. 黔婁輒取嘗之, 味轉恬
滑, 憂思愈篤. 每夕稽顙北辰, 求以身代.

子路少也貧, 爲親負米於百里之外, 後爲楚相, 親不在矣. 雖欲終養,
不可得也.

黃香孝於其親, 夏則扇枕席, 冬則以身溫被.

陸績幼時預袁術宴, 懷橘三枚, 拜謝墮地. 術怪問之. 對曰: 欲歸遺母.
術大奇之.

萬石君石奮, 不言而躬行. 諸子有過, 對案不食. 諸子恐懼, 肉袒謝罪,
乃食.

右實父子之親

요(舜)임금이 사악(四岳)에게 물어 순(舜)을 뽑아 여러 번 다스리게 했다.89)

○순(舜)임금이 구관(九官)을 명하니 많은 사람이 서로 겸양하고 돕고 도와 다스림을 이루었다.

우(禹)임금은 수토(水土)를 다스리고 문덕의 교화를 사해(四海)에 펼쳤다.90)

탕(湯)임금이 이윤(伊尹)에게 가르침을 받아서 배운 뒤에 신하로 삼았으니 이러한 까닭에 수고롭지 않게 왕 노릇을 하였다.91)

한(漢)나라 선제(宣帝)는 여염(閭閻)에서 일어났기에 민간의 질고를 알고 청렴하고 공평한 관리를 채용하였다. 일찍이 "나와 함께 일을 할 수 있는 자는 바로 양곡 2천 석의 우량한 태수일 뿐이라."라고 하였다.92)

한(漢)나라 성제(成帝)는 간신 장우(張禹)의 말만 듣고 왕씨(王氏)를 의심하지 않았다. 주운(朱雲)이 이를 탄핵하여 장우의 참수를 청하였다. 성제는 화가 나서 주운을 하옥하라고 명하였다. 주운이 궁의 난간을 잡으니 갑자기 난간이 부러졌다. 그 후 다시 수리한 뒤 성제는 주운이 잡은 곳을 그대로 두고 직언하는 신하의 기표(旗標)로 삼았다.

한(漢)나라 광무제(光武帝)는 등우(鄧禹)와 풍이(馮異) 같은 신하를 채용하여 한나라를 중흥시켰다. 만년에 관리들의 일로 삼공(三公)을 질책

---

89) 사악(四岳): 요(堯)임금 때 사방제후를 통솔한 장관.

90) ≪서경(書經)≫ 〈대우모(大禹謨)〉에 나옴.

91) ≪맹자(孟子)≫ 〈공손추(公孫丑)〉에 나옴.

92) 양이천석(良二千石): 연봉(年俸) 2천 석의 우량(優良)한 태수(太守)를 지칭함. ≪한서(漢書)≫ 〈순리전(循吏傳)〉 참조.

하였는데 양사(楊賜)가 간언하다 죽었다.

한(漢)나라 환제(桓帝)와 영제(靈帝)는 환관 장양(張讓) 등을 가까이하고 신뢰하고, 어진 신하인 진번(陳蕃)과 두무(竇武) 등을 멀리하여 마침내 나라가 전복되었다.

한(漢)나라 소열(昭烈)이 후주(後主)에게 이르길, "선이 작더라도 행하지 않아서는 안 되고, 악이 작더라도 행해서는 안 된다."라고 하였다.

당(唐)나라 태종(太宗)이 집안을 변화시켜 나라로 만들어 임금이 되었으니 몸소 태평을 이루었다.93) 일찍이 "나라 안이 편안하고 백성들이 부유하고 많아진 것은 위징(魏徵)이 내게 인의(仁義)를 행할 것을 권장한 효과이다."라고 하였다.

지백(智伯)의 신하 예양(豫讓)이 그 군주의 원수를 갚고자 몸에 옻칠하여 문둥이처럼 꾸몄고 숯을 삼켜 벙어리가 되었으며 시장을 돌아다니며 구걸을 하다 비수(匕首)를 끼고 조양자(趙襄子)의 궁으로 들어갔다. 조양자는 그를 의롭게 여기고 풀어 주었다. 나중에 예양이 다리 아래에 매복하고 있었는데, 조양자가 마음이 동하여 수색하게 하여 예양을 발견하고 죽여 버렸다. 일찍이 "내가 이와 같은 일을 하는 것은 또한 매우 어려운 일이다. 그러나 장차 이 일로 천하의 후세에 남의 신하가 되어 두 마음을 품는 자를 부끄럽게 여기기 위해서이다."라고 하였다.94)

진(秦)나라의 승상 이사(李斯)는 진시황에게 아첨하며 섬기어, 시서

---

93) 화가위국(化家爲國): 집안을 변화시켜 나라로 만든다는 뜻인데, 전하여 새로운 나라를 세우는 것을 말함.
94) ≪소학(小學)≫ 〈계고(稽古)〉에 나옴.

(詩書)를 불태우고 유생들을 구덩이에 묻어 백성들을 바보로 만들었다. 나라가 이로 인해 멸망하였고, 이사 자신도 함양(咸陽) 저자에서 허리가 잘리는 요참형(腰斬刑)을 당하였다.

○환관 조고(趙髙)는 호해(胡亥)에게 임금의 자리에서 독단적으로 남을 죽이는 일을 가르쳤다. 마침내 조고는 국정을 전횡하며 결국에는 그 군주까지 시해하였고 자영(子嬰)에게 죽임을 당하였다.

당(唐)나라 현종(玄宗) 때 이림보(李林甫)가 재상이었다. 그는 선한 사람을 음해하여 '입에는 꿀이 있고 배에는 칼이 있다.'라고 하였다. 이림보는 나중에 벼락을 맞아 죽었다.

원(元)나라의 노기(盧杞)와 같은 이도 또한 간사하게 현인을 죽였다가 마침내 주살되었다.

송(宋)나라의 승상 진회(秦檜)는 악비(嶽飛)를 시기하여 교살하였다. 중원(中原)이 회복되지 않았고, 진회도 폄적(貶謫)[95]되어 죽었다.

이상은 군신 간의 의리를 다룬 실례[부록으로 간신을 감계(鑑誡)하는 것을 더한다.

堯咨四岳擧舜而敷治. ○舜命九官, 濟濟相讓, 贊贊襄哉.

禹平水土文, 命敷于四海.

湯之於伊尹, 學焉而後臣之, 故不勞而王.

漢宣帝興于閭閻, 知民間疾苦, 選用廉平吏. 嘗曰: 與我共事者, 其惟

---

95) 폄적(貶謫): 벼슬을 떨어뜨리고 멀리 귀양 보냄.

良二千石乎?

漢成帝聽傻臣張禹之言, 不疑王氏. 朱雲劾之, 請斬禹. 上怒, 命將雲下. 攀殿檻. 檻折, 其後修檻. 帝命因以輯之, 以旌直臣.

漢光武用鄧禹、馮異等輔佐, 漢業中興. 晚年以吏事責讓三公, 楊賜以諫而死.

漢桓帝、靈帝親信宦官張讓等, 踈棄賢臣陳蕃、竇武等, 國遂以顚覆.

漢昭烈勅後主曰: 勿以善小而不爲, 勿以惡小而爲之.

唐太宗化家爲國, 身致太平. 嘗曰: 海內安寧, 百姓富庶, 此魏徵勸我行仁義之效也.

智伯之臣豫讓, 欲爲其主報仇, 漆身爲癩, 吞炭爲啞, 行乞於市, 挾匕首, 入趙襄子宮中. 襄子義而釋之. 後伏於橋下, 襄子心動索之, 遂見殺焉. 嘗曰: 吾所以爲此者, 亦極難耳. 然將以愧天下後世之爲人臣懷二心者也.

秦承相[96]李斯諂事始皇, 焚詩書, 坑儒生, 以愚黔首. 國隨以亡, 身亦腰斬於咸陽市. ○宦者趙高敎胡亥以殺人獨斷於上, 遂專國政, 竟弑其主, 見殺於子嬰.

唐玄宗時李林甫爲宰相, 陰害善人, 謂之口有蜜、腹有劒, 後爲震死.

元載盧杞等亦奸邪狀賢, 竟被誅.

宋承相[97]秦檜嫉岳飛矯殺之. 中原未復, 檜亦見貶而死.

右實君臣之義[附奸臣以示鑑戒]

---

96) 원문 '承相': '丞相'의 오기.
97) 원문 '承相': '丞相'의 오기.

위대한 순(舜)의 현덕(玄德)이 요(堯)임금에까지 들리자, 요임금은 두 딸을 규예(潙汭)로 시집보내어 그 안을 살피셨다.

왕계(王季)의 비(妃) 태임(太任)은 단정하고 한결같으며 성실하고 장중하여 오직 덕행을 행하였다.

문왕(文王)의 비 태사(太姒)는 아름다운 명성이 문왕에게 이어지게 하니 궁 안이 화목하였다.

주(周)나라 선왕(宣王)이 늦게 일어나 정사를 보자 왕후 강씨(姜氏)가 비녀를 벗고 머리를 풀어 죄를 청하였다.

제(齊)나라의 어진 선비와 여인은 편안하고 친한 사사로움을 남기지 않는다. ≪시경≫에서 "닭이 울었다고 아내가 말하자, 남편은 먼동이 텄다고 말하네. 장차 천천히 밖으로 나가 주살로 오리와 기러기를 잡으세요."라고 하였다.98)

진(晉)나라 각결(郤缺)은 기(冀)의 교외에서 농사를 지었는데 그 아내가 밥을 가져오자 마치 손님 대하듯 공경하였다. 나중에 각결은 진나라의 대부가 되었다.

제(齊)나라의 재상 안영(晏嬰)에게는 한 마부가 있었는데, 큰 수레 덮개를 덮고 네 말을 채찍질하며 의기(意氣)가 교만하였다. 그의 아내가 경계하길, "재상께서 스스로 공손하고 검소함을 가지시는데, 그대는 어찌 득의양양하십니까?"라고 하자 마부가 스스로 깊이 느껴 교만을 누르고 겸손해졌다. 안영이 이 일을 듣고 그를 대부에 추천하였다.

---

98) ≪시경(詩經)≫ 〈여왈계명(女曰雞鳴)〉에 나옴. 이 시구는 부부의 금슬이 아주 좋아서 모든 일이 원만하게 이루어진다는 모습을 노래한 것임.

한(漢)나라 진주(陳州)의 효부는 나이 열여섯에 시집갔다. 얼마 뒤에 그 남편이 멀리 출정을 나가면서 아내에게 "당신이 내 늙은 어머니를 봉양할 수 있겠소?"라고 하자 "네."라고 하였다. 남편은 정말로 죽어 돌아오지 못하였다. 효부는 길쌈을 하여 시어머니를 봉양하면서 천수(天壽)를 마칠 때까지 재혼하지 않았다. 조정에서 이 일을 듣고 그 집안을 복호(復戶)해 주었다.[99]

위(魏)나라 하후령(夏侯令)의 딸은 조씨(曹氏) 집안이 멸망되자 재가하지 않겠다고 맹세하였다. 부모가 딸의 뜻을 꺾으려 하자 스스로 코를 자르고 귀를 잘랐더니 피가 얼굴을 뒤덮었다. 온 집안사람이 놀라고 당황하여 감히 다시 말하지 못하고 마침내 후사(後嗣)를 세워 주었다.

이상은 부부간의 분별(分別)을 다룬 실례

大舜玄德升聞, 帝命釐, 降二女于潙汭, 以觀其內.

王季之妃太任, 端一誠莊, 惟德之行.

文王之妃太姒, 嗣徽音文王, 雍雍在宮

周宣王晏起視朝, 王后姜氏脫簪待罪.

齊之賢士女不留於宴昵之私. 其詩曰: 女曰雞鳴, 士曰昧朝. 將翺將翔, 弋鳧與鴈.

晉郤缺耨於冀野, 其妻饁之敬相待如賓, 後爲晉卿.

齊相晏嬰, 有御者擁大盖策駟馬, 意氣驕溢. 其妻戒之曰: 相君恭儉自

---

99) 복호(復戶): 조선 시대에 충신, 효자, 열녀 등에게 부역과 조세 따위를 면제해 주던 일.

持, 而君何楊楊[100]自得? 御者深自抑損. 晏子聞之, 薦爲大夫.

漢陳孝婦, 年十六而嫁. 未幾, 其夫遠征, 謂其妻曰: 汝肯養吾老母乎?
曰: 諾.

夫果死不還. 孝婦織紝養姑, 以終天年, 永不改適. 朝廷聞之, 復其家.

魏夏侯令女於曹氏滅後誓不再嫁. 父母欲奪其志, 乃斷鼻截耳, 流血被
面. 一家驚惶, 不敢復言, 竟立後.

右實夫婦之別

순(舜)임금의 이복 아우가 거만하고 사나우며 공손하지 못하였으나,
순임금은 그를 친밀히 사랑하였다. 나중에 순임금이 천자가 되자 아우
를 유비(有庳)에 봉하였다.

주(周)나라 태백(泰伯)은 그 아버지가 계력(季歷) 및 문왕(文王)에게
나라를 전하려는 것을 알고 형만(荊蠻)으로 도망갔다. 왕계(王季)도 타
고난 마음이 우애하여 나라를 선양하는 빛남을 내려주었다.

고죽군(孤竹君)의 아들 백이(伯夷)는 그 아버지가 숙제(叔齊)를 왕위
에 세우려는 것을 알고는 나라를 선양하고 도망쳤다. 숙제 역시 형에게
선양하니 나라 사람들이 그 둘째 아들을 세웠다.

공자(孔子)께서는 향당(鄕黨)에 계실 적에 신중하여 말을 잘하지 못하
는 것처럼 하였다.[101]

---

100) 원문 '楊楊': '洋洋'의 통용.
101) ≪논어(論語)≫ 〈향당(鄕黨)〉에 나옴.

석경(石慶)이 내사(內史)가 되었을 때 마을 문에 들어오면서 수레에서 내리지 않았다. 그의 아버지가 노하여 그를 꾸짖었다.

양파(楊播)의 집안은 화목하였고 양춘(楊椿)과 양진(楊津) 형제의 우애는 유독 돈독하였다. 형이 가까운 곳에 나가 돌아오지 않으면, 양진은 온종일 먹지 않고 형을 기다렸다가 형이 오면 먹었다.

○양진(楊津)이 외지의 군수가 되었을 때 사시사철 새로운 물건이 있을 때마다 먼저 형에게 보내지 않으면 먹지 않았다.

장공예(張公藝)는 9대가 함께 살았다. 고종(高宗)이 그 까닭을 묻자 '인(忍)'을 백번도 넘게 적어서 바쳤다. 황제가 감탄하며 그 집안에 정포(旌褒)를 내렸다.

왕응(王凝)은 평소 거처함에 엄숙하였으니 규문(閨門) 안이 마치 조정 같았다.

유공작(柳公綽)이 집안을 다스림에는 법도가 있었으니, 자제들이 공복(公服)을 입지 않으면 감히 뵙지 못하였다. 대청에서 조회하고 의리를 강론하였고 밤이 되면 휘장을 치고 잠을 잤으니, 매일 이와 같았다.

유개(庾開)의 아버지는 매일 자제와 여러 며느리가 당(堂)에 올라와 문안 인사하자, 갑자기 "남자로 강인한 사람 중 과연 몇 명이나 부인의 말에 미혹되지 않을 수 있겠느냐?"라고 하였다.[102] 여러 자식이 두려워하며 부모에게 효성스럽지 못하고 어른에게 공경하지 못한 일은 한마디도 내뱉지 못하였다. 유개와 같은 무리가 이에 힘입어 그 집안을 온전케 하였을 뿐이다.

---

102) 강장자(强腸者): 강인하거나 힘이 좋은 자를 지칭함.

이상은 장유간의 순서를 다룬 실례

舜異母弟衆傲虐不恭, 舜親愛之而已, 後爲天子, 封之有庳.

周泰伯知其父欲傳國於季歷以及文王, 乃逃之荊蠻. 王季亦因心則友載錫讓國之光.

孤竹君之子伯夷, 知其父欲立叔齊, 讓國而逃. 叔齊亦讓於兄, 國人立其中子.

孔子於鄉黨恂恂如也, 似不能言者.

石慶爲內史, 入里門不下車, 其父怒而責之.

楊播家世敦睦, 椿, 津兄弟友愛尤篤. 其兄近出不還, 則津日暮不食, 待兄至乃食. ○津出爲郡守, 四時有新物, 不先送於家兄, 則未嘗先食.

張公藝九世同居, 高宗問所以, 乃書忍字百餘以進. 帝嗟叹之, 旌表其家.

王凝常居, 慄如也, 閨門之內, 若朝廷焉.

柳公綽治家有法度, 子弟非公服不敢見. 朝於廳堂, 講論義理, 夜則隔幃而寢, 每日如之.

庾開之父, 每朝子弟、諸婦上堂問起居, 輒曰: 男子剛腸者, 幾人能不爲婦人言所惑? 諸子恐懼, 不敢出一語爲不孝不悌事. 開輩賴之以全其家云.

右實長幼之序

위대한 순(舜)임금은 남에게서 취하여 선을 행하는 걸 즐거워하시어 천하의 선비들이 기뻐하였다.103) 도성에 살면서 역산(歷山)에서 농사를

지을 때에 밭을 가는 사람이 밭두둑을 양보하였고, 뇌택(雷澤)에서 물고
기를 잡을 때에 어부들이 자리를 양보하였다.

안평중(晏平仲)은 사람들과 잘 사귀었으며 오래도록 서로 공경하였
다.104)

맹헌자(孟獻子)는 다섯 명의 친우가 있었다. 맹헌자가 이 다섯 친구와
함께할 때 자신의 귀한 바를 잊었다.

진(晉)나라 평공(平公)이 해당(亥唐)에 대해 도의(道義)로 사귀었다.
비록 채소와 나물국을 주어도 배불리 먹지 않은 적이 없었다.

자로(子路)는 승낙하는 말을 묵혀 두지 않았다. 사람들이 그에게 잘못
이 있다고 말해 주면 기뻐하였다.105)

포숙(鮑叔)은 관중(管仲)과 친우로 삼고 재물을 분배할 때 많이 가져
가도 탐욕스럽다고 여기지 않았으니, 관중이 가난했음을 알았기 때문이
다. 일찍이 세 번 싸우고 세 번 도망가도 겁쟁이라 하지 않았으니, 관중
에게 늙은 어머니가 계심을 알았기 때문이다. 나중에 제(齊)나라의 재상
으로 추천하였다.

황헌(黃憲)은 지기(知己)의 부고를 듣고 솜(綿)을 팔아 술을 담고 닭을
구워 적(炙)으로 삼아 천 리 길을 달려가 조문하였다.

순(舜)임금의 팔원(八元)과 팔개(八凱), 주(周)나라의 주공(周公), 소공
(召公), 태전(泰顚), 굉요(閎夭)는 군자의 벗이 되어 나라를 다스렸다.

---

103) ≪맹자(孟子)≫ 〈공손추상(公孫丑上)〉에 나옴.
104) ≪논어(論語)≫ 〈공야장(公冶長)〉에 나옴.
105) ≪맹자(孟子)≫ 〈공손추상(公孫丑上)〉에 나옴.

한(漢)나라의 홍공(弘恭)과 석현(石顯), 당(唐)나라의 노기(盧杞)와 배연령(裴延岭)은 소인의 벗이 되어 정사(政事)를 어지럽혔다.

이상은 친구 간의 신의를 다룬 실례

大舜樂取於人以爲善, 天下之士悅之. 所居成都, 耕歷山, 耕者讓畔:
漁雷澤, 漁者謙居.

晏平仲善與人交, 久而敬之.

孟獻子有友五人焉, 獻子之與此五人者友也, 忘獻子之貴也.

晉平公之於亥唐也, 爲道義之交, 雖蔬食菜羹, 不敢不飽也.

子路無宿諾, 人告之, 以有過則喜.

鮑叔與管仲爲友, 分財多自與, 不以爲貪, 知仲貧也. 嘗三戰三北, 不
以爲怯, 知仲有老母也. 後薦爲齊相.

黃憲聞知己者之喪, 以綿漬酒, 以雞爲炙, 千里赴吊.

舜之八元、八凱, 周之周公、召公、太顚、閔夭爲君子之朋而其國治.

漢之弘恭、石顯、唐之盧杞、裴延岭106), 爲小人之朋, 而其政亂.

右實朋友之信

---

106) 원문 '岭': '齡'의 통용.

역대제왕

무릇 하늘에서 백성을 내리시고 총명하고 지혜로운 한 사람이 그 무리에서 나오면 하늘은 반드시 그에게 군주나 스승이 되라고 명하였다.

문자가 있기 이전 징험할 문헌이 없어 삼황(三皇)은 고증할 수 없다.

유소씨(有巢氏)는 처음으로 보금자리를 만들었고, 수인씨(燧人氏)는 처음으로 불을 지피었다.

복희씨(伏羲氏)는 처음으로 문자를 만들어 하도(河圖)를 얻고 팔괘(八卦)를 그렸으며 갑자(甲子)107)를 지어 비로소 예악(禮樂)을 완성하였다.

신농씨(神農氏)는 처음으로 농사를 가르쳤고 저자(市場)와 의약을 가르쳤다.

황제(黃帝)는 천문(天文)108)으로 관직을 기록하였고, 처음으로 창과 방패를 사용하였으며, 치우(蚩尤)를 사로잡았고, 율려(律呂)109)를 만드셨으며, 산수를 지으셨다.

소호(少昊)는 새로 관직을 기록하였고, 전욱(顓頊)은 맹춘(孟春)을 책력의 기원으로 삼았다.

제곡(帝嚳)은 요(堯)와 직(稷)을 낳았다.

○요임금이 순에게 제위를 선양하며 "진실로 그 중용의 도를 잡으시오(允執厥中)."110)라고 하였다.

---

107) 갑자(甲子): 시간 개념을 뜻한 것으로 보임.
108) 원문의 운(雲): 천문(天文)을 지칭하는 것으로 추측됨.
109) 율려(律呂): 음률, 가락을 뜻함.
110) 윤집궐중(允執厥中): 마음가짐이나 언행에 있어 지나침도 없고 모자라지도 않는 중용의 도를 뜻함.

순임금도 우(禹), 익(益)에게 명하며 세 마디로 말하였으니, "사람의 마음은 위태롭고, 도의 마음은 미약하니, 정신을 다해 오직 한 마음으로."라고 하였다.

하(夏)나라의 우(禹)임금은 수토(水土: 물과 땅)를 다스리니 만세가 힘입었다. 우임금의 아들 계(啓)는 현명하여 우임금의 도(道)를 잘 이어받았다.

태강(太康)이 자리만 차지하고 놀러 다니며 돌아오지 않자, 후예(后羿)가 그를 시해했다.

소강(小康)은 적은 군사로 나라를 중흥시켜 후예(后羿)와 신하 한착(寒浞)을 멸하였다.111)

걸(桀)은 사치스럽고 잔인하였는데 명조(鳴條)로 패주(敗走)하다가 죽었다.

상(商)나라 탕(湯)임금은 하(夏)나라를 정벌하였고 오랜 가뭄에서 백성을 구하기 위해 친히 기도해 비를 내리게 하였다.

태갑(太甲)은 동궁(桐宮)에 유폐되었는데 인(仁)과 의(義)를 실천하자 이윤(伊尹)이 박(亳)으로 돌아오게 하였다.

태무(太戊)는 덕(德)을 닦아 요사함을 제거하였다.

○반경(盤庚)은 천도하여 백성을 편안하게 하였다. 무정(武丁)은 꿈에서 양필(良弼)을 얻었다.

○무을(武乙)은 하늘에 활을 쏘다가 벼락을 맞아 죽었다.

---

111) 일려(一旅): 일려일성(一旅一成)의 준말로 적은 수의 인력과 작은 면적의 땅을 뜻함.

○하(夏)나라 걸(桀)은 음란하고 포악하며 충언을 듣지 않았다. 용방(龍逢)은 직언을 하다 죽임을 당하였고, 걸은 비로소 망하였다.

○상(商)나라 주(紂)는 방탕하였으니 달기(妲己)를 총애하여 옥으로 궁을 만들고 술로 연못을 만들었다. 비간(比干)은 간언하다 죽임을 당하였다. 기자(箕子)는 미친 척 가장하여 스스로 숨었다. 미자(微子)는 그를 버려 종사(宗祀)를 보존하였다.

○주(周)나라 문왕(文王)은 천하의 셋 가운데 둘을 가졌으나 은(殷)나라를 복종하고 섬겼다. 밝고 밝게 삼가고 공경하여 그 덕이 부족함이 없었다.

○무왕(武王)과 제후들이 기약 없이 모여 마침내 주를 벌하여 백성을 구하고 기자(箕子)에게 홍범(洪範)을 물어 봉건제(封建制)를 시행하였다.

○성왕(成王)과 재상 주공(周公)이 예약을 제정하자 교화가 크게 행해졌다.

○강왕(康王)은 형벌을 쓰지 않은 지 40년이다.

○목왕(穆王)은 원정(遠征)을 좋아하였고 형서(刑書)를 지었다.

○이왕(夷王)은 당(堂) 아래에서 제후를 만났다.

○려왕(厲王)은 제멋대로이고 포악하여 체(彘)나라로 도망쳤다.

○선왕(宣王)이 나라를 중흥시켜 소호(召虎)나 윤길보(尹吉甫)와 같은 이들을 활용하여 양(襄)에서 험윤(玁狁)을 물리쳐 만국의 법도가 되었다.

○유왕(幽王)은 태자를 폐하고 백복(伯服)을 세웠으며, 찬인(讚人)을 등용하였고 포사(褒姒)를 총애하였다. 견융(犬戎)이 그를 시해하였다.

○평왕(平王)이 낙읍(洛邑)으로 동천(東遷)하면서 주(周)나라의 도가 쇠퇴하기 시작하였다. 제(齊)나라 환공(桓公), 진(晉)나라 문공(文公), 송

(宋)나라 양공(襄公), 진(秦)나라 목공(穆公), 초(楚)나라 장공(莊公)이 잇달아 패자(霸者)가 되었다.

○난왕(赧王)이 진(秦)나라에 의해 멸망하자, 한(韓)나라·위(魏)나라·제(齊)나라·초(楚)나라·연(燕)나라·조(趙)나라·진(秦)나라가 패권을 다투었다. 소진(蘇秦)이 주종론(主從論)을 펼치고 장의(張儀)가 주횡론(主橫論)을 펼쳤다.

○진시황(秦始皇)은 실로 여불위(呂不韋)의 아들이다. 여섯 나라를 멸망시켜 합병하고 봉건제를 폐했다. 장자인 부소(扶蘇)를 쫓아내고 호해(胡亥)를 세웠다. 위엄과 형벌로 백성들을 억누르고, 자신은 편안하고 한가롭게 지내다 2세 만에 망하였다.

○한(漢)나라 고조(高祖)는 유방(劉邦)이다. 관대하고 인자하고 도량이 컸으며 여러 계책을 다 시행하였다. 소하(蕭何)·조참(曹參)·장량(張良)·진평(陳平)과 함께 하며 대업을 이루었다. 노(魯) 땅을 지나며 공자의 제사를 지냈고, 패(沛) 땅을 지나면서는 <대풍(大風)>을 노래하였다.

○혜제(惠帝)는 어질었으나 약하여 태후(太后)가 조정에 임하였다.

○문경(文景)은 공손하고 검소하여 나라의 물자가 풍부하고 인구가 많았다.

○무제(武帝)는 원정(遠征)을 좋아하였고 신선을 섬겼다. 급암(汲黯)이 간언하길, "폐하는 속으로 욕심이 많으시나 겉으로는 어질고 의로움을 베푸시니, 어찌 당우(唐虞)의 정치를 본받을 수 있겠습니까?"라고 하였다. 무제가 묵묵히 있다가 노하여 얼굴빛이 변하였다. 나중에 결국 채택하지 않고 급암을 위양(淮陽)의 태수로 쫓아냈다. 만년에 조칙을 내리길 "천하에 어찌 신선이 있을까? 음식을 절제하고 약을 복용하면 병을

조금 줄일 수 있다.”라고 하였다.

○소제(昭帝)는 총명하였으나 장수하지 못하였다. 선제(宣帝)는 나라를 중흥케 하여 평온하게 다스렸다. 원제(元帝)는 어리석고 용렬하였고, 애제(哀帝)와 평제(平帝)는 단명하였으니 왕망(王莽)이 그 자리를 찬탈하였다.

○후한(後漢)의 광무제(光武帝)의 이름은 수(秀)다. 대범하고 절개가 커서 고제(高帝)에 가까웠다. 그러나 도참(圖讖)을 숭배하고 믿어 대신들을 몹시 책망하였으며 장자를 폐하고 아우를 세웠다.

○명제(明帝)는 선비를 높이고 노인을 봉양하였고 벽옹(辟雍)에 임하여 예를 가르쳤다. 멀리 서역(西域)에서 들어온 불법이 처음으로 중국에 전해졌다.

○장제(章帝)·질제(質帝) 이래로 외척과 환관이 제멋대로 명령을 내렸다. 환제(桓帝)와 영제(灵帝) 때 명사들을 주살하였다. 동탁(董卓)이 난을 일으켰다.

○헌제(獻帝) 때 조조(曹操)는 간웅(奸雄)으로, 겁박해서 허창(許昌)으로 천도했고, 모후와 황태자를 역적으로 몰아 죽여 버렸다. 조조의 아들 조비(曹丕)가 찬탈하였다.

○한(漢) 소열제(昭烈帝)의 이름은 비(備)이다. 대의(大義)를 펼치고자 하여 촉(蜀)나라를 세웠다. 제갈량(諸葛亮)을 재상으로 삼고 관우(関羽)와 장비(張飛)가 장수로 삼았다. 관우가 오(吳)나라에서 죽자 직접 정벌에 나섰으나 패하고 돌아왔다.

○제선(帝禪)은 어리석고 우둔하여 무당이나 귀신, 내시와 환관을 믿었다. 강유(姜維)가 여러 번 출정하였으나 공이 없었다. 진(晉)나라의 종

회(鍾會)와 등애(鄧艾)가 촉나라를 멸망시켰다.

○진(晉) 무제(武帝)의 이름은 염(炎)이다. 원래 위(魏)나라 장수 사마의(司馬懿)의 손자이자 사마소(司馬昭)의 아들이었다. 나라를 참한 위(魏)나라는 조비(曹丕)·조예(曹叡)부터 시작하여 조모(曹髦)·조방(曹芳)에 이르러 마침내 사마소에게 빼앗겼다. 사마염(司馬炎)이 이어 황제가 되자, 처음에는 공손하고 검소하여 명주실 대신 청마를 사용하였다. 오나라를 평정한 뒤 궁녀들이 거주하는 궁정에 사람이 만 명이나 되었다.

○혜제(惠帝)는 어리석었다. 백성들이 굶주리다 죽자 "어째서 고기와 쌀을 먹지 않는 게냐?"라고 하였다. 완적(阮籍)과 왕연(王衍)의 무리가 앞다투어 청담(淸談)을 위한다고 하며 풍속을 훼손시켰다.

○회제(懷帝)와 민제(湣帝)는 함께 호족(오랑캐)의 포로로 잡히고, 오호(五胡)가 중화를 어지럽혔으며, 하락(河洛)이 황폐하게 되었다.

○원제(元帝)는 사실 우금(牛金)의 아들이다. 강릉(江陵)으로 남하하여 왕도(王導)에게 정사를 맡기고 왕을 이끌었으니 이것이 동진(東晉)이 되었다.

○명제(明帝)·성제(成帝) 이후로 왕돈(王敦)이 역모를 모의하여 주검이 되었다. 소준(蘇峻)이 궁궐을 침범하여 유량(庾亮)과 도간(陶侃) 같은 이가 의병을 일으켜 그를 주살하였다.

○간문제(簡文帝) 이래로 환온(桓溫)이 정권을 잡았다. 아들 환현(桓玄)이 제멋대로 날뛰자 유유(劉裕)가 그를 죽였다. 공제(恭帝)가 마침내 유유에게 선양하였다.

○송(宋)나라 무제(武帝)는 바로 유유이다. 여러 천자를 생포하였다.

○명제(明帝)는 노련한 장수 단도제(檀道濟)를 죽이고, 오랑캐의 말을

빌려 달렸다. 창오왕(蒼梧王)은 소도성(蕭道成)에게 시해되었다.

○제(齊)나라 고제(高帝)가 바로 소도성(蕭道成)이다. 일찍이 "천하를 십 년간 다스리면 마땅히 황금과 흙이 같은 값이 되게 할 것이다."라고 하였다. 여러 대가 지나 소보융(蕭寶融)에 이르러 소연(蕭衍)에게 빼앗겼다.

○양(梁)나라 무제(武帝)가 바로 소연(蕭衍)이다. 불교에 빠져 밀가루로 희생으로 대신하였다. 대성(臺城)에서 굶어 죽었으나 부처는 구해주지 않았다.

○원제(元帝)는 위(魏)나라 병사가 성(城)에 다다랐는데도 오히려 입으로 시를 읊었고, 여러 신하 가운데 화답하는 이도 있었다.

○경제(敬帝)는 진패선(陳霸先)에게 찬탈(簒奪)당했다. 진(陳)나라 고조(高祖)가 바로 진패선이다. 문제(文帝)·선제(宣帝)를 거쳐 후주(後主) 숙보(叔寶)에 이르러 〈옥수후정화(玉樹後庭花)〉라는 노래를 지었다. 수(隋)나라 병사가 성(城)에 들어오자 경양궁(景陽宮)의 우물에 빠졌다.

○오호(五胡)의 난은 유요(劉曜)가 칭한 한(漢)나라, 석륵(石勒)이 칭한 조(趙)나라, 소홍(蕭洪)의 손자 부견(符堅)이 칭한 진(秦)나라, 척발규(蹠拔珪)가 칭한 위(魏)나라, 혁련발발(赫連勃勃)이 칭한 하(夏)나라, 고환(高歡)이 세운 제(齊)나라, 우문태(宇文泰)가 세운 북주(北周)나라이다. 북주 천원(天元: 무제)이 횡포하고 잔악하여 태후의 부친 양견(楊堅)이 대신하였다.

○송(宋)·제(齊)·양(梁)·진(陳)은 모두 남조(南朝)이고, 위(魏)는 북조(北朝)이다.

○수(隋)나라 문제(文帝)가 바로 견(堅)이다. 양제(煬帝)의 폭주가 호

해(胡亥)를 넘어서자 우문화급(宇文化及)이 시해하였다. 이연(李淵)이 그 자리를 대신해 당(唐)나라 고조(高祖)가 되었다.

태종은 뛰어난 계책으로 세상을 구제하였고 오랑캐와 중화를 전부 복종시켰다. 그러나 골육(骨肉: 혈족)에 가려져 덕이 미치지 못하여 부끄러운 일이 많았다.

○고종(高宗)은 태종이 총애한 무씨(武氏)를 후(后)로 삼았다. 무후(武后)는 스스로 주(周)라 칭하였다.

○중종(中宗)은 처음에 환란을 평정하였으나 만년에 위후(韋后)에게 미혹되었다.

○예종(睿宗)은 삼가 서통(緖統)을 이었다.

○현종(玄宗)은 개원(開元) 초기 훌륭하였다고 말할 수 있으나, 천보(天寶) 이후에는 요사하고 간사한 여인에 빠져 안록산(安祿山)의 공격을 받았다.

○숙종(肅宗)·대종(代宗)에 이르러 반란이 평정되었다.

○덕종(德宗)과 순종(順宗) 이후 번진(藩鎭)이 할거하고 간신이 붕당을 결성하였다.

○무종(武宗)과 선종(宣宗) 때 국력이 조금 진작되었다. 애재(哀帝) 소선(昭宣)에 이르러 주전충(朱全忠)의 핍박을 받다가 동작(凍雀)에서 울며 목숨을 끊었다. 당나라는 마침내 망하였다.

오대(五代)가 서로 계승하였다. 후량(後梁)이 바로 주전충(朱全忠)이다. 탕산(碭山) 출신의 일개 백성이었는데, 죽어서 묻힐 땅이 없었다.

후당(後唐)을 세운 이는 이극용(李克用)이다. 이종욱(李存勖)이 이어받아 장종(莊宗)이 되었다.

○명제(明帝)는 향을 피워 하늘에 "저는 호인(胡人)으로, 빨리 성인(聖人)을 낳게 해주세요."라며 빌었다.

후진(後晉)을 세운 이는 석경당(石敬瑭)이다. 거란을 아버지로 섬기다 마침내 망하였다.

후한(後漢)을 세운 이는 유지원(劉知遠)이다. 부자가 계승하여 4년 뒤에 망하였다.

후주(後周)를 세운 이는 곽위(郭威)이다. 세종(世宗)은 삼년상을 치렀고, 공제(恭帝)는 조광윤(趙匡胤)에게 선양하였다.

송(宋)나라 태조(太祖)는 바로 조광윤이다. 마영(馬營)에서 태어난 향해아(香孩兒)에게 황제의 옷이 더해졌고,112) 조보(趙普)와 약속하여 조광의(趙光義: 태종)에게 황위를 전하였다.

○태종(太宗)이 천하를 평정하였다. 천자가 《어람(御覽)》을 보니 "책을 펴면 유익하다(開卷有益)"라고 하였다.

○진종(眞宗), 인종(仁宗), 영종(英宗), 신종(神宗)은 정치와 교화가 훌륭하고 밝았다. 한기(韓琦), 부필(富弼), 문언박(文彦博), 사마광(司馬光)과 두 정씨(程氏: 程顥, 程頤)같이 여러 현명한 신하가 있었다.

○철종(哲宗) 때, 이천(伊川)은 낙당(洛黨), 소식(蘇軾)은 천당(川黨)이라 불렸다.

○휘종(徽宗)과 흠종(欽宗)은 금(金)나라 사람에게 포로로 잡혀 오국성(五國城)에서 죽었다.

---

112) 향해아(香孩兒): 송나라 태조 조광윤(趙匡胤)의 아명(兒名)이고, 낙양협마영(洛陽夾馬營)에 소속된 응천선원(應天禪院)에서 태어났음.

○고종(高宗)은 남쪽으로 수도를 옮겼다. 진회(秦檜)는 화친을 펼치고 호전(胡銓)을 쫓아냈다.

효종(孝宗)은 촛불을 쥐고 주자(朱子)의 소(疏)를 읽었다. 광종(光宗), 이종(理宗), 도종(度宗), 공종(恭宗)을 거쳐 제병(帝昺)에 이르러 원나라 군사가 포위하자 육수부(陸秀夫)가 황제를 업고 바다로 뛰어들었다. 문천상(文天祥)은 연경으로 끌려갔으나 굽히지 않았다. 이후 오랑캐인 원나라(胡元)가 황제를 석방하였다.

○원 태조는 테무진(鉄木眞)이다. 본래 몽골 부락민인데 태종(太宗), 정종(定宗), 헌종(憲宗)을 거쳐 세조 쿠빌라이(忽必烈)에 이르자 중화(夏)로 오랑캐(夷)를 변신시켰다. 허형(許衡)이 그를 섬겼다. 성종(成宗), 무종(武宗), 인종(仁宗), 영종(英宗), 명종(明宗), 순종(順宗)에게 전해졌다가 망하여 천하가 위대한 명(明)나라로 귀속되었다.

명나라 태조(太祖)는 주원장(朱元璋)이다. 호주(濠州)사람이다. 유기(劉基), 서달(徐達), 화운(花雲) 같은 이와 의(義)를 일으켜 원나라를 멸망시켰다. 그 전에 비바람이 불고 흐리고 어두웠는데, 주원장이 즉위하자 하늘이 맑아졌다.

○건문제(建文帝)는 연왕(燕王: 朱棣)에게 쫓겨나 출가하여 중이 되었다가 나중에 돌아왔다.113) 태조의 손자이다.

성조(成祖: 朱棣)는 처음에 연왕(燕王)에 봉해졌고, 태조의 넷째 아들

---

113) 정난지변(靖難之變): 명나라 초 연왕 주체(朱棣: 훗날 성조)가 황제 자리를 건문제(建文帝)로부터 탈취했던 변란임. 당시 건문제가 남경성이 함락되어 황위에서 쫓겨난 뒤에 행방불명되었음. 원문에는 건문제가 황위에서 물러나 승려가 되었다고 적어 놓았음.

이다. 태자(훗날 인종)에게 성학(聖學: 유학)을 전수하여 인종(仁宗)과 선종(宣宗)을 거쳐 영종(英宗)에 이르기까지 각 황제(朝)마다 공자상(孔子像)을 받들었다.

○경종(景宗)은 고요(皷妖)를 들렸다.[114]

헌종(憲宗)은 상로(商輅)를 파면하고 윤(綸)의 죄를 물어 배척하였으며 만귀비(萬貴妃)를 총애하였다.

효종(孝宗)·무종(武宗) 이후 재변이 자주 나타났다. 세종(世宗)에서 목종(穆宗)에 이르기까지 유가(儒家)의 도(道)를 받들었고, 오랫동안 세금을 면제해 주었다.

신종(神宗)은 내전(內殿)에서 '대경대법(大經大法)'을 적었고,[115] 장수를 조선에 보내어 구원하였다. 광종(光宗), 희종(熹宗). 의종(毅宗), 융제(隆帝)에게 제위를 전해 주었고 영력(永曆)에 이르러 망하였다. 청조(淸朝)가 명조(明朝)를 대신하였다.

歷代帝王

盖自天降生民, 一有聰明睿智, 出乎其類, 則天必命之以爲君師.

書契以前, 文獻無徵, 三皇不可考也. 有巢氏者始爲巢者也, 燧人氏者始鑽火者也.

---

114) 고요(皷妖): 흉조(凶兆)의 하나로 이상한 소리가 나는 것을 말함. 《진서(晉書)》 〈오행지(五行志)〉 참조.

115) 대경대법(大經大法): 나라를 다스리는 정대한 도리와 법칙으로 《춘추(春秋)》 에 실려 있음.

伏羲氏始造書契, 受河圖, 畫八卦, 作甲子, 禮樂始成.

神農氏始敎耕, 敎爲市, 敎醫藥.

黃帝以雲記官, 始用干戈, 擒蚩尤, 造律呂, 作筭數.

少昊以鳥記官, 顓頊孟春爲元.

帝嚳生堯與稷. ○帝堯之禪舜曰: 允執厥中.

帝舜亦以命禹益之, 以三言曰: 人心惟危, 道心惟微, 惟精惟一.

夏禹平水土, 萬世是賴. 子啓賢, 能繼禹道.

太康尸位, 盤遊不返, 后羿弑之.

小康以一旅中興滅羿浞.

桀侈虐, 走死鳴條.

商湯伐夏, 救民大旱, 親禱而雨.

太甲廢居桐宮, 處仁遷義, 伊尹迎歸于亳.

太戊修德去妖. ○盤庚遷都安民. 武丁夢得良弼. ○武乙射天震死. ○夏桀淫虐, 不聽忠諫. 龍逢以直言見殺. 桀遂亡. ○商紂淫佚, 嬖妲己, 瓊其宮, 池其酒, 比干諫而見殺. 箕子佯狂, 以自晦. 微子去之, 以存宗祀. ○周文王三分天下有其二, 以服事殷, 緝熙敬止, 厥德靡悔. ○武王諸侯不期而會, 遂伐紂救民, 訪洪範于箕子, 行封建法. ○成王周公相之制禮作樂, 敎化大行. ○康王刑措四十年. ○穆王好遠征, 作刑書. ○夷王下堂見諸侯. ○厲正縱暴奔彘. ○宣王中興, 用召虎, 尹吉甫等, 玁允[116]于襄, 萬邦爲憲. ○幽王廢太子, 立伯服, 用讚人, 嬖褒姒, 犬戎弑之. ○平王東遷洛邑, 周道始衰. 齊桓, 晉文, 宋襄, 秦穆, 楚莊繼霸. ○赧王爲秦所滅, 韓

---

116) 원문 '允': '狁'의 통용.

魏齊楚燕趙秦爭雄. 蘇秦主從, 張儀主橫. ○秦始皇實呂不韋之子, 並滅六國. 廢封建, 黜扶蘇, 立胡亥, 威刑御下, 高枕肆志, 二世而亡. ○漢高祖, 劉邦也. 寬仁大度, 羣策畢擧. 蕭何、曹參、張良、陳平相與, 贊成大葉. 過魯, 祀孔子: 過沛, 歌〈大風〉. ○惠帝仁弱, 太后臨朝. ○文景恭儉, 海內富庶. ○武帝好遠畧, 事神仙. 汲黯諫曰: 陛下內多欲, 而外施仁義, 奈何欲效唐虞之治乎? 帝默然怒, 變色, 後竟不用. 黜爲淮陽太守, 晚年下詔曰: 天下豈有神仙? 節食服藥可少病. ○昭帝明而不壽. 宣帝中興治平. 元帝昏庸, 哀平短祚, 王莽簒之. ○後漢光武名秀, 濶達大節, 近於高帝. 然崇信圖讖, 督責大臣, 廢長立少. ○明帝尊士養老, 臨雍講禮. 然遠自西域始傳佛法於中國. ○章、質以來, 戚宦擅命. 桓、靈之世, 誅殺名士. 董卓搆亂. ○獻帝時, 曹操以奸雄, 劫遷許昌, 賊殺母后與皇子. 曹丕簒之. ○漢昭烈名備, 欲伸大義, 立國於蜀. 諸葛亮相之, 關羽、張飛爲將. 羽見殺於吳, 親征敗還. ○帝禪昏愚, 信巫鬼閹宦, 姜維數出, 無功. 晉鍾會、鄧艾滅之. ○晉武帝名炎, 本魏將司馬懿之孫、昭之子也. 僭魏自丕、叡至髦、芳, 遂爲昭所簒. 炎嗣爲帝, 初尙恭儉, 靑麻代絲. 平吳之後, 掖庭萬人. ○惠帝愚騃, 民飢而死, 則曰: 何不食肉米? 阮籍、王衍之徒, 競爲淸談, 敗俗傷化. ○懷、愍並爲胡所虜, 五胡亂華, 河洛邱墟. ○元帝實牛金之子, 南渡江陵, 委政王導, 是爲東晉. ○明成以後, 王敦謀逆, 誅屍. 蘇峻犯闕, 庾亮、陶侃等倡義誅之. ○簡文以來, 桓溫執命. 桓玄跋扈, 劉裕誅之. 恭帝遂禪于裕. ○宋武帝卽裕也. 生擒數天子. ○明帝殺宿將檀道濟, 胡馬憑凌, 蒼梧王爲蕭道成所弑. ○齊高帝, 卽道成也. 嘗曰: 治天下十年, 當使黃金與土同價, 數世至寶融, 爲蕭衍所簒. ○梁武帝, 卽衍也. 溺於佛敎, 以糆代牲, 餓死臺城, 佛不之救. ○元帝魏兵臨城, 猶口占爲詩. 羣臣有和之者. ○敬帝爲陳覇先所簒. 陳高祖, 卽伯先也. 歷文宣, 至後主叔寶, 作〈玉樹後庭花〉之歌. 隋兵入城, 沉117)景陽井中. ○五胡之亂者,劉聰曜稱漢, 石勒稱趙, 蕭洪孫符堅稱秦, 跖拔珪稱魏, 赫連勃勃稱夏, 高歡爲齊, 宇文泰爲周. 周天元暴虐, 后父楊堅代之. ○宋、齊、梁、陳, 皆南朝: 魏, 北朝也. ○隋文帝, 卽堅也. 煬帝廣暴過胡亥, 宇文化及弑之, 李淵代之爲唐高祖.

太宗英畧濟世, 夷夏率服. 然骨肉帷薄, 多有慚德. ○高宗納太宗所幸武氏爲后. 后自稱周. ○中宗初平喪亂, 晩惑韋后. ○睿宗謹紹其緒. ○玄宗開元之初, 可謂有爲. 天寶以後, 溺於妖姬, 爲安祿山所攻. ○肅、代克平. ○德、順以後, 藩鎭分據, 奸臣朋結. ○武、宣稍振. 至於昭宣, 爲朱全忠所劫, 泣絶于凍雀. 唐遂以亡.

五季相承. 後梁卽全忠也. 碭山一民, 死無葬地.

後唐, 李克用也. 存勗嗣爲莊宗. ○明帝焚香祝天, 曰: 某胡人, 早生聖人.

後晉, 石敬瑭也, 父事契丹, 竟爲所滅.

後漢, 劉知遠也, 父子相承, 四年而亡.

後周, 郭威也, 世宗行三年喪, 恭帝禪于趙匡胤.

宋太祖, 卽匡胤也. 以馬營香孜黃袍加身, 與趙普爲約, 傳位光義. ○太宗太平, 天子見≪御覽≫曰: 開卷有益. ○眞、仁、英、神, 治敎休明, 有韓琦、富弼、文彦博、司馬光, 與兩程諸賢. ○哲宗時, 伊川號洛黨, 蘇軾稱川黨. ○徽、欽爲金人所虜, 死於五國城. ○高宗南渡, 秦檜主和, 胡銓見逐.

孝宗秉燭讀朱子疏, 歷光、理、度、恭, 至帝昺, 元兵圍之, 陸秀夫負帝入海. 文天祥赴燕不屈. 是後, 胡元釋帝. ○太祖, 鐵木眞也. 本濛古部, 歷太宗、定、憲, 至世祖忽必烈, 用夏變夷. 許衡仕之, 傳成、武、仁、英、明、順而

117) 원문 '沉': '沈'의 통용.

亡, 天下歸于大明.

明太祖, 朱元璋也. 濠州人. 與劉基、徐達、花雲等興義滅元, 其前風雨陰晦, 及卽位, 天宇澄淸. ○建文帝爲燕王所逐, 爲僧, 後還. 太祖孫也.

成祖初封燕王, 太祖第四子也, 授太子以聖學, 歷仁、宣至英宗, 每朝拜孔子像. ○景宗有皷妖.

憲宗罷商輅, 斥罪綸, 寵萬貴妃.

孝武以後, 災異疊見. 世宗至穆宗, 崇儒道, 免久逋.

神宗書大經大法干[118]內殿, 遣將救朝鮮, 傳光、熹、毅、根、隆帝, 至永歷[119]而亡. 淸朝代之.

부록 조선(朝鮮)

동국(東國)의 땅은 곤륜(崑崙)의 서북에서 뻗어 가다가 음산(陰山)을 거쳐 동쪽으로 의무려산(醫巫閭山)이 되었다. ≪우공주(禹貢註)≫에 보인다. 요동(遼東)을 지나 솟구쳐 백두산(白頭山)이 되었다. 즉 불함산(不咸山)이다. ≪산해경(山海經)≫에 보인다. 산의 남쪽은 동국(東國) 지계(地界)의 시작이다. 기수(箕宿)와 미수(尾宿),[120] 춘분과 추분이 되고,[121] 청구(靑邱)가 빛을 드리운다.

○관서(關西)는 심양(瀋陽)과 이웃한다.

---

118) 원문 '干': '于'의 오기.
119) 원문 '永歷': '永曆'의 오기.
120) 기미(箕尾): 하늘의 기수(箕宿)와 미수(尾宿)를 지칭함.
121) 사분(司分): 춘분과 추분을 담당함.

○관북(關北)은 여진(女眞)과 이웃하고, 관동(關東)은 옛 예맥(穢貊)이다.

○영남(嶺南)은 옛 신라, 변한(卞韓), 진한(辰韓)이다.

○경기와 호서·호남은 옛 마한(馬韓)과 백제이다.

○관서와 해서(海西)는 옛 조선과 고구려이다.

○옛날에는 군장이 없었고 구이(九夷)가 섞여 살았다. 당요(唐堯) 무진년(戊辰年)에 단군(檀君)이 관서 개천(价川) 태백산(太白山)에 내려왔는데, 즉 묘향산(妙香山)이다. 국호는 조선(朝鮮)이고, 도읍은 평양(平壤)으로 삼았다가 나중에 백악(白嶽)으로 옮겼으니 즉 구월산(九月山)이다. 아들 부루(扶婁)가 도산(塗山)에 가서 우임금을 만났고, 천여 년간 재위하였다.[122]

주(周)나라 무왕(武王) 때 은(殷)나라 태사(太師) 기자(箕子)가 동쪽으로 건너와 단씨(檀氏)의 옛 도읍에 살면서 '여덟 조목의 가르침(八條之教)'를 설치하고 오상(五常)으로 가르쳤다. 백공(百工)을 수련하고 시서예악(詩書禮樂)으로 문덕을 크게 밝혀 소중화(小中華)라고 불렸다. 관서에는 정전(井田)의 옛터가 남아 있다.

한나라 고조(高祖) 초년에 42대손 기준(箕準)은 연나라 사람 위만(衛滿)에게 쫓겨나 금마군(金馬郡)으로 옮겼다. 지금의 익산(益山)이다. 국호는 마한(馬韓)이고 여러 세대에 동안 전해졌다가 온조(溫祚)에게 멸망

---

122) 부루(扶婁): 단군의 아들임. 우(禹) 임금이 제후를 도산(塗山)에 회합할 때 단군이 아들 부루를 보내어 조회하게 하였다. ≪연려실기술(燃藜室記述)≫ 〈역대전고(歷代典故)·단군조선(檀君朝鮮)〉 참조.

되었다.

한나라 무제(武帝) 때 양복(楊僕), 순체(荀彘), 공손수(公孫遂) 같은 이를 보내 수륙(水陸)으로 진군하여 위씨(衛氏)를 주살하고 사군(四郡)을 설치하였다. 말하기를 "낙랑(樂浪)은 지금의 평양이고, 임둔(臨屯)은 지금의 강릉이며, 현토(玄菟)는 옥저(沃沮)를 다스렸는데 지금의 함흥이다. 진번(眞蕃)은 삽현(霅縣)을 다스렸는데 지금의 우봉(牛峰)이다."라고 하였다.

한나라 소제(昭帝) 시원(始元) 5년(BC 82)에 진번과 현토를 평주(平州)로 삼고, 임둔과 낙랑을 동군(東郡)으로 삼아 두 개의 도독부(都督府)를 설치하였다. 이때 한나라의 소유가 되었다.

○삼한(三韓)은 남쪽 땅에 분거(分據)하였다. 비단 도포를 입고 짚신을 신으며 비록 날래고 사나움을 숭상했지만 길을 가는 사람은 길을 양보하니 오히려 예절에 관한 풍속이 있었다. 신지(臣智), 번측(儉側), 검측(儉側), 번지(樊祇)와 같은 여러 인물이 중국에 이름을 알렸다.

한나라 광제(光武) 때 소마시(蘇馬諟)가 조공을 바치고 봉작을 받았다. 최치원(崔致遠)과 권만기(權萬紀)도 한인(韓人)이었다.123)

한나라 선제(宣帝) 때 박혁거세(朴赫居世)가 영남을 다 차지했다. 진한(辰韓)과 변한(卞韓)을 복종시켰고 도읍을 경주(慶州)로 삼았다. 박(朴)씨, 석(昔)씨, 김(金)씨가 번갈아 군주가 되었고 신라라고 불렀다.

한나라에 설치한 두 도독부(都督府)는 땅을 버리고 철수하였다. 주몽

---

123) 최치원(崔致遠)은 신라 사람이고, 권만기(權萬紀)는 당나라 사람임. 원문에는 최치원과 권만기를 후한 광무제와 같이 논하고 있는데, 오기임.

(朱蒙)이라는 사람이 있어 말갈(靺鞨)에서부터 평양을 차지하고 고구려라 불렀다.

주몽(朱蒙)의 둘째 아들 온조(溫祚)는 백 명의 사람에게 강을 건너게 하여 마한을 멸망시키고 한강 남쪽을 차지하였다. 사비수(泗沘水)에 도읍 부여를 두었는데, 즉 백마강(白馬江)이고, 백제(百濟)라고 불렀다.

고구려와 백제는 모두 당나라 고종(高宗) 때 멸망하였다. 당나라 군대가 철수하자 신라가 전부 차지하였다.

○신라 말기, 서자 궁예(弓裔)가 철원(鐵原)을 차지하고 태봉(泰封)이라 불렀다. 이때가 당나라 건녕(乾寧) 연간이다.

○반신(叛臣: 역신) 견훤(甄萱)은 완산(完山)을 차지하고 후백제라 불렀다. 당나라 경복(慶福) 연간의 일이다.

○후양(後梁) 때 궁예(弓裔)가 고려 태조(王建)에게 죽였다. 견훤의 아들 신검(神劍) 또한 처형되었다.

○이후로 고려 왕건(王建) 태조는 삼한을 통합하고 비로소 송경(松京)에 건국하였다. 네 명의 공신[홍유(洪儒), 배현경(裵玄慶), 신숭겸(申崇謙), 복지겸(卜智謙)]과 두 명의 태사[유검필(庾黔弼), 박술희(朴述熙)]와 함께 왕업을 이룩하였다. 그 후 혜종(惠宗)과 정종(定宗)이 차례를 이었고 풍류가 돈독하였다. 광종(光宗)은 아첨하는 신하를 가까이하였고, 경종(景宗)은 주색에 빠졌으며, 성종(成宗)은 학문에 힘썼다. 목종(穆宗)은 비(否)를 맞이했고, 현종(顯宗)은 회태(回泰)하였다.124) 덕종(德宗)과 정

---

124) 비(否)와 태(泰): 모두 주역의 괘 이름. 비는 막힘을 의미하고, 태는 통합을 의미함.

종(靖宗)은 삼가 근신했고, 문종은 공손하고 검소하였다. 왜(倭)와 맥(貊)이 모두 복종하였다. 순종(順宗), 선종(宣宗), 헌종(献宗), 숙종(肅宗)을 거쳐 예종(睿宗)에 이르기까지 유학을 돈독히 받들었다. 인종(仁宗)·의종(毅宗) 때에 난이 생겼다. 충숙왕(忠肅王)에서 공민(恭愍王)까지 여러 왕조에 지내다가 신우(辛禑)가 참위(僭位)하여 나라가 끝내 멸망하였다.

우리 태조대왕(太祖大王)은 한양에 도읍을 정하고 국명을 다시 조선(朝鮮)이라 불렀다. 성인(聖人)과 천신(天神) 같은 왕이 천만 년 동안 이어지고 있다.

附朝鮮

東國之地, 自崑崙西北, 歷陰山, 東爲醫巫閭山. 見≪禹貢註≫. 渡遼, 起爲白頭山, 卽不咸山. 見≪山海經≫. 山南爲東國地界之首, 箕尾司分, 靑邱垂輝. ○關西隣瀋陽. ○關北隣女眞. 關東, 古穢貊. ○嶺南, 古新羅、卞韓、辰韓. ○京畿與湖西、湖南, 古馬韓、百濟. ○關西、海西, 古朝鮮、高句麗. ○古無君長, 九夷雜處, 唐堯戊辰, 檀君降于關西价川太白山, 卽妙香山, 號朝鮮, 都平壤, 後徙白岳, 卽九月山. 子扶婁赴塗山會, 享國千有餘年.

周武時殷太師箕子東渡, 居檀氏故都, 設八條之敎, 敎以五常, 修厥百工, 詩書禮樂, 丕闡文德, 謂之小中華. 關西有井田遺址.

漢高祖初載, 四十二世孫箕準, 爲燕人衛滿所逐, 遷于金馬郡, 今益山, 號馬韓, 傳至數世, 爲溫祚所滅.

漢武帝時, 遣楊僕、筍彘[125]、公孫遂等, 水陸進兵, 誅衛氏, 置四郡, 曰: 樂浪, 今平壤: 曰臨芚, 今江陵: 曰玄菟, 治沃沮, 今咸興: 曰眞蕃, 治雪縣,今牛峰.

漢昭帝始元五年, 以蕃、菟爲平州, 臨、樂爲東郡, 置兩督府. 是時爲漢所有. ○三韓分據南土, 帛袍草屩, 雖尙勇悍, 行者讓路, 猶有禮俗. 臣智、儉側、樊柢[126]諸人. 名於中國.

漢光武時, 蘇馬諟入貢, 受封. 崔致遠、權萬紀, 亦韓人也.

漢宣帝時, 赫居世盡有嶺南. 臣服辰、卞, 都慶州. 朴、昔、金更迭爲君, 號新羅.

漢置二督府, 棄地撤歸. 有朱蒙者, 自靺鞨, 據平壤, 號高句麗.

朱蒙次予溫祚, 以百人濟江滅馬韓, 據漢水以南, 都扶餘泗泚水上[127], 卽白馬江, 號百濟.

麗、濟俱滅於唐高宗時. 唐兵撤歸, 盡爲羅有. ○羅末, 孽子弓裔據鐵原, 號泰封, 卽唐乾寧間也. ○叛臣甄萱據有完山, 號後百濟. 唐慶福間也. ○後梁時裔爲王太祖所誅. 甄萱子神劍亦伏誅. ○是後, 高麗王建太祖, 統合三韓, 始建國松京. 四功臣[洪、裴、申、卜]、二太師[黔弼、述熙]相與贊成王業. 其後惠、定繼序, 風流篤厚. 光宗近佞臣, 文宗[128]沉[129]湎, 成宗振勵, 穆宗丁否, 顯宗回泰. 德、靖謹遵, 文宗恭儉. 倭貊率服, 歷順、宣、獻、肅, 而至睿宗, 敦尙儒雅. 仁、毅遭亂, 忠肅至恭愍數世, 而辛禑僭位, 國遂以亡.

---

125) 원문 '筍龐': '荀龐'의 오기.

126) 원문 '樊柢': '樊祗'의 오기.

127) 원문 '사자수(泗泚水)': 사비수(泗沘水)의 '비(沘)'를 '자(泚)'로 혼동한 데서 생겨난 잘못된 지명.

128) 원문 '文宗': '景宗'의 오기.

129) 원문 '沉': '沈'의 통용.

我太祖大王, 定鼎干[130]漢陽, 復號朝鮮, 聖繼神承於千萬年.

≪소학요어(小學要語)≫ 권하(卷下) 마침

小學要語卷之下終

---

130) 원문 '干': '于'의 오기.

5

≪석호집(石湖集)≫ 단권(單卷)

김대감께 올리는 서찰[호 하옥(荷屋), 휘 좌근(左根)[1]]

삼가 소생(小生)이 말로는 심정을 다할 수 없어 글로 마음을 표현하고 자 하옵니다. 이에 감히 말씀드리기 죄송하나 거두어 주시기를 엎드려 바라옵니다.

소생은 본래 자질이 미천하나 외람되게도 백씨 황산(黃山) 김유근(金逌根) 대감[2]의 사랑을 받았습니다. 이에 합하(閣下: 金左根)[3]께서 특별히 교류를 허락하시어 문하에서 바쁘게 뛰어다닌 지가 이제 16년이 되었습니다. 소생의 학문은 길을 만들기에 부족하고 문장도 주밀(周密)하고 조리 있게 처리하기에 부족합니다. 재주를 보아도 일을 맡아 처리할

---

1) 김좌근(金左根): 자는 경은(景隱), 호는 하옥(荷屋), 시호는 충익(忠翼), 본관은 안동(安東). 김조순(金祖淳)의 차남이자 순조비 순원왕후(純元王后)의 누이임. 관직으로 예조판서, 영의정, 영돈녕부사 등을 역임함.

2) 김유근(金逌根): 자는 경선(景先), 호는 황산(黃山), 시호는 문정(文貞), 본관은 안동(安東). 김조순(金祖淳)의 장남이자 김좌근의 형임. 관직으로 예조판서, 병조판서, 판돈령부사 등을 역임함.

3) 합하(閣下): 영의정, 좌의정, 우의정, 세자사, 세자부 등 정1품 관원을 높여 부르던 말.

수 없고, 계책으로 보아도 사람들을 구제할 수 없습니다. 그리하여 구차한 마음에 밤낮으로 애만 태울 뿐입니다. 방황하여 떠날 수도 없어 참았으나 버릴 수도 없습니다. 혹여 기다리는 바가 있다면 무릇 백씨 황산 대감의 남다른 지식을 따라 뜻을 오로지 하고 합하의 일을 받들고자 하는 것입니다.

소생은 성세(聖世)에 태어나 쑥대 우거진 곳에서 성장하였습니다. 이미 ≪경국대전(經國大典)≫4)을 쓸 재주도 없고 한 점의 시대를 도울 만한 계책도 감당하지 못합니다. 바닷가에 칩거하고 밭에 물을 대며 농사를 지었습니다. 위로는 조세(租稅)를 내고 부역을 하며, 아래로는 부모를 봉양하고 자식을 돌보았습니다. 산에서 나무하고 물에서 고기를 잡으며 읊조리면서 노래 부르며 세월을 보냈습니다. 세속의 잡념을 떨쳐버리고 초목과 함께 썩어 감은 진실로 제 분수를 지킴에 마땅한 바로, 하늘이 즐거워하는 바를 따르는 일입니다. 그러나 평생에 걸쳐 큰 한(恨)과 슬픔을 품고 있습니다.

아! 소생은 일찍이 아버지를 여의고 오직 노모만 계시는데, 연세가 팔순이 임박해서 기식(氣息)이 곧 끊어져 다하실 지경입니다. 몇 달은 예상할 수 있으나 몇 년을 사실지는 예상할 수 없습니다. 그러니 삼시(三時: 봄·여름·가을)마다 문에 기대어 바라보시며 고개를 들고 생각하십니다.

---

4) 육국경전(六典經國): ≪주례(周禮)≫의 육전체계에 따라 1394년(태조 3)에 정도전(鄭道傳)이 편찬한 ≪경국육전(經國六典)≫을 가리킴. 그런데 여기서는 조선 건국 초의 법전인 ≪경제육전(經濟六典)≫과 그 뒤의 법령을 종합하여 만든 통일 법전인 ≪경국대전(經國大典)≫을 의미함. 세조 때 육전상정소(六典詳定所)를 신설하여 최항(崔恒)·노사신(盧思愼)·서거정(徐居正) 등이 집필하였고 세조가 직접 수정하였음. 1467년(세조 13)에 편찬을 끝냈으나 반포와 간행은 사후에 진행되었음.

그리고 말씀하시길, "아, 내 아들이여. 이미 합하의 문하에 있으니 합하의 은혜를 공경히 받들어야 한다. 한 번의 도움을 받는 영광을 얻어 속히 돌아올 수 있다면 고향에 빛을 내고 슬하에도 볼 수 있지 않겠느냐? 전심(全心)으로 기원하기를 두 눈이 뚫어지게 하려 한다."고 하셨습니다.

이는 여염집 부녀자가 가진 통상의 인정이자 또한 부모를 섬기는 자식의 지극한 바람이기도 합니다. 이러한 까닭에 소생이 존엄(尊嚴)을 무릅쓰고 합하께 지극하고 정성스럽게 누차 이것을 말씀드리는 바입니다. 합하께서는 높은 바람과 후한 덕으로 나라의 중임(重任)을 맡으셨고 임금을 받들고 백성을 감싸심이 지극하지 않음이 없습니다. 그러나 한 가지 지혜와 한 가지 재능만 가진 선비도 힘껏 충성을 다하고 싶어서 합니다. 즉 소생과 같은 자도 어찌 무딘 칼로 한번 자를 힘이 있다는 것을 드러내고,[5] 굽은 나무를 잘 다듬는 것을 바랄 수 있겠습니까?[6]

소생의 선조인 유격공(遊擊公: 賈祥)은 일찍이 천조(天朝: 명나라)의 어왜(禦倭) 장수로, 우리 조선에 큰 공을 세우셨습니다. 장수로서 죽음을 불사하는 절개를 겸비하시어 우주에 그 명성을 환히 드리우셨으나 후손은 외로이 정포(旌褒)를 받지 못했으니, 뜻있는 선비들이 함께 탄식하고 슬퍼합니다. 근래 국상(國喪)이 있었을 때 직책은 사용(司勇)[7]이었고,

---

5) 연도지일할(鉛刀之一割): ≪후한서(後漢書)≫ 〈반초전(班超傳)〉의 "납으로 만든 칼도 한 번은 자르는 힘이 없느냐(無鉛刀一割之用乎)"라는 데서 유래한 것으로, 자신의 힘이 미약함을 겸손하게 나타내는 말임.

6) 반목지선용(蟠木之先容): 〈추양옥중상양왕서(鄒陽獄中上梁王書)〉의 "구불구불한 나무뿌리는 기괴하기 짝이 없는데, 만승천자가 쓰는 그릇이 되는 것은 웬일인가? 그것은 좌우가 먼저 조각해 가공을 잘했기 때문이다(蟠木根抵, 輪囷離奇, 而爲萬乘器者何? 則以左右先爲之容也)"에서 나왔음.

이름은 참봉(叅奉)8)에 올라 명정(銘旌)9)을 받들었으나 상전(賞典)10)에서 빠졌습니다. 이미 지나간 일이니 인제 와서 다시 거론할 필요는 없습니다. 그러나 엎드려 바라옵건대, 합하께서 소생의 불우하고 가련한 상황을 임금님 귀에 들리게 해 주시면 명부(名簿)에서 빠진 것은 필시 머지 않아 회복될 것으로 생각합니다. 그러면 전례(前例)의 승진도 마땅히 이를 따라 내려주실 것입니다.

모의(毛義)가 임명을 받아 기뻐하고11) 맹모입신(孟母立身)의 가르침을 받은 듯 거의 유감이 없을 것입니다. 지난번 마준팔(馬駿八)12)이 가져온 참봉 명단에서 누락된 바에 대하여 우러러 고하는 바입니다. 대감께서 퇴청하신 뒤 여유가 있을 때 잘 살펴주시지 않겠습니까? 도목정사(都目政事)13)가 코앞에 있으니 마음이 초조하여 서신으로 대신 말씀드리옵니다. 삼가 합하께서 제 노모의 얼굴을 기쁘게 펴 주시기를 엎드려

---

7) 사용(司勇): 오위(五衛)에 소속되어 치안을 담당한 정9품의 군직(軍職)임.

8) 참봉(叅奉): 능전(陵殿)·사옹원(司饔院)·예빈시(禮賓寺)·군기시(軍器寺) 등 여러 관서에 속했던 종9품의 관직임.

9) 명정(銘旌): 장사 지낼 때 죽은 이의 이름을 적은 기(旗)로, 상여 앞에서 길을 인도하고 하관이 끝나면 관 위에 씌워 묻음.

10) 상전(賞典): 공로의 크고 작음에 따라 상을 주는 것을 지칭함.

11) 모의(毛義): 동한(東漢) 말 여강(廬江) 사람으로 어려서부터 아버지를 여의고 어머니와 살았는데, 불우한 환경에서 어머니를 봉양하기 위해 관직에 제수하는 임명장을 받고 기뻐했다는 '모의봉격(毛義奉檄)' 고사가 전해짐.

12) 마준팔(馬駿八): 고종 때 서사충의위(書寫忠義衛), 충훈도사단(忠勳都事單)을 지낸 인물.

13) 도목정사(都目政事): 해마다 음력 6월과 섣달에 관리들의 고과를 평가하여 직책을 높이거나 낮추는 인사제도임. 고려와 조선조에서 시행되었으며 이조와 병조가 관할했음.

바라옵니다. 소생 부친과 스승과 임금을 똑같이 섬기는 뜻을 펼칠 수 있다면 그것이 어찌 성세(聖世)에 크고 훌륭한 덕을 베푸는 일이 아니겠습니까? 소생 노모만 아니면 어찌 이리 구질구질하게 말씀드리겠습니까? 감정이 애처롭고 언사는 슬프니 살펴주시기를 엎드려 비옵니다.

上金相公書[號荷屋, 諱左根]

伏以小生言不盡情, 情發爲文, 玆敢仰瀆, 伏願收納焉.

小生本以微質, 猥荷眷愛於伯氏黃山相公, 而爰曁閣下特賜容接, 奔走於門下者, 邇來十有六年矣. 小生學不足以造道, 文不足以綜理. 以材則不能於幹[14]事, 以術則不能於濟衆. 而區區片丹, 日夕耿耿. 彷徨不能去, 忍而不能捨. 若有所待然者, 蓋追伯氏相公之殊知、而欲專意承事於閣下也.

小生生逢聖世, 長於蓬蒿. 旣無六典經國之材, 未堪一分佐時之猷. 蟄伏海濱, 課農灌圃. 上而納租赴役, 下而養老慈幼. 山樵水漁, 吟嘯度日. 消遣世慮, 與草木同腐者, 固其守分之所當, 爲聽天之所可樂. 而平生之一大抱恨含哀者.

嗟嗟, 小生早失所怙, 只有老母, 年迫八旬, 而氣息奄奄將盡. 可以月計, 不可以年計. 而三時依閭而望, 翹首而思. 曰: 嗟余子兮. 旣處閣下之門, 景承閣下之恩. 能獲一資之榮, 式遄其歸, 而生色於鄕里, 承顔於膝下耶? 一心冥祝, 兩眼欲穿. 此闆閭婦女之常情, 而抑亦人子事親之至願也. 故小生所以冒觸尊嚴, 累陳悃愊於閣下者, 此也. 以閣下之巍望厚德, 當

---

14) 원문 '幹': '幹'의 통용.

國之重任, 尊主庇民, 非不用極. 而一智一能之士, 皆欲爲效力輸忠. 則至如小生, 豈能效鉛刀之一割, 而其可望蟠木之先容哉?

小生之先祖遊擊公, 曾以天朝禦倭之將, 大有功於我東. 兼以死綏之節, 炳垂名於宇宙, 而遺昆煢煢, 未蒙旌褒, 志士之所共嗟惋者也. 頃於因山之時, 職在司勇, 名列叅奉, 奉持銘旌, 而見漏賞典, 則事在旣往, 今不必更提. 而伏望閣下以小生落拓可矜之情狀, 一達於天聰, 則別單之闕典, 想必不遠而復矣. 前例之陞敍, 亦應從此而降矣.

其於毛義奉檄之喜, 孟母立身之訓, 庶可以無憾矣. 昨者以馬駿八所帶叅奉之有闕, 有所仰達矣. 公退之暇, 庶或曲念耶? 都政在邇, 中心燥悶, 以書替陳. 伏願閣下俾老母, 舒怡怡之色. 小生伸生三事一之義, 則豈非聖世之盛德事乎? 小生匪母之故, 豈如是瑣瑣哉? 其情慽矣, 其辭悲矣, 伏乞察之焉.

김대감께 올리는 서찰[호 유관(遊觀), 휘 흥근(興根)15)]

모년 모월 모일에 소생(小生) 가(賈) 아무개가 큰 대감(大相國) 유관(遊觀) 합하(閣下)께 백번 절하고 서신을 올립니다.

소생은 합하의 높고 성대한 명망을 우러러본 지가 오래되었습니다. 합하의 도덕은 중화(中和)에 지극하고, 충의는 쇠붙이와 돌을 꿰뚫을 정도이며, 기개와 절조는 해와 달을 관통합니다. 배와 수레가 이르고 서리와 이슬이 떨어지는 곳이면 그 은택을 입지 않음이 없습니다. 그러한 까닭에 낙양(洛陽)의 어린아이들이 사마광(司馬光)의 호(號)를 외고,16) 촉(蜀) 지역의 어른들도 모두 장재(張載)의 초상을 가지고 우러러보는 것입니다.17) 이는 곧 비록 머나먼 땅에 사는 사람도 오히려 서로 공경하고 그리워하는데 하물며 소생은 일찍이 이사례(李司隸)의 용문(龍門)에 오르고18) 한태위(韓太尉)의 밝은 빛과 더욱 가까이 한 적이 있었습니다.19)

---

15) 김흥근(金興根): 자는 기경(起卿), 호는 유관(游觀), 시호는 충문(忠文), 본관은 안동(安東). 김명순(金明淳)의 아들이고 김홍근(金弘根)의 동생임. 관직으로 이조판서, 좌의정, 영의정 등을 역임함.

16) 사마(司馬): 송나라 문신 사마광(司馬光)을 지칭함. 사마광이 낙양에 머물 때 ≪자치통감(資治通鑑)≫을 저술했음.

17) 장공(張公): 송나라 사상가 장재(張載)를 지칭함. 장재의 사상은 성리학의 형이상학적·인식론적인 기초를 세웠음. 문하생 정호(程顥), 정이(程頤) 형제가 이어받고, 남송의 주희(朱熹: 주자), 청나라의 왕부지(王夫之)가 더욱 발전시켰으며, 서경덕(徐敬德)을 비롯한 조선 유학자들에게 큰 영향을 주었음.

18) 이사례(李司隸): 후한(後漢) 환제(桓帝) 때 명사 이응(李膺)을 지칭함. ≪후한서(後漢書)≫에 의하면 이응은 효렴(孝廉)으로 천거되어 사례 교위(司隸校尉)를 지냈는데, 태학(太學)의 곽태(郭泰) 등과 연합하여 환관(宦官)의 권력 독점을 반대하였음. 조정의 기강이 무너진 상황에서도 홀로 굳건하여 명성이 높았으므로, 그의 응접을 받은 선비들은 용문(龍門)에 올랐다고 하여 영광으로 여겼음.

19) 한태위(韓太尉): 송나라 명재상 한기(韓琦)를 지칭함. 당송팔대가(唐宋八大家) 중

합하께서 나라를 걱정하심이 지극하시어 소(疏), 차(劄), 주대(奏對)를 간절히 올리시는 때이고, 선비를 사랑하시는 어진 기풍으로 말은 따뜻하고 기운도 조화로움이 넘치는 때입니다. 비록 고요(皐陶)와 기(夔)의 은덕이 있고,[20] 이윤(伊尹)과 여상(呂尙)의 도움이 있은들 어찌 이보다 더 하겠습니까?[21]

무릇 능력과 지혜를 겸비한 선비는 모두 순풍을 타고 내달려서 집정자를 위해 말채찍을 잡고 받들기를 원합니다. 시대에 한번 중용되기를 바라는 생각을 어찌 헤아릴 수 있겠습니까? 바야흐로 지금은 용이 날아 하늘을 몰고 운(運)이 아름답고 밝은 곳으로 이어집니다. 재주 많은 무리들이 물고기 뛰어 오르듯 몸을 위탁하여 일제히 나아갑니다.[22] 우리

의 한 사람인 소철(蘇轍)이 추밀(樞密) 한기(韓琦: 韓太尉)에게 서찰을 받아 관직 천거를 받았다고 함. 서찰 내용을 정리하면 "또 대저 사람이 학문하면서 그 큰 것에 뜻을 두지 않으면 아무리 많은 것을 알고 있다 한들 무엇 하겠습니까. 제가 오는 길에 산으로는 종남산, 숭산, 화산의 높다란 모습을 보았고, 물로는 황하의 크고도 깊은 것을 보았으며, 사람으로는 대문장인 구양공을 보았으되, 오히려 태위를 아직 뵙지 못했다고 여겼습니다. 그러므로 바라건대 현인의 광휘를 관찰하여 한마디 말씀을 듣고 스스로 장해지고자 하노니, 그런 다음에야 천하의 큰 볼거리를 다 보아서 유감이 없다고 할 수 있을 것입니다.(且夫人之學也, 不志其大, 雖多而何爲: 轍之來也, 於山見終南嵩華之高, 於水見黃河之大且深, 於人見歐陽公, 而猶以爲未見太尉也. 故願得觀賢人之光耀, 聞一言以自壯, 然後可以盡天下之大觀而無憾矣)" 《난성집(欒城集)》 〈상추밀한태위서(上樞密韓太尉書)〉에 나옴.

20) 고요(皐陶)와 기(夔): 순(舜)임금 때의 어진 신하를 지칭함. 고요는 형법을 관장하였고 기는 음악을 맡았음.

21) 이윤(伊尹): 은(殷)나라 탕왕(湯王)을 보필한 재상임. 여상(呂尙): 주(周)나라 문왕(文王), 무왕(武王)을 도와 주나라를 건국한 태공망(太公望)을 지칭함.

22) 반부(攀附): 반룡부봉(攀龍附鳳)의 준말로, 제왕 혹은 명사(名士)에게 몸을 의탁해서 이름을 이루는 것을 말함. 한나라 양웅(揚雄)이 《법언(法言)》 〈연건(淵騫)〉에 "용의 비늘을 끌어 잡고 봉의 날개에 붙는다.(攀龍鱗, 附鳳翼)"에서 나왔음.

임금께서는 요순(堯舜)에 버금가시고 만물은 춘대(春臺)에 오릅니다. 한 시대를 잘 다스리려면 이 백성들을 인예(人禮)에 감화시켜야 하는데, 지금이 바로 그때입니다. 소생처럼 한낱 초개(草芥) 같은 천한 선비도 장차 지치고 둔한 것을 갈고 닦아 나라를 위해 힘을 한번 펼쳐보고 싶습니다.

소생은 본래 황조(皇朝: 명나라)의 유민(遺民)으로 강호에 떠돈 지 오십여 년이 되었습니다. 가난한 집에서 성장하였고 식견도 재능도 없어 무능하고 쓸모없습니다. 재주가 나랏일을 주관하기 부족하고, 지혜도 시무(時務)를 살피기에 부족합니다. 학식은 고금을 널리 통하지 못하고, 무예도 적을 꺾어 침략을 막을 수 없습니다. 구차한 제 마음은 해바라기가 태양을 향하듯 철이 자석에 끌리듯 하옵니다. 우리 합하께서는 마치 큰 하천이 오물을 받아들이고 깊은 숲에 병을 숨기는 것처럼 몇 자의 썩은 것은 생각하지 않으시고 한 사람에게 모든 것이 갖추어져 있기를 요구하지 않습니다. 옥찰(玉札)과 단사(丹沙), 질경이와 먼지버섯을 모두 거두어 쌓아 재주에 따라 쓰임을 취하여 각기 그 마땅한 데에 맞추어야 합니다.

이백(李白)이 이른바 "세상에 태어나 만호후(萬戶侯)에 봉해지기보다는 그저 한형주(韓荊州)를 한 번 알기만을 원합니다."23)라고 하였으니, 이는 분명 오늘날에도 교훈이 됩니다. 그러나 홀로 가만히 생각해 보니 모수(毛遂)가 평원군(平原君)에게 자신을 스스로 천거하자 열의 아홉 사람은 비웃었으나,24) 마침내 조승(趙勝)이 구정(九鼎)과 대려(大呂)처럼

---

23) 당나라 시인 이백(李伯)의 <여한형주서(與韓荊州書)>에 나왔음.

중시하였습니다.25) 동방삭(東方朔)이 스스로 한나라에서 펼치자 조정의 신하들이 놀라지 않은 자가 없었습니다. 직간을 잘하여 도움과 유익함이 있다면 각자 제 뜻을 말하는 게 무슨 문제가 있겠습니까?

그러나 금(金)이 스스로 화로에 뛰어들며, "나는 좋은 금(金)이요."라고 말해도 사람들이 다 믿는 것은 아닙니다. 나무가 스스로 숲에 자랑하길, "나는 훌륭한 나무요."라고 말해도 세상은 무리를 지어 욕할 것입니다. 그러므로 여수(麗水)26)의 보물이 있어도 구야(歐冶)를 만나지 못하면27) 간장(干將)과 막야(鏌鎁)28) 같은 명검을 만들 수 없으니, 진흙과 모래처럼 버려지고 깨진 기와 조각과 같은 것입니다. 비록 예장(豫樟)29)

---

24) 모수(毛遂): 전국 시대 조(趙) 나라의 변사(辯士)임. ≪사기(史記)≫ 〈평원군우경열전(平原君虞卿列傳)〉에 의하면, 조나라가 진나라로부터 침공을 받자 평원군(平原君) 조승(趙勝)이 초나라에 가서 구원을 요청할 때 모수가 자천하여 따라가서 초왕을 설득하고 구원병을 얻어 진나라 군사를 대파시켰음. 이에 진나라와 초나라 사람들이 모수를 존경했음. 모수자천(毛遂自薦)이라는 고사가 나옴.

25) 정려(鼎呂): 천하의 보배 기물인 구정(九鼎)과 대려(大呂)를 지칭함. 구정(九鼎)은 우임금이 구주(九州)의 쇠를 거두어 주조한 9개의 솥이고, 대려(大呂)는 주나라 종묘에 설치된 종임.

26) 여수(麗水): ≪천자문(千字文)≫에서 금생여수(金生麗水)라고 하여 황금이 생산된다고 알려져 있음.

27) 구야(歐冶): 춘추 시대의 유명한 검 제작자 구야자(歐冶子)임. 월왕(越王)을 위해 거궐(巨闕)·담로(湛盧)·승사(勝邪)·어장(魚腸)·순구(純鉤)와 같은 검을 만들었고, 초왕을 위해 용연(龍淵)·태아(泰阿)·공포(工布)를 만들었다고 함.

28) 간장(干將), 막야(鏌鎁): 춘추 시대에 제작된 명검을 지칭함. 간장은 오(吳)나라 도장(刀匠)이고, 막야는 그의 아내임. 오왕 합려(闔閭)가 간장에게 칼을 만들어 달라고 청하자 간장이 칼을 만들고 아내인 막야가 자신의 머리털과 손톱을 쇠와 함께 가마에 넣고 달구어 명검 두 자루를 만들었다고 함. 완성된 검은 제작자와 그의 아내의 이름을 따서 간장과 막야로 불렸음.

29) 예장(豫樟): ≪전국책(戰國策)≫ 〈송위(宋衛)〉에 의하면 "형 지역에는 장송, 문재, 편, 남, 예, 장이 있다.(荊有長松文梓楩柟豫樟.)"고 하였다. 이로부터 예장은 크게

같은 재목이라 말해도 장인을 만나지 못하면 두공이나 대들보가 되지 못
하니 궁벽한 산에서 늙고 깊은 골에 눕는 것입니다. 이러한 까닭에 기북
(冀北)의 말은 백락(伯樂)이 돌아본 뒤에 값이 세 배나 뛰었습니다. 포규
의 부채(蒲葵扇)가 사안(謝安)이 쥔 뒤에 그 명성이 한 나라를 드날렸습
니다.30) 물건도 이러할진대 하물며 사람은 어떻겠습니까?

　　종멸(騣蔑)은 천한 선비였으나 숙향(叔向)에게 가서 훌륭한 한마디로
자신을 알렸고,31) 마주(馬周)는 떠도는 나그네였으나 중랑장(中郎將)
상하(常何)로 인하여 황궁의 총애를 받았습니다.32) 백아(伯牙)의 거문
고 연주가 정성스러워도 종자기(鍾子期)의 신묘한 풀이를 기다려야 하
고,33) 사마상여(司馬相如)가 지은 부(賦)도 양득의(楊得意)의 칭찬을 빌

　　자라는 좋은 재목의 대명사로 사용되었음.

30) 포규선(蒲葵扇): 동진(東晉)의 재상 사안(謝安)이 사용한 부채임. ≪진서(晋書)≫
　　〈사안전(謝安傳)〉에 의하면, 고향으로 돌아가는 자가 부들 잎으로 만든 부채 다섯
　　자루를 지니고 사안에게 작별인사를 하자, 사안이 그중 한 자루를 골라 쥐었음. 이
　　일이 퍼지자 선비들이 앞 다투어 사서 값이 몇 배나 뛰었다고 전함.
31) 종멸(騣蔑): 자가 명(明)이고, 정(鄭)나라 선비임. 숙향(叔向): 숙향은 진(晉)나라 대
　　부임. 종멸은 얼굴이 매우 못생겼는데 숙향을 만나기 위해 술 심부름꾼을 따라 들어
　　가 당(堂) 아래에 서서 한마디 훌륭한 말을 하였다. 숙향이 마침 술을 마시려다가
　　말소리를 듣고는 종멸의 말임을 짐작하고 당 아래로 내려가 그의 손을 잡고 올라가
　　친밀하게 이야기를 나누었다고 함. ≪좌전(左傳)≫ 소공(昭公) 28년에 나옴.
32) 마주(馬周): 당(唐)나라 임평(荏平) 출신의 문사임. ≪시경(詩經)≫과 ≪춘추(春
　　秋)≫에 능통하였으며 일찍이 중랑장(中郎將) 상하(常何)의 문객으로 있었음. 어
　　느 날 태종(太宗)이 신하들에게 조서를 내려 득실을 고하라 하자 무인인 상하가 많
　　은 상소를 올렸음. 태종이 이상하게 여겨 상하에게 묻자, 상하는 문객인 마주가 지
　　은 것이라고 토로하였음. 마침내 태종이 마주를 감찰어사(監察御史)로 등용하였
　　음. ≪구당서(舊唐書)≫ 〈마주전(馬周傳)〉에 나옴.
33) 백아(伯牙): 춘추 시대 거문고를 잘 타는 악공임. 종자기(鍾子期): 백아가 타는 악기
　　의 음을 잘 이해하는 친우임. 백아자는 일찍이 성련(成連)에게 배웠으나 삼 년 동안

려야 합니다.34)

무릇 선비는 자신을 알아주는 이가 있어야 도의(道義)에 부합하고 지기(志氣)로 사귀는 것입니다. 밝기가 같은 것끼리 서로를 비추고 소리가 같은 것끼리 서로 응답하는 법입니다. 마치 불이 건조한 데로 나아가고 학이 음지에 있는 것과 같습니다. 남이 알아주기를 구하지 않아도 저절로 알고, 남이 들어 주기를 구하지 않아도 저절로 들리는 것입니다. 이러한 까닭에 ≪주역(周易)≫에서 "띠를 하나 뽑으면 다른 뿌리도 그 무리처럼 뽑히는 것은 순수하고 길하다."라고 하였고 ≪시경(詩經)≫에서도 "우뚝 솟은 깃대여! 준읍(浚邑)의 교외에 있도다. 저 아름다운 그대는 무엇으로 보답하려는가."라고 하였습니다.

대개 옛 대신들은 나라를 걱정하고 임금을 사랑하며 시대를 구제하고 백성에게 혜택이 돌아가게 하였습니다. 간절한 본심이 마음 한가운데 쌓여 밖으로 드러나는 것입니다. 어진 선비를 얻기를 생각하고 더불어 나랏일을 함께 보고 타고난 직분을 다스려 덕을 바르게 하고 삶을 두텁게 합니다. 임금의 마음을 바로잡아 도모하는 것이 밝아지고 보필하는 자도 화합합니다. 이러한 이유로 우(禹) 임금이 종(鍾)과 경쇠 같은 악기

발전이 없자 동해의 봉래산(蓬萊山)에 가서 파도 소리와 새 울음소리를 듣고 깨달음을 얻었다고 함. 종자기는 친우 백아가 연주하는 거문고 소리를 잘 이해했다고 함. 나중에 종자기가 죽자 백아는 거문고를 부수고 줄을 끊어 버린 뒤 죽을 때까지 다시는 거문고를 연주하지 않았다고 함. ≪열자(列子)≫ 〈탕문(湯問)〉에 나옴.

34) 양득의(楊得意): 한(漢)나라 무제(武帝) 때의 문신임. 한 무제가 사마상여(司馬相如)의 〈자허부(子虛賦)〉를 읽고는 감탄하였는데 작자를 알 수 없어 안타까워하자, 양득의가 같은 고향 출신인 사마상여가 지었다고 말해 주었고, 이후 사마상여가 조정의 문인으로 발탁되었음. ≪사기(史記)≫ 〈사마상여전(司馬相如傳)〉에 나옴.

를 매달아 사방의 준걸들을 모았고, 주공(周公)은 몸소 먹던 밥을 뱉고 머리를 움켜쥐는 수고를 하여 천하의 선비들을 기다린 것입니다. 진실로 사해(四海) 같은 넓은 세상에 백성들이 많아 백공(百工)의 일은 번잡하여 총명한 한 사람이 조리를 총괄하고 사랑과 은혜를 널리 베풀어 뭇사람을 구제할 수 없습니다.

무릇 선비가 집에서 수양하면 고전(古典)을 외고 고사(古史)를 읽습니다. 이제삼왕(二帝三王)35)의 도(道)를 항상 마음에 새기고 수신(修身)·제가(齊家)·치국(治國)·평천하(平天下)의 규범을 바탕에 익히도록 해야 합니다. 그 마음이 어찌 동굴에서 늙어 죽고 초목과 함께 살며 새와 더불어 무리 지어 살고자 하는 것이겠습니까? 이러한 까닭에 소유(巢由)36)와 저익(沮溺)37)의 협소함은 과감하게 세상을 잊었으나 이들은 모두 너무 심합니다. 공자와 맹자, 정자(程子)와 주자(朱子)의 도(道)는 시대를 구하는 일이 시급하여 평생을 걱정하며 살았으니, 걱정스러우면 어찌해야 합니까?

조정에 있으면 그 백성을 걱정하고 강호(江湖)에 있으면 그 임금을 걱정하는 것입니다. 위로 대신부터 아래로 선비에 이르기까지 모두 걱정

---

35) 이제삼왕(二帝三王): 고대 중국의 요(堯)·순(舜)을 이제(二帝)라 하고, 하(夏)의 우왕(禹王)·은(殷)의 탕왕(湯王)·주(周)의 문왕(文王)과 무왕(武王)을 삼왕(三王)이라 함. 문왕과 무왕은 부자지간이므로 한 사람으로 침.

36) 소유(巢由): 요(堯)임금 때의 은사 소보(巢父)와 허유(許由)를 지칭함. 요임금이 두 사람에게 왕위를 넘겨주려고 하자 뿌리치고 기산(箕山)의 아래 영수(潁水)의 북쪽에서 숨어 살았다고 함.

37) 저익(沮溺): 춘추 시대 초(楚)나라 장저(長沮)와 걸닉(桀溺)을 지칭함. 이들은 공자와 동시대 인물로 세속을 떠나 숨어 살던 은자로, 공자가 세상에 도를 행하려는 것을 비웃었음.

을 함께 함이 이보다 큰 것이 없습니다. 선(善)한 부류로 이끄는 까닭은 덕(德)이 같아야 서로 구제하고 공능(功能)을 시험하며 정사에 참여하니 먹고 숨 쉬는 것처럼 잠시도 늦출 수 없고 친분에 따라 물을 수 없기 때문입니다. 진실로 임금을 사랑하고 백성을 사랑하는 마음을 미루어 선비를 사랑하고 인재를 취하는 것을 선(善)으로 삼으셔야 합니다. 여러 바른 길을 널리 열어 나라의 복으로 삼으시고 태산(泰山)의 편안함에 조처하시면 우정(虞廷)의 구관(九官)38)이 서로 사양하고 주관(周官)의 온갖 방법이 올바른 것과 같을지니, 어찌 오로지 옛것만 좋다고 하겠습니까?

비록 그러나 정자(程子)께서 "자신이 바르지 않는데 남을 바르게 할 수 있는가?"라고 하셨고, 맹자께서도 "옛사람이 벼슬을 하지 않으려고 한 것은 아니었으나 또한 도(道)를 따르지 않음을 미워한다."라고 하셨습니다. 이러한 까닭에 찬 샘을 팔 때는 물 긷는 두레박줄이 귀하고, 곧은 나무가 휘감으면 먼저 쓰이는 게 마땅한 법입니다. 오직 합하께서 가려서 취하시고 포용하실 뿐입니다. 전해지는 말에 "여인은 자기를 사랑하는 이를 위해 얼굴을 단장하고, 선비는 자기를 알아주는 이를 위해 죽는다."39)고 하였습니다. 예부터 지금까지 얻기 힘든 것은 바로 자기를

---

38) 구관(九官): 중국 순(舜)임금 때 국무(國務)를 맡은 9인의 대신을 말함. 구관은 사공(司空: 총리), 후직(后稷: 농정), 사도(司徒: 교육), 사(士: 재판), 공공(共工: 백공), 우(虞: 산림소택), 질종(秩宗: 예의·제사), 전악(典樂: 음악), 납언(納言: 상언하달) 등임.

39) 이 말은 ≪戰國策·趙策≫에서 나옴. "예양이 산속으로 도망치며, 아! 선비는 자기를 알아주는 이를 위해 죽고 여인은 자기를 사랑하는 이를 위해 얼굴을 단장한다고 하니, 내 지씨의 원수를 갚아야겠다.(豫讓遁逃山中曰: 嗟乎! 士爲知己者死, 女爲悅己者容, 吾其報智氏之讎矣.)"

알아주는 사람입니다. 혹 백 년 만에 우연히 한 번 만날 수도 있고 사대(四代)를 거쳐 함께 얻을 수도 있습니다. 지금 우리 합하께서는 소생이 배운 바가 어떠한지를 알고 계시나 소생이 합하께 바라는 바는 어찌 알고 계시는지요? 보살펴 주시기 바라옵니다.

上金相公書[號遊觀, 諱興根]

年月日, 小生賈某百拜上書于遊觀大相國閣下:

小生景仰閣下之巍望盛名久矣. 閣下道德極于中和, 忠議徹于金石, 氣節貫乎日月. 舟車之所至, 霜露之所墜, 將無不被其澤矣. 故洛下兒童爭誦司馬之號, 蜀中父老具瞻張公之像. 則雖在疎逖之人, 猶相欽慕, 而況小生早登李司隷之龍門, 密邇韓太尉之耿光. 閣下憂國之悃愊, 懇懇於疏箚奏對之際: 愛士之仁風, 融融於言溫氣和之時. 雖皐、夔之種德, 伊、呂之佐時, 何以加焉? 凡厥銖能銲智之士, 咸欲順下風而奔趨, 願爲之執鞭, 思一見用於時者, 烏可量哉. 方今龍飛御天, 運屬休明. 羣才躍鱗, 攀附齊進. 致吾君於堯舜, 躋萬物於春臺. 陶甄一世, 漸摩斯民於仁禮之域者, 此其時也. 則如小生之草莽賤士, 亦將砥礪疲鈍, 庶效鉛刀之一割矣.

小生本以皇朝之遺民, 流落江湖五十餘年. 長於圭蓽, 孤陋寡聞, 樗散無用. 材未足以榦[40]王事, 智未足以察時務. 學不能於博古通今, 武不能於折衝禦侮. 而區區方寸, 猶葵傾於太陽, 鐵引於磁石者, 政以我閣下如巨川之納汚, 深藪之藏疾. 不念數尺之枌, 而不求備於一人. 玉札丹砂, 牛溲馬勃, 俱收並畜[41], 隨才取用, 各適其宜也.

---

40) 원문 '榦': '幹'의 통용.
41) 원문 '畜': '蓄'의 통용.

李白所謂"生不用封萬戶侯, 但願一識韓荊州"者, 政[42]爲今日論也. 而
竊念毛遂之自薦於平原, 十九人目笑之. 然卒使趙有鼎呂之重: 方朔之自
陳於漢朝也, 在廷之臣, 無不駭然. 而善爲直諫, 有所補益, 則亦各言其志
也, 庸何傷乎?

然而金自躍於爐, 曰: 我良金也. 人必不信. 木自詡於林, 曰: 我嘉木也.
世將羣罵之矣. 是故, 設有麗水之珍, 而不遇歐冶, 則無以做干將、鏌
鋣[43], 而委於泥沙、同於瓦礫矣. 雖曰豫樟之材, 而未遭匠石, 則不能成桶
櫨、棟楹, 而老於窮山、臥於邃壑矣. 是以冀北之馬, 自伯樂之顧而價增三
倍. 蒲葵之扇, 以謝傅之把, 而名傾一都. 物猶然矣, 而況人乎?

駿明, 賤士也, 就叔向而知一言之善: 馬周, 羈旅也, 因中郎而達九重
之聰. 誠以伯牙之琴, 待鐘期之神解: 長卿之賦, 借楊意之善獎也.

夫士之有知己, 道義與合, 志氣交孚. 同明相照, 同聲相應. 如火之就
燥, 如鶴之在陰. 不求知而自知, 不求聞而自聞. 故易曰: 拔茅茹彙征, 貞
吉. 詩曰: 子子干旄, 在浚之郊. 彼姝者子, 何以卑[44]之?

盖以古者大臣憂國愛君, 濟時澤民. 惓惓之本心, 積於中而發於外. 思
得賢士, 與共國事, 治天職而正德厚生, 格君心而謨明弼諧也. 是故, 大禹
懸鍾磬之器, 而來四方之俊: 周公躬吐握之勞, 而待天下之士. 良以四海
之廣、兆民之衆、百工之煩, 不可以一人聰明, 兼總條貫、博施衆濟也.

夫士修之於家, 而誦古典, 讀古史. 二帝三王之道, 常在於心: 而修齊
治平之規模, 講之有素, 其心豈欲老死巖穴, 與草木同居, 與鳥數同羣也

---

42) 원문 '政': '正'의 통용.

43) 원문 '鏌鋣': '莫耶'의 통용.

44) 원문 '卑': '畀'의 오기.

哉? 是故巢由、沮溺之隘, 則果於忘世, 而是皆已甚者也. 孔孟程朱之道, 則急於救時, 而終身爲憂者也. 憂之如何?

處廟堂則憂其民, 處江湖則憂其君. 上自大臣, 下至庶士, 所共憂者, 莫大於斯. 則其所以接引善類, 同德相濟, 考試功能, 叅之政事, 不可以食息而少緩也, 不得以親疎而有間也. 誠能以愛君愛民之心, 推以愛士取人爲善. 廣開衆正之路, 爲國之禎: 措諸泰山之安, 則虞廷之九官相讓, 周官之百度皆貞, 烏得專美於古也.

雖然, 程子曰: 枉己其能正人乎? 孟子曰: 古之人, 未嘗不欲仕也. 又惡不由其道. 是以寒泉之渫, 貴於緪汲: 直木之蟠, 宜於先容. 惟在閤下汲引而包容之耳. 語曰: 女爲悅己者容, 士爲知己者死. 自古迄今, 難得者, 知己也. 或曠百世而一遇, 或並四世而同得. 今我閤下知小生之所學者如何, 而小生之所望於閤下者如何耶? 伏惟垂察焉.

권대감께 올리는 서찰[호 이재(彝齋), 휘 돈인(敦仁)45)]

소생(小生)이 공자의 말씀을 들어 보니, "남이 자기를 알아주지 않는 것을 걱정하지 말고 알아줄 만하게 되기를 구하여야 한다."고 하였습니다. 이 말은 무슨 뜻일까요? 배우는 자가 몸과 마음을 수습하고 외부 사물로 마음이 흔들리지 않게 하면 그 덕이 스스로 밝아져 의(義)가 정밀함에 이르고 인(仁)이 완숙해진 뒤에야 그칩니다. 대개 "학문을 하면 그 속에 봉록이 있다."46)라고 하셨습니다. 무릇 ≪대학(大學)≫의 도는 먼저 지식을 밝히는 것(致知)입니다. 지식을 밝히는 도는 경계하고 삼가며 두려워하는 데에 있습니다. 그 내면을 곧게 하면 학문과 사변(思辨)이 지극한 곳에 이르니, 성현(聖賢)이 어찌 저를 속이시겠습니까?

소생은 어려서부터 자기 수양에 뜻을 두어 마음을 가다듬고 생각을 쌓아서 열심히 노력하고 실천한 지가 또한 수십 년입니다. 임금과 신하 사이의 의리, 부모와 자식 사이의 친밀함, 부부 사이의 구별, 어른과 아이 사이의 순서, 친구 사이의 믿음을 평소 익혀 왔습니다. 또한 위로는 해와 달, 별의 근본이 하늘에 있고 아래로는 곤충과 초목의 근본이 땅에 있으며, 크게는 산악(山嶽)과 강해(江海: 강과 바다)의 방향, 높이, 깊이를, 작

---

45) 권돈인(權敦仁): 자는 경희(景義), 호는 이재(彝齋)·우랑(又閬), 시호는 문헌(文獻), 본관은 안동(安東). 권중집(權中緝)의 아들임. 관직으로 우의정, 좌의정, 영의정 등을 역임함.

46) 이 구절은 ≪논어(論語)·위령공(衛靈公)≫에 나옴. 공자께서 말씀하기를 "군자는 도를 추구하지 먹을 것을 추구하지 않는다. 밭을 갈면 때로 굶주릴 때가 있지만 학문을 하면 그 가운데 봉록을 얻을 수 있다. 군자는 도를 근심하지 가난을 근심하지 않는다.(子曰: 君子謀道不謀食. 耕也, 餒在其中矣: 學也, 祿在其中矣. 君子憂道不憂貧.)"

게는 우모(羽毛: 깃털 달린 날짐승)와 제각(蹄角: 발굽과 뿔 달린 짐승)의 음양과 강약까지 전부 세세하게 살폈고, 같은 부류에 대해 두루 통달하여 그 기세를 궁구하였습니다.

그런즉 사람됨의 치우침이나 바름, 통하거나 막힘은 충분히 증명됨이 있습니다. 친지를 친애하고서 백성에게 어질게 베풀고, 백성에게 어질게 베풀고서 만물을 사랑하는 뜻이 가슴 속에 분명합니다. 사랑은 인(仁)에서 말미암고 공경은 예(禮)에서 나오며 의(義)에 이르는 것을 마땅히 하고 지혜에서 발하는 것을 분별하는데, 하물며 마음에서 얻는 것에 있겠습니까? 그러나 이는 본성(本性)이 하늘에서 나오는 연유이고 하늘이 무궁한 까닭입니다. 태극(太極)의 이치에는 조리가 있고 어지럽지 않아서 입으로 말하기는 어려워도 잠잠히 마음속으로 알 수 있습니다. 즉 이른바 "우러러보아도 부끄럽지 않고 굽어보아도 부끄럽지 않은 것"[47]이 바로 여기에 있는데 다른 사람이 알아주고 알아주지 않는 것을 어찌 걱정하겠습니까?

소생 어려서 아버지를 여의고 집도 가난하나 농사를 지으며 글공부를 하였습니다. 시골에서 농사를 지으니 먹을 것이 충분하고, 베틀에 짜니 입을 옷도 갖출 수 있었습니다. 물에서 고기를 잡으니 입에 맞고, 산에서 나무를 하니 몸도 편하였습니다. 집에서 편히 앉아 고서(古書)를 외고 고

---

47) 이 구절은 ≪맹자(孟子)·진심상(盡心上)≫에 나옴. "군자에게는 세 가지 즐거움이 있는데 천하에 왕 노릇하는 것은 여기에 포함하지 않는다. 부모가 모두 생존하시고 형제가 무고한 것이 첫 번째 즐거움이다. 위로 하늘에 부끄럽지 않고 아래로는 사람에게 부끄럽지 않은 것이 두 번째 즐거움이다. 천하의 연재를 얻어서 교육하는 것이 세 번째 즐거움이다.(君子有三樂, 而王天下不與存焉. 父母俱存, 兄弟無故, 一樂也. 仰不愧於天, 俯不怍於人, 二樂也. 得天下英才而敎育之, 三樂也.)"

사(古史)를 읽으니 선왕(先王)께서 예악(禮樂)을 지은 까닭과 형정(刑政)을 베푸신 연유를 거의 짐작할 수 있었습니다.

또한 그사이 천도(天道)의 성쇠와 인사(人事)의 득실도 증명할 수 있었습니다. 요(堯)임금과 순(舜)임금, 은(殷)나라와 주(周)나라의 전모(典謨)와 훈고(訓誥), ≪주례(周禮)≫, ≪의례(儀禮)≫의 절문(節文)과 도수(度數), ≪주역(周易)≫의 비태소장(否泰消長)의 도(道),48) ≪시경(詩經)≫의 정변비흥(正變比興)의 뜻,49) ≪춘추(春秋)≫의 대일통(大一統), ≪논어(論語)≫의 인(仁), ≪맹자(孟子)≫의 성선(性善), ≪대학(大學)≫의 격치성정(格致誠正), ≪중용(中庸)≫의 명선성신(明善誠身)을 매일 독실하게 생각하기를 지천명(知天命)을 넘는 나이에까지 이르렀으나,50) 뜻한 바를 포기하지 못했으니 그것이 과연 다른 사람이 알아주기를 바라서였을까요? 그것이 과연 다른 사람이 알아주지 않기를 바라서였을까요?

불가(佛家)와 노자(老子)의 공무(空無),51) 장자(莊子)와 열자(列子)의 허황됨, 신불해(申不害)·한비(韓非)·관중(管仲)·상앙(商鞅)의 참혹하고 잡다함은 제가 말하는 도가 아닙니다. 좌구명(左丘明)의 과장, 반고(班

---

48) 비태소장(否泰消長): 세상의 이치가 형편에 따라 많이 변한다는 뜻임. 비태(否泰)는 ≪주역(周易)≫의 두 괘(卦)의 이름으로 천지가 교감하여 만물이 형통하는 것이 태(泰)이고, 천지가 교감하지 않아 만물이 폐색(閉塞)하는 것이 비(否)로 세운의 성쇠를 뜻함. 소장(消長)은 양(陽)인 군자의 도가 자라면 음(陰)인 소인의 도가 사그라지고 음이 자라면 양이 사그라지는 것으로 흥망과 치란을 뜻함.

49) 정변비흥(正變比興): ≪시경≫의 내용을 정변(正變)으로 분류하고, 수사 비유를 부비흥(賦比興)으로 분류함.

50) 지천명(知天命): 공자가 말한 50세임.

51) 공무(空無): 공무변처정(空無邊處定)의 준말로 일체(一切)의 사물에 제 바탕이 없어진 상태(狀態)를 말함.

固)와 사마천(司馬遷)의 착종(錯綜), 순자(荀子)와 양웅(揚雄)의 난잡함, 장열(張說)·소정(蘇頲)52)·이백(李白)·두보(杜甫)의 예쁘게 꾸민 문장, 한유(韓愈)·유종원(柳宗元)·구양수(歐陽修)·소식(蘇軾)의 제멋대로 펼친 재능이 어찌 제가 말하는 도(道)를 싣는 그릇이겠습니까! 이들은 비록 한 시대를 섭렵하였으나 마음에 남기고 싶지는 않습니다. 이 밖에 군사·농사·의술·점술에 관한 책도 빼놓을 수 없지만, 결코 선비된 자가 급히 힘써야 할 것은 아닙니다. 점필재(佔畢齋) 김종직(金宗直)의 과정(課程)에 이르면 때에 따라 본받지 않을 수 없어서 대강을 익혀 왔습니다만, 이 또한 이치에 맞도록 하는 데 주안을 두었고 기교가 능숙한지 서툰지, 승패가 어떠한지는 따지지 않았습니다.

그러나 말은 행실을 돌아볼 수 없고 행실은 말을 돌아볼 수 없습니다. 도시의 떠들썩함으로 달려감은 이익을 다투는 것과 같고, 벼슬길의 높임에 아첨하여 웃는 것은 거의 명예와 지위를 쫓는 데로 돌아가는 것입니다. 그 나머지는 아! 거의 드물지요. 삼가 생각건대 가슴속에 확연한 뜻을 세웠기에 검은 물을 들여도 검어지지 않았고 곤경에 빠졌을 때도 지키고 잃지 않았습니다. 비록 바람, 우레, 서리, 이슬이 앞뒤로 나타나도 마음을 단단히 먹고 침착하게 하였으며, 범과 표범, 창이 좌우로 촘촘하게 늘어섰어도 뜻을 굳건히 하였으니, 진실로 어찌 이렇게 할 수 있었겠습니까? 무릇 그 마음을 다하였을 따름입니다. 맹자께서 "마음을 다하는 자는 그 본성(本性)을 알고, 본성(本性)을 알면 하늘을 안다."라고 하

---

52) 연허(燕許): 당나라 현종 때 문장으로 이름을 날린 연국공(燕國公) 장열(張說)과 허국공(許國公) 소정(蘇頲)을 지칭함.

셨습니다. 마음이 진심을 다할 수 없는데 어찌 그 본성(本性)을 알 수 있겠습니까? 본성(本性)은 알 수 없다면 또 어찌 하늘을 알 수 있겠습니까? 하늘을 알 수 없다면 남이 알아주는 학문을 하지 말아야 앎을 구할 수 있지 않을까요? 하늘의 하늘을 아는 것이겠습니까? 남이 알아주는 도는 실로 자신을 아는 데에 있으나, 비록 자신을 안다고 하여도 어찌 필시 참으로 아는 것이라 믿을 수 있겠습니까!

　소생은 황산(黃山) 선생의 인정을 받은 지가 오래됩니다. 세상을 버린 후로 눈물을 흘리고 오랫동안 울었으나 우러러 여쭐 곳이 없으니 마치 태산(泰山)이 무너진 것 같습니다. 지금 합하(閣下)를 뵈니 도덕이 한 시대의 으뜸이시고 문장은 세상 팔역(八域)을 울립니다. 선비를 사랑하고 백성에 은혜를 베푸신다는 찬양이 멀고 가까운 곳에 넘칩니다. 그리하여 감히 저 자신의 역량이 성급하고 좁으며 얕고 막혀 있음을 잊고, 주워 모은 학문이 평소 거칠고 엉성하게 쌓여 있으니, 합하께서 알아주시기를 청합니다. 삼가 합하께서 소생을 안다고 하시면 안다고 할 것이고, 소생을 알지 못하겠다고 하시면 알지 못하겠다고 할 것입니다. 혹 여유가 있어 부족한 점에 힘을 쓴다면 소생이 인정받는 일이 많아질 것입니다. 소생이 어찌 알아주시기를 바라는 것에 급급하여 이런 자질구레한 일을 하겠습니까?

上權相公書[號彝齋, 諱敦仁]

生聞子曰: 不患人之莫己知, 求爲可知也. 此言何謂也? 欲使學者收拾身心, 不以外物動其心, 而自明其德. 至於義精仁熟而後已. 則盖曰: 學也, 祿在其中也. 夫大學之道, 先於致知. 致知之道, 在於戒愼恐懼, 以直其內學問思辨, 以至其極. 聖賢豈欺我哉?

小生自早歲有志於爲己之工, 潛心積慮, 疆⁵³⁾勉力行者, 盖亦數十年矣. 其於君臣之義、父子之親、夫婦之別、長幼之序、朋友之信, 講之有素, 而上而日月星辰之本乎天者, 下而昆虫草木之本乎地者, 大而山岳江海之南北高深, 細而羽毛蹄角之陰陽强柔, 靡不纖悉, 而引類旁通, 求究其勢. 然則人物之偏正通塞, 有足以驗之矣. 自親親而仁民, 自仁民而愛物之義, 瞭然於胸中. 而愛之由於仁, 恭之出於禮, 宜之達乎義, 別之發乎智者, 悅然有得於心, 而性之所以出乎天, 而天之所以無極. 而太極之理, 有條不紊, 口難言而心默識. 則所謂仰不愧、俯不怍者, 其在於斯, 何患乎人之知不知耶?

生早孤家貧, 旣耕且讀, 田於野, 可以足食: 織於機, 可以供衣: 於水以漁, 有以適口: 於山以樵, 足以便體. 安坐弊廬之下, 誦古書, 悅古史, 先王禮樂之所以作, 刑政之所由施, 庶可斟酌之. 而其間天道之盛衰、人事之得失, 亦可徵之矣. 粵若唐虞殷周之典謨訓誥, 周禮儀禮之節文度數, 易之否泰消長之道, 詩之正變比興之旨, 春秋之大一統, 論語之言仁, 孟子之道性善, 大學之格致誠正, 中庸之明善誠身, 思日惶惶, 而至於年踰知命, 志猶未已者, 其果爲有知耶? 其果爲不知耶? 若乃佛老之空無, 莊列之妄誕, 申韓管商之慘刻煩碎, 非吾所謂道也. 左氏之浮誕, 班馬之綜

---

53) 원문 '疆': '强'의 통용.

錯, 荀楊之駁雜, 燕許李杜之修姱其文, 韓柳歐蘇之馳騁其才, 豈吾所謂載道之器也哉! 雖其一時涉躐, 而竊不欲留之於心矣. 其他兵農醫卜術數之書, 亦不可闕, 而決非爲士者之急務也. 至於課程佔口之文字, 不可不循時效嚬, 粗習大體之臼寶, 而亦以理勝爲主, 不計其工拙之如何, 勝敗之如何耳.

　然而言不能顧行, 行不能顧言. 奔走於城市之囂, 則有似乎爭利: 謟笑於簪紱之尊, 則殆歸之干名. 其餘存者, 嗚呼, 幾稀! 竊以方寸之間, 確然之志, 涅而不淄: 顚沛之際, 守而不失. 雖風雷霜露變現於前後, 而心固自如: 虎豹戈戟森列於東西, 而志爲不動者, 固於何而得之乎? 盖亦盡其心而己矣. 孟子曰: 盡其心者, 知其性: 知其性, 則知天矣. 心尙不能盡, 安能知其性乎? 性猶不能知, 烏得以知天乎? 天旣不可知, 則可不爲知人之學以求知乎? 知天之天乎? 知人之道, 固在於自知, 而雖其自知, 豈能必信其眞知也哉!

　生之受知於黃山先生者久矣. 一自損[54]舘, 飮泣長吁, 無所仰質, 有如泰山以頹矣. 今見閣下道德冠於一世, 文章鳴乎八域. 愛士澤民之頌聲溢于遐邇.　故敢忘己量之狷狹淺滯, 掇拾鹵莽滅裂之平日蘊畜[55]於中者, 以求知於閣下. 伏惟閣下以生爲知, 則謂之知之: 以生爲不知, 則謂之不知. 而抑其所有餘, 勉其所不足, 則生之受知也多矣. 生豈汲汲於求知, 而爲是瑣瑣者耶?

---

54) 원문 '損': '捐'의 오기.
55) 원문 '畜': '蓄'의 통용.

심학(心學)에 대한 풀이

삼가 살펴보니, ≪주역(周易)≫의 〈복괘(復卦)·상사(象辭)〉에서 "복(復)에서 천지의 마음을 볼 수 있다."라고 하였다. 이에 대하여 요부(堯夫) 소옹(邵雍)은 〈복괘시(復卦詩)〉에서 "동짓날 한밤중 자시 정각에, 천심(天心)이 고쳐지거나 옮겨 감이 없네."라고 하였고, 또 "하늘은 하나에서 조화가 나오고 사람은 사람의 마음에서 경륜을 일으키네."56)라고 하였으니, 이는 무슨 뜻인가? 무릇 일찍이 태일이 처음 갈라짐(太一肇判)을 논한 처음에는 무극(無極)의 진(眞)과 이기(二氣)와 오행(五行)의 정기가 한데 뒤엉켜 교감하였다. 사람은 천지의 중심을 받아 각자 하나의 태극(太極)을 갖추고 있었다. 염계(濂溪) 주돈이(周敦頤)가 그린 그림을 보면 중앙에 원 하나는 이것을 두고 이르는 말이 아닌가? 또 복괘의 형상을 원도(圓圖)로 살펴보면 하나의 음과 양이 처음으로 교차하고 선천도(先天圖)에서 건(乾)과 곤(坤)의 자리가 올바르며57) 양은 음 안에서 움직여 만물을 낳아 기르려는 마음이 가득하니 이로 말미암아 시작되는 것이다. 이러한 까닭에 "자(子)의 절정이 처음 움직이는 곳이요, 조화가 나뉘고 경륜이 시작되는 것이다. 대저 자(子)의 단사(象辭)를 어찌 믿지 않을까?"라고 하였다.

또한 몸의 모양으로 말하자면 심장의 자리는 횡격막의 아래에 있다.

---

56) 이 시는 〈매화역수(梅花易數)〉에 나옴.

57) 소옹이 주역(周易)의 괘도(卦圖)를 해설하고 선천도(先天圖)와 후천도(後天圖)를 구분하여, "복희씨(伏羲氏)의 팔괘(八卦)는 선천(先天)이요, 주문왕(周文王)의 팔괘는 후천(後天)이라." 하였음.

심장은 엷은 막으로 싸여 있는데 위로 폐와 간과 연결되어 있고 아래로는 비장과 콩팥을 꿰고 있다. 즉 이 심장은 또 오장(五臟)의 중심에 있어 스스로 몸 하나의 주(主)가 된다. 그런즉 사람이 오행(五行)의 빼어남을 얻으면 만물 중 가장 신령하고 사람의 몸 가운데에 □□을 심장으로 삼는다. 더욱이 텅 비어 신령스럽고 어둡지 않아 중리(衆理)를 갖추었으니 모든 일에 응하는 것이다. 이러한 까닭에 장재(張載)가 "태허(太虛)로 말미암아 하늘이라는 이름이 있게 되었고 성(性)과 지각을 합하여 심(心)이라는 이름이 있게 되었다."[58]라고 하였다.

이는 하나의 태극(太極)에는 만 가지 이치가 포함되어 있고 생각함도 없고 하는 것도 없으나 미루어 마음에서 느끼고 통한다는 것이다. 만물이 모두 형통하면 사물은 치우쳐지고 사람은 온전함을 얻는다. 주자(朱子)께서 "마음의 허령지각(虛靈知覺)은 하나일 뿐이다."라고 하셨고, 맹자께서 "그 마음을 극진히 하면 성(性)을 알게 되니 그 성(性)을 알게 되면 곧 하늘을 알게 된다."라고 하셨다. 장재가 마음을 미루어 본성(本性)에 이른 까닭이고 본성(本性)을 미루어 하늘에 이른 까닭이며 하늘을 미루어 태극(太極)의 허(虛)에 이른 까닭이다. 태극(太極)은 이(理)로, 마음에서 갖추어야 성(性)이 된다. 그래서 정자(程子)께서 "성(性)이 곧 이(理)이고, 이(理)가 곧 천(天)이다."라고 하여 '즉(卽)'이란 글자 하나를 더하여 그 뜻을 더욱 분명히 하였다. 이로 인해 분명하게 볼 수 있다.

마음이 그 본성(本性)에 존재하기 때문에 하늘과 더불어 몸체가 되고 공허하고 신령함이 부드럽게 조화를 이루었으니 만물의 근원이 됨을 알

---

58) ≪정몽(正蒙)≫ <태화(太和)>에 나옴.

수 있다. 마음이 정에서 출발하는 까닭에 사물에 따라 사용되니 측은(惻隱)과 사양(辭讓)이 사단(四端)의 실마리로 봉해져 있음 또한 볼 수 있다. 이러한 까닭에 자사자(子思子)[59]가 "희노애락(喜怒哀樂)의 아직 발하기 전을 '중(中)'이라고 한다. 발하여 모두 절도에 맞는 것을 '화(和)'라 한다."라고 하였다. 즉 생정(牲情)을 합치고 체용(體用)을 겸하면 대본(大本)이 되는 것이다. 도(道)에 도달하려는 것은 마음 바깥에 있는 게 아니다. 그리하여 요(堯)임금이 "중(中)을 잡을 것이다."라고 한 것이다. 그러나 순(舜)임금이 다시 '인심도심(人心道心)'[60]이라는 세 마디를 더하였는데. 어찌 도심(道心)[61]이 안에 있고 미묘한 인심(人心)이 밖에 흐른다고 하지 않았을까? 위태롭지 않은가?

그러므로 마음이 출발하는 곳은 정밀하게 가려내고 선악의 두텁고 얇음을 마음에 간직한 곳에 얼마나 되는지를 살펴서 전일하게 지켜야 한다. 본체중화(本體中和)의 지극함을 버리면 요 임금의 □□함이 별건(別件)의 일이 아니다. 내가 본시 가지고 있는 바를 넘지 않고 잘 길러 보존하여 수양할 따름이다. 그러므로 위로 당우삼대(唐虞三代)부터 아래로 염락관민(濂洛關閩)의 성리학자들[62]에 이르기까지 내 도를 전수하는

---

59) 자사자(子思子): 이름은 공급(孔伋)이고, 자는 자사(子思). 공자의 손자이자, 공리(孔鯉)의 아들임. 공자의 제자인 증삼(曾參)에게 학문을 배웠고, 제자로 맹자(孟子)가 있음.

60) 이 말은 순임금이 우 임금에게 제위를 선양하며 한 말임. ≪서경(書經)≫ <대우모(大禹謨)>: "인심은 위태하고 도심은 미세하니, 오직 정밀하고 일관되게 하여 그 중도(中道)를 진실로 잡아야 한다.(人心惟危, 道心惟微, 惟精惟一, 允執厥中.)"

61) 도심(道心): 사욕(私慾)에 더럽혀지지 아니한 마음을 말함.

62) 염락관민(濂洛關閩): 송(宋)나라 주돈이(周敦頤), 정호(程顥), 정이(程頤), 장재(張載), 주희(朱熹) 등 성리학자를 지칭함.

방법은 오직 일심(一心)에 있다. 오직 마음을 전일하게 하면 만 가지 변화를 살필 수 있다. 이러한 까닭에 "상제(上帝)께서 네게 임해 계시니 네마음에 의심을 두지 말라."라고 한 것이다. 방촌(方寸) 사이에 항시 천지신명을 대하듯 해야 한다. 밤낮으로 힘쓰고 두려워함에 아침부터 밤까지 게으르게 하지 않으면 어찌 두렵겠는가? 듣지 말고 보지도 말며 반드시 은밀히 홀로 있는 가운데 삼가야 한다. 즉 정자(程子)가 말한 "외면을 정제하고 엄숙하게 하면 마음이 전일하게 되고 마음이 전일해지면 저절로 사악함이 침범하는 일이 없게 된다."는 것이다. 이로부터 당당하게 발붙이고 굳건히 서며 순수하고 익숙하게 함양하고 근본을 쌓으며 공경함을 지켜서 성(誠)을 실행함에 이르면 내 공경이 내 도덕에 도달한다. 그러면 격치(格致)의 공적은 하루하루 지극함에 이르러 만리(萬里)가 다 통한다.

　공자(夫子)가 말한 충서(忠恕)의 도는 여기에서 다한다. 뜻의 진실해지는 효능은 기대하지 않아도 그렇게 되어 바름을 얻을 수 있다. 수신제가(修身齊家) 치국평천하(治國平天下)는 특별히 이것을 들어서 조치했을 뿐이다. 그러므로 범준(范浚)이 "천군(天君: 마음)이 태연해져서 몸의 온갖 곳이 지금에 이르는 것이다."[63]라고 하였고, 동중서(董仲舒)가 "마음을 바르게 해야 조정이 바르게 되고 사방이 하나같이 바르게 되니 사특한 기운이 그 사이에 들어와 이간질할 수 없을 것이다."라고 한 것이

---

63) 이 말은 송(宋)나라 범준(范浚)의 〈심잠(心箴)〉에 나오는데, 원문은 다음과 같음. "군자가 참된 것을 보존하고 잘 생각하고 잘 공경하면 천군(天君)이 태연해져서 백체(百體)가 그 명령을 따른다.(君子存誠, 克念克敬, 天君泰然, 百體從令.)" 여기에서 천군(天君)은 마음이고, 백체(百體)는 몸을 말함.

다. 이는 옛날 성세(盛世)에 인재를 얻고 풍속을 바르게 한 연유이다. 주자(朱子)가 고한 뒤에 오직 마음을 놓는 것을 구하면서도 열심히 간언을 올렸는데, 우리 무리의 선비는 진도수업(進道修業)에 뜻이 있어 임금을 받들고 백성에게 은혜를 베푸니 그 마음을 다스림을 우선시하지 않으면 어찌 남을 바르게 할 수 있을까? 사람이 마음이 가운데에 있음을 모르고, 마음은 그 본성(本性)이 마음에 있음을 모르며, 본성(本性) 또한 그것이 하늘로 말미암는다는 것을 모르니, 글을 읽고 도를 닦는 선비라 할 수 있을까?

대저 마음을 기르는 방법으로는 욕심을 적게 하는 것보다 좋은 것이 없다. 사람이 욕심을 적게 가지려면 의관을 가지런히 하고 시선을 공손히 해야 한다. 전전긍긍(戰戰兢兢)하듯 스스로 다잡고 성현(聖賢)에 뜻을 두어야 하며 옛 책을 두루 섭렵하고 생각해야 한다. 또 힘쓰며 스스로 충신(忠臣)을 주(主)로 하여 공경함에 독실해야 한다. 효제(孝悌)에서 친인(親仁)에 이르면 안자(顔子)의 사물(四勿)을 마음속에 새기어 예(禮)로 내 마음을 보존할 수 있다. 증지(曾子)의 삼성(三省)에 힘써 마음으로 내 몸을 살핀다. 맡은 일을 게으르게 하고 포기하면 우리 마음이 어리석음에 빠져 마침내 그 마음을 잃으니, 필시 마음이 본래 안에 있으나 사물에 쫓겨 밖으로 내쫓긴다. 마음은 본래 사악함이 없으나 이익을 좇으면 곡망(牿亡)하여 몸만 겨우 남으니 마음은 어디에 있을까? 이러한 까닭에 "마음은 몸 안에 있어야 한다."라고 하였으니 어찌 훌륭하지 않은가?

노자(老子)는 허광(虛曠: 공허함)에 마음을 쏟아 오직 현빈(玄牝)64)의

---

64) 현빈(玄牝): 도가(道家)에서 사유(思惟) 활동을 하는 뇌수(腦髓)를 이르는 말로 여

문호를 보았고, 장자(莊子)는 소요(逍遙)에서 마음을 노닐며 곤환(鯤桓)의 구연(九淵)이라 큰소리쳤으니, 이것이 실로 마음을 놓은 사람이다. 또 하물며 불가(佛家)가 그 마음을 보는 것과 같이 하나가 스물이 되는 심법론(心法論)이 과연 무슨 정밀하고 한결같은 가르침이 되겠는가? 더욱이 마음을 열어야 도에 들어갈 수 있는데 또 때로는 영대(靈臺)의 오묘함을 살피지 않고 눈앞의 청도(淸都)는 버리고 좀 벌레가 먹은 책만 찾으니 입 속의 용 고기는 못 보면서 어찌 마음을 안다고 말할 수 있을까? 맹자께서 "대인(大人)은 그 어린아이의 마음을 잃지 않는 것이다."라고 말씀하셨다. 무릇 자기를 바르게 하여 남을 바르게 만드는 사람이 양지(良知)와 양능(良能)의 마음을 채우면 이른바 내 마음이 온전히 갖추어져(全體大用) 밝아지지 않을 수 없다. 하나의 근본이 만 가지로 달라지고, 만 가지로 달라짐은 하나의 근본이 되는 까닭이니 아마도 거의 맞을 것이다.

心學解

謹按: 易之象辭有曰: 於復, 見其天地之心,[65] 因是邵堯夫有詩曰: 多至子之半, 天心無改移. 又曰: 天向一中分造化, 人於心上起經綸. 此言何謂也? 蓋嘗論之太一肇判之初, 無極之眞, 二五之精, 絪縕交感, 而人以受天地之中, 各具一太極. 則周濂溪所著圖, 中央一圈子, 非是之謂歟? 且復之爲卦. 以圓圖考之, 則一陰一陽之始交, 正當先天乾坤之位, 而陽

기서는 만물을 생성하는 도(道)를 가리킴.

65) 국립중앙도서관장본에는 '견(見)'자 옆에 '하(下)'자, '기(其)'자 옆에 '상(上)'자가 적혀 있음.

動乎陰中, 呀然生物之心, 由此而發. 故曰: 子之半初動處也, 分造化、起經綸也. 夫子之象, 其不信矣乎?

且以身形言之. 心之部位, 處於膈膜之下. 而心之包絡, 上系于肺肝, 下貫乎脾賢, 則是心之亦在乎五臟之中, 而自爲一身之主矣. 然則人得五行之秀, 最靈於萬物, 而人身之中, □□爲心, 尤其虛□不□(虛靈不昧)具衆理而應萬事者也. 故張子曰: 由太虛, 有天之名: 合性與知覺, 有心之名. 是則一箇太極, 包含萬理, 無思無爲, 而及其感通. 品物咸亨, 則物得其偏, 人得其全. 而朱子所謂虛靈知覺, 一而已者. 孟子曰: 盡其心者, 知其性也. 知其性, 則知天矣. 張子所以推心而至於性, 推性而至於天, 推天所以至于太極之虛也, 太極者理也, 而具於心而爲性. 故程子曰: 性卽理也, 理卽天也. 加一卽字, 而其義尤明, 由是而看得分明.

心之所以存其性, 而與天爲體: 虛靈冲和, 而爲萬化之本源者, 可知矣. 心之所以發乎情而隨物爲用, 惻隱辭讓而爲四端之機, 緘者亦可見矣. 故子思子曰: 喜怒哀樂之未發, 謂之中: 發而皆中節, 謂之和. 則統牲情兼體用爲大本. 達道者, 不外乎心矣. 故堯曰: 允執厥中. 而舜復以人心道心之三言益者, 豈不以道心之存乎內, 而微眇人心之流乎外? 而危殆乎哉!

故於心之發處, 精以檡之, 察善惡厚薄之幾於心之存處, 一以守之. 舍本體中和之極, 則堯之□中非別件事也. 不過自吾所固有者, 存以養之, 率以修之而已也. 故上自唐虞三代, 下曁濂洛關閩, 吾道相傳相授之法, 只在於一心. 而惟心惟一, 萬變是監. 故曰: 上帝臨汝, 無貳爾心. 方寸之間, 恒若對越. 日乾夕惕, 夙夜靡懈, 恐懼乎? 不聞不覩, 而必愼乎隱微幽獨之中. 則程子所謂整齊嚴肅則心便一, 而一則自無非辟之干者. 自是立定脚跟處, 而涵養純熟, 積累根基, 立於敬而至於誠之體行, 吾敬而達吾之德, 則格致之功, 日臻于極, 萬理該貫.

夫子忠恕之道, 於斯盡矣. 而意誠之效, 不期然而然, 可以得其正. 而修齊治平, 特擧此而措之耳. 故范氏曰: 天君泰然, 百體從今. 董子曰: 正其心以正朝廷, 而四方一於正, 無有邪氣間其間. 此古者盛時所以得人材、正風俗. 而朱子告后, 亦惟以求放心, 孜孜進戒, 則凡厥吾黨之士, 有志於進道修業, 尊主庇民者, 不先治其心, 安能正人乎? 人而不知其心之在中, 心而不知其性之在心, 性而不知其由乎天, 則其可謂讀書修道之士乎?

夫養心莫善於寡欲, 其爲人也寡欲, 而整其衣冠, 尊其瞻視, 战兢自持, 志在聖賢, 究覽墳籍, 克念克勤, 自主忠信而篤之以恭敬, 自孝悌而以至於親仁, 則服膺乎顏子之四勿, 而禮以存吾心矣. 着力於曾氏之三省, 而心以省吾身矣. 彼恬嬉暴棄, 自我其心陷溺昏瞀, 遂喪其心, 則心本在內, 而逐物而出外. 心本無邪, 而趨利而牿亡, 則腔子徒在, 心於何有? 故曰: 心要在腔子裏者, 豈不善矣乎?

夫老氏之馳心虛曠, 但觀玄牝之門戶: 莊生之遊心逍遥, 大談乎鯤桓之九淵, 則是誠放心之人也. 又況佛者之如見其心, 而一而二十心法之論, 果何以與乎精一之訓哉? 尤當關之而後可以入道, 而又或不察于靈臺之妙, 而舍其目前之淸都, 只探於蠹魚之簡, 而昧此口中之龍肉, 則可謂知心乎? 孟子曰: 大人者, 不失其赤子之心也. 夫以正己物正之人, 充其良知良能之心, 則所謂吾心之全體大用無不明, 而一本而萬殊, 萬殊而一本之所以然, 其或庶幾焉.

안흥 관해록[하옥(荷屋) 김좌근(金左根) 대감에게 올린다]

옛날에 공자께서 동산(東山)에 올라 노(魯)나라가 작다고 하셨고 태산(泰山)에 올라 천하가 작다고 하셨으니, 어찌 계신 곳이 높아서가 아니고 본 것이 커서 그러하다고 하셨을까요? 무릇 그 태극(太極)이란 일원(一元)의 전체로 강자(腔子: 몸통) 안에 갖추고 있습니다. 그 작음에는 안이 없고, 큼에는 밖이 없습니다. 그것을 거두어들이면 방촌의 은밀한 곳에 감추어지고, 펼쳐 놓으면 상하 사방을 가득 채우며 가지 않으면 저절로 얻지 못합니다. 이른바 "마치 못처럼 깊고 고요하고, 하늘처럼 넓고 크며 작은 덕은 냇물의 흐름과 같고, 큰 덕은 화육(化育)이 돈후하다."라는 말이 바로 이것입니다.

그 장주(莊周: 장자)라는 자는 성인(聖人)의 대도(大道)를 구해 듣고 스스로 과장된 변론을 자랑하며 "붕새가 북명(北溟)에서 남쪽으로 갈 때는 회오리바람을 타고 구만 리를 올라간다."라고 하였습니다.[66] 여기에서 크다는 것을 크다고 하는 것은 제가 말하는 큼이 아닙니다. 무릇 천지의 크기가 몇천만 리나 되는지를 알지 못하거늘 단지 여기서 구만 리라는 말은 사람의 마음을 시원하고 넓게 해 주기에 족한 형용이지, 제 도체(道體)가 단지 그 역량에 대해 모르는 것을 보여 줄 뿐이옵니다.

그러므로 맹자께서 "바다를 본 자에게는 웬만한 물은 물이라 하기 어렵고 성인의 문하에서 배운 자에게는 웬만한 말은 말이라 인정받기 어렵다."라고 하였습니다.[67] 참으로 성인을 기준으로 하고 천지를 범위로 삼

---

66) ≪장자(莊子)≫ 〈소요유(逍遙遊)〉에 나옴.
67) ≪맹자(孟子)≫ 〈진심상(盡心上)〉에 나옴.

앉으니 그 바다를 바라보는 것은 공부자(孔夫子: 공자)께서 산에 오르신 것과 같습니다.

그러나 성인은 도덕을 천지와 더불어 똑같이 크다고 하므로 밝은 지혜로 비추어 만물이 모두 보며 팔극(八極)이 혼연하여 한 가지 이치로 통하게 합니다. 그러나 사람들은 그렇지 않습니다. 마음과 지리가 막히고 식견이 좁아 우물 안에 앉아 하늘을 보고 표주박으로 바닷물을 잽니다.[68] 산 하나에 올라 크게 쾌재를 부르며 물 하나를 보고 장쾌한 유람이라고 말하는 것이 황화(黃河)의 하백(河伯)이 너른 바다를 보고 감탄하고, 매승(枚乘)이 광릉(廣陵)의 파도를 보는 것과 같겠습니까? 더 높은 경지를 보지 못하여 비유함에 본뜻을 잃었는데 하물며 이보다 낮은 것에 있어서는 어떻겠습니까?

우리 동방은 밑에서 터져 한 자락이 되어 아득하게 멀리 구주(九州) 밖에 자리합니다. 백두산과 두만강, 압록강을 서북의 형세로 삼아 대해(大海)와 많은 봉우리가 동남 몸을 가지는 자세로 펼쳐져 있어 산하(山河)가 아름답습니다. 옛날에 금성천부(金城天府), 소중화(小中華)라 불렸던 명칭이 참으로 그 이유가 있습니다.

함북(咸北: 함경도)의 십승(十勝), 관동(關東: 강원도)의 팔경, 기성(箕城: 평양)의 패수(浿水: 대동강), 교남(嶠南: 영남)의 낙동(洛東: 낙동강), 기전(圻田: 경기)의 한강(漢江), 호남(湖南: 전라)의 금강(錦江)처럼 수려하고 아름답고 기상이 만이나 천으로 헤아릴 수 없이 많습니다. 성지(城池)건 정자건 새로 만들고 적고 읊었는데, 이전 사람의 글에 다 갖추어져

---

68) 반고(班固)의 〈유통부(幽通賦)〉에 나옴.

있습니다. 밖으로는 산을 따라 만들어진 주(州), 바닷가의 현(縣), 텅 비고 넓은 들녘, 그윽하고 고요한 골짜기가 있고, 바위 시렁에 띠풀을 잇고 바람에 임하고 달을 맞으니 속세의 누추함과는 멉니다. 어찌 끝이 있습니까?

제가 호서(湖西: 충청도)의 서쪽을 보니69) 안흥(安興)이라는 진(鎭)이 있습니다. 진의 산은 오서산(烏棲山)과 가야산(伽倻山)에서 나와 굽이굽이 서쪽으로 내달려 서령(瑞寧: 서산의 옛 이름) 팔봉산(八峰山)이 되고, 다시 돌아 태안(泰安)과 백화산(白華山)이 됩니다. 또 한 줄기가 나와 혹은 언덕이 되고 혹은 구릉이 되어 40리 연이어 뻗어 서해로 들어갑니다. 산봉우리와 계곡으로 둘러싸여 지형에 따라 성이 만들어졌는데 넓기는 3리나 되고, 그다지 높지 않습니다. 성안에 거주하는 민가는 80~90 가구이고 성 바깥과 여러 섬에는 2백여 가구가 있습니다. 성안에는 두 개의 곡식 창고와 세 개의 기물 창고가 있어 병기를 저장하고 군수품을 쌓아 놓아 국가의 비상사태를 대비하였습니다. 섬과 육지에는 둔전(屯田)을 갖추어 해마다 벼와 보리를 수확하였습니다. 매번 백 섬으로 적향(糴餉)의 부족함을 보충하였고, 간혹 남으면 관용(官用)으로 충당하였습니다. 민초들은 순박하고 우둔하여 소송을 하는 일이 드뭅니다. 그 땅은 척박한 염분지라 키우는 것이 대부분 비뚤어져 오로지 바다에서 나는 먹거리로 생계를 도모합니다. 관료의 경우는 모두 연읍(沿邑)에서 조달하여 공양하고, 제반 공무에 필요한 것들도 대부분 의지하여 처리합니다. 밤낮으로 경계하는 것은 오로지 방어를 맡은 군졸을 잘 보살피고 성

---

69) 서호(西湖): 호서(湖西), 즉 충청도를 지칭함.

곽을 삼가 지키며 조운선을 호송하고 소나무 베는 일을 엄하게 금하는 것입니다.

성의 서쪽에는 봉우리가 있는데 위로는 제승루(制勝樓), 봉안전패루(奉安殿牌樓)가 있고,70) 아래로는 무술을 연마하는 강무(講武) 마당으로 이어집니다. 누대의 이름은 이렇게 지어졌지요. 예전부터 전해지기로 당나라와 송나라를 오가던 사신들이 매번 여기에 와서 묵었다고 합니다. 신주(神州)71)가 멸망한 뒤로 예(禮)가 폐하고 강론되지 않았습니다. 누대 앞에 존양당(存羊堂)이 있어 감회 부침을 구합니다. 누대 뒤에는 태국사(泰國寺)가 있는데, 수승사군(帥僧司軍)을 두어 절인 채소와 장(醬)을 공급하였습니다.

우리 조종이 개국한 시초에 절도사(節度使)를 두었고, 다시 방어사로 바꾸었다가 진수(鎭守)로 삼아 오읍(五邑)의 병졸과 군마를 예속시켰습니다. 무릇 바다 남쪽 길의 목구멍이고 내해(內海)에 또 배를 정박하기 적당한 장소인 까닭에 크고 작은 배가 왕래하여 밤낮으로 거쳐 지나갑니다. 이에 마땅히 신중해야 하고 소홀해서는 안 됩니다. 이 망루에 오르면 바다 물결은 끝이 없고 물과 하늘이 같은 색입니다. 간혹 밝은 달 뜬 밤에 외로운 배에서 어부가 부는 피리 소리가 자주 들려옵니다. 때로 긴 모래톱에 비가 내리면 백구(白鷗)가 쌍으로 날아다닙니다. 간혹 검은 구름이 섬에 퍼지면 신기루가 보였다 사라집니다. 간혹 찬바람 불고 파도가

---

70) 봉안전패루(奉安殿牌樓): 외지 관공소에서 임금을 상징하는 '전(殿)'을 새긴 궐패를 봉안한 건물.

71) 신주(神州): 중국을 의미하는데, 여기서는 명나라를 지칭함.

거세면 고래가 먹이를 삼키고 토해내듯 합니다. 이것이 안흥(安興)에서 본 바다의 대강입니다.

일찍이 동국(東國)이 천하에 있음을 논하였는데 거의 바둑판 전체에서 하나를 드러낸 것과 같습니다. 안흥이 동국에 있음은 거의 사람 얼굴에 찍힌 사마귀 하나와 같습니다. 안흥의 지세가 낮아 더럽고 움푹 패어 들어가는 것을 가히 알 수 있습니다. 이미 그러한데 유람하는 자나 속객(俗客)들이 오히려 부산하게 모여들고, 먼 곳을 샅샅이 찾는 자들이 멀고 편벽된 곳에 있다고 변방으로 가지 않는 자가 있을까요? 아니면 또 높은 곳에 올라 스스로를 낮추고 먼 곳을 감에 가까운 데서 시작하며 하수(河水)에서 물을 마시는 것처럼 각각의 그 기량에 따른 것일까요?

아! 부자(夫子)의 대관(大觀)은 너무 높아서 숭상할 수 없습니다. 마치 송나라의 자유(子由: 蘇轍)가 황하와 종남산(終南山) 지역에 가서 한태위(韓太尉: 韓琦)를 만나길 원하며 천하의 위대한 경관을 다 보겠다고 한 것과 같습니다.[72]

이로 보건대 보는 것의 크고 작음은 사람의 고하(高下)에 있으니 어찌 감히 꾀꼬리와 비둘기가 느티나무와 박달나무에 부딪히고 땅에 떨어진 그림을 스스로 그리겠습니까? 또 말하자면 앞에서 자유(子由: 蘇轍)가 장차 한태위(韓太尉: 韓琦)를 만난 뒤 천하의 위대한 경관을 다 보겠다고 한 것은 지금 제가 곧 이미 우리 대감을 만나 동국의 위대한 경관을 다 본 것과 같습니다. 그런즉 그는 땅을 먼저 보고 사람을 나중에 보았는데, 저는 사람을 먼저 보고 땅을 나중에 보았습니다. 보는 것이 장차 사람에게

---

72) 소철(蘇轍)의 〈상추밀한태위서(上樞密韓太尉書)〉에 나옴.

있고 땅에 있지 않기 때문일까요?

安興觀海錄上金相國荷屋

昔者夫子登東山而小魯, 登泰山而小天下, 豈不以所處愈高, 則所見愈大而然耶? 盖其太極, 一元之全體, 具在腔子裡. 其小無內, 其大無外. 卷之則藏于密, 放之則彌六合, 無往而不自得. 所謂淵淵其淵, 浩浩其天, 小德川流, 大德敦化者是也.

彼莊周者, 求聞聖人之大道, 自詡以夸大之辯, 曰: 鵬之自北溟而南也, 搏扶搖而上者九萬里. 是大其所大, 非吾所謂大者也. 夫天地之方圓, 不知其幾千萬里, 止說此九萬里, 謂足以快拓人之心胸形容, 吾之道體多見其不知量也.

故孟子曰: 觀於海者難爲水, 遊於聖人之門者難爲言. 誠以聖人爲準而範圍天地, 則其觀海也, 亦若夫子之登山矣. 然而聖人則道德與天地同其大, 故明睿所照, 萬物咸睹, 渾然八極, 一理洞貫. 而衆人不然, 心地茅塞, 所見規規, 坐井而觀天, 傾蠡而酌海, 登一山則大呼稱快, 看一水則輒謂壯遊. 如河伯望洋之歎, 枚乘廣陵之觀. 未窺閫域, 引喩失義, 而況下於此者乎?

惟我東方, 析本一區,[73] 邈然處九州之表, 而白頭豆鴨爲西北之形勝, 大海疊嶺列東南之體勢, 則美哉山河. 古所謂金城天府, 而小中華之名, 良有以也. 若十勝之於咸北, 八景之於關東. 箕之浿水, 嶠之洛東, 圻之漢, 湖之錦, 秀嫩明媚, 氣像萬千. 城池焉, 亭閣焉, 刱設之, 記詠之, 前人

---

73) 국립중앙도서관장본에는 '본(本)' 자 옆에 '목(木)' 자가 적혀 있음.

석호집(石湖集)

之述備矣. 外是緣山之州, 傍海之縣, 閒曠之坰, 窈窕之墅, 架巖結茆[74],
臨風迎月, 迢然於塵俗之陋者, 何限而.

余觀夫西湖之西, 有安興之鎭, 鎭之山自烏棲, 伽倻而來, 逶迤西馳, 爲
瑞寧八峰. 再轉而爲泰安·白華, 又抽一枝, 或崗或阜, 連亘四十里, 斗入
西海. 峰壑周遭, 因地形作城, 延袤三里, 而不甚高. 城內居民可八九十
戶, 城外諸島計二百餘家. 內有二倉三庫, 藏戎器, 峙軍儲, 以爲陰雨之
備. 而島陸俱有屯田, 歲收禾麥, 每以百石, 補糴餉之不足. 或有羨餘, 則
以充官用. 其民樸愚, 鮮有爭訟. 厥土作鹵, 率多疣竄,[75] 惟以海錯木[76]
道聊生焉, 至於僚屬咸於沿邑丁鈔仰哺. 而諸般公需, 亦多倚辦. 日夕警
惕者, 專在於撫養防卒, 謹守闉堞, 迎護稅舶, 申嚴松禁而已.

城小西有峰, 上有制勝樓, 奉安殿牌樓, 下仍爲講武之庭. 樓之得名, 以
此也. 舊傳槎行歲二朝天, 每於此止宿. 自神州陸沈, 禮廢不講, 樓前有存
羊堂, 求以寓感. 而樓後有泰國寺, 置帥僧司軍, 供醯醬焉.

粤我祖宗朝刱建之始初, 設節度, 更革防禦而轉爲鎭守, 五邑兵馬屬
焉. 盖以海中南路之咽喉, 而內洋又宜藏舟之所, 故來往舸艓, 日夜經由.
於是宜其愼重, 而不可疎虞也. 登斯樓也, 則海波無際, 水天一色. 或明月
孤舟, 漁笛數聲. 或涑雨長沙, 白鷗雙飛. 或冥雲列嶼, 蜃樓起滅. 或陰風
激浪, 鯨鯢吞吐. 此則安興觀海之大槩也.

竊嘗論之東國之在天下, 殆同全枰之着一碁. 安興之在東國, 僅似人面
之點一黶. 則安興地勢之低下汚陷可知也. 已然, 而遊人俗客, 猶且輻湊

---

74) 원문 '茆': '茅'와 통용.

75) 국립중앙도서관장본에는 '비(疕)'자 옆에 '齒'자를 적어 놓고, 또 '□'자 위에 '유
(窬)'로 고쳐 놓았음.

76) 원문 '木': '水'의 오기.

雜還, 窮搜遠訪者, 其以遐陬僻壤, 塞中有通者存耶? 抑亦登高自卑, 行遠自邇, 如飲於河, 各隨其量耶? 嗟夫子之大觀, 巍巍乎不可得以尙矣. 如宋之子由, 躐黃河終南之域, 而願見太尉, 以盡大觀. 由是觀之, 觀之大小, 在於人之高下, 而亦何敢自畫如鷽鳩之槍楡枋而控於地乎? 抑有說焉. 上所謂子由則將見韓太尉以盡天下之大觀, 今余則已見我相國以盡東國之大觀. 然則彼先觀於地, 而後觀於人. 我先觀於人, 而後觀於地. 所以觀者其將在人, 而不在地乎?

삼정(三政)대책(對策)

왕이 이르노라. "나라를 다스리는 큰 정사가 있는데 그 조목의 세 가지는 전부(田賦: 농지세), 군적(軍籍: 군포세), 환곡(還穀)이다. 삼정(三政)을 설치한 것이 어찌 나라를 경영하고 백성을 다스리는 큰 강령이 아니겠는가? 요순(堯舜)과 하(夏), 은(殷), 주(周) 삼대(三代)는 너무 멀어서 거론할 것 없고, 중국의 역대 왕조도 법도가 판이하였다. 지금 살가죽이 벗겨지는 걱정거리를 만났는데, 어느 겨를에 멀리서 끌어와 넓게 인용해서 자질구레하게 말하리오?

본조(本朝)가 개국한 지 거의 500년 동안 모든 규획이 좋은 법과 아름다운 제도가 아닌 것은 없도다. 전부(농지세)로 말하자면, 토지등급 측량을 개편하는 기한이 20년이고, 10년마다 토지등급은 6등급, 연납은 9등급으로 나누었는데, 토지등급 측정을 개편하는 것을 거론하지 않고 등급 구분에 구별이 없어진 것이 언제부터 그렇게 되었는가? 군적(軍籍)으로 말하자면, 오위제(五衛制)가 폐지되고 삼영(三營)이 설치되었는데,

상번(上番)의 규율이 해이해지자 군포를 거두는 것이 시작되었으니 그 연혁과 득실을 상세히 말할 수 있겠는가? 환곡으로 말하자면, 신라, 백제 이래로 이미 있었던 것이니, 일찍이 선왕(先王)께서 살피고 돕는 뜻이 아닌 것이 없었도다.

서경(西京: 西漢)에서 시행한 진대(賑貸: 진휼 대여)[77]의 정치는 곡식을 거두어 씀씀이를 벌충하는 것인데, 진실로 부득이한 행정에서 나와 그대로 행정의 경비가 되었으니, 또 옛 제도에서 끌어올 만한 사례가 있겠는가?

내가 널리 전고(典攷)를 찾느라 먹물 사이에서 사람을 피곤하게 하며 그 예술을 과시하고 비교하고자 하는 뜻이 아니다. 다만 본말(本末)을 상세히 살피지 않으면 잘못을 바로잡아 채택할 방도를 세울 수가 없도다. 그래서 그 대개를 약간 들어서 묻고자 한다. 내가 아는 바를 먼저 피력하노라. 국초(國初)에 삼정(三政)은 대개 나라와 백성을 위해 설치되었으나, 전지(田地)에서 세금을 거두지 못하고, 군사가 나라를 보위하지 못하며 곡식으로 진휼을 논의하지 못하였으니 능히 나라답게 다스리는 자는 없었다. 나라가 나라답게 다스려지지를 못하는데 백성들이 장차 누구에게 의지할 것인가? 그러니 삼정(三政)을 다스리지 못하는 책임은 나라의 군주로 백성들을 보살피는 처지에 있는 자에게 있다.

법이 오래되면 폐단이 생기는 것은 예로부터 그래 왔다. 오늘의 삼정(三政)은 그 폐단이 극에 이르렀다고 말할 수 있다. 권세 있는 자들이 토

---

77) 진대(賑貸): 흉년이나 춘궁기에 관아 곡식을 어려운 백성들에게 꾸어 주었다가 수확기에 갚게 하는 빈민 구제책.

지를 겸병하여 경계가 문란해졌고, 교활한 자들이 달아나 숨어서 군적 (軍籍)이 비었으며, 간교한 자들이 멋대로 농간을 부려 조적법이 무너졌다. 백성들이 명을 견디지 못하여 나라가 따라 기울어졌는데도 오히려 늑장을 부리며 혁파하지 않는다면 어찌 오래되면 변하고, 변하면 통하는 의리이겠는가.

내가 처음부터 바로잡으려는데 그 설명이 없을까 근심하지 않는다. 경계가 문란해지면 토지를 측량하여 고르게 할 것이고, 군적(軍籍)이 비면 조사해서 찾아내어 채워 넣을 것이며, 조적법(糶糴法)[78]이 무너지면 탕감해서 이를 너그럽게 풀어 줄 것이다. 바로잡는 도리는 이것을 벗어나지 않는다.

다만 이것을 시행하고자 하면 이쪽저쪽에서 잡아당기고 막혀서 설명이 모순된다. 진실로 토지측정을 개량하고자 한다면 먼저 사람을 얻는 데에 힘써야 하고, 그 다음에는 또 재정을 마련해야 한다. 인재가 이미 옛사람에 미치지 못하는데 재정을 어떻게 많이 마련하겠는가? 진실로 군정(軍丁: 군포 납세자)을 조사하려면 유학(幼學)[79]이라고 함부로 사칭하는 자들을 솎아 내고 또 한정(閒丁)[80]이라고 투탁(投托)한 자들을 없애야만 하는데, 찾아내어 뽑을 때 쉽게 혼란해진다.

진실로 환곡을 탕감하고자 한다면, 한나라의 상평창과 수나라의 의창이 모두 좋은 법규이니, 남은 곡식을 취하여 경비로 삼는 것이 오늘만의

---

78) 조적법(糶糴法): 춘궁기에 백성들에게 곡식을 빌려주는 것을 조(糶)라 하고, 추수기에 빌려준 곡식에 십 분의 일의 이자를 붙여 환수하는 것을 적(糴)이라고 함.
79) 유학(幼學): 고려·조선 시대에, 벼슬하지 아니한 유생(儒生)을 이르던 명칭.
80) 한정(閒丁): 국역(國役)에 나아가지 않는 장정(壯丁).

일이 아니로다. 이것은 내가 군신에게 나누어 주고 쓰기를 좋아하거나 궁실을 짓고 연회에 쓰는 비용이 아니라, 곧 경사(京司)와 각 영(營)에서 날로 달로 지급해야 하는 수요이다. 탕감하는 것은 참으로 시원하지만, 또한 앞으로 무엇을 가져와 대신 주겠는가? 이미 그만두지 못하고, 또 바로잡지도 못하며 속수무책으로 앉아서 백성과 나라가 위태로운 지경에 빠지는 것을 무신경하게 지켜만 볼 것인가?

아! 내가 덕이 부족한데도 조종(朝宗: 조선)께서 물려주신 크고 어려운 실마리를 이어받았는데 조종의 백성들이 매일 구렁텅이로 빠져들어 가는 것을 어찌 참아 볼 수 있겠는가? 한밤중에 벽을 따라 돌아다니기만 하니 비단옷이 어찌 편안하겠느냐. 백성이 있어야 국가가 있고, 국가가 있어야 집안이 보존될 수 있다. 오늘날 조정 신료들의 생각이 여기에 미치면 어찌 두려워 탄식하며 눈물을 흘리지 않은 자가 없으리오? 그대들 대부(大夫)와 선비들은 평소에 마음으로 강구한 바가 분명히 있을 터이니 폐단을 구제할 방도를 숨김없이 다 책문(策文)에 진술하라. 내가 직접 물어보겠노라." 왕의 말씀이 이러하도다.

신이 삼가 ≪논어(論語)≫를 살펴보니, 공자께서 "천승(千乘)의 나라를 다스릴 때는 모든 일을 공경히 행하고 믿을 수 있게 해야 한다. 씀씀이를 절도 있게 하고 백성을 사랑해야 하며, 백성을 부릴 때는 때에 맞게 해야 한다."라고 하셨습니다. 참으로 이 교훈입니다. 모든 일을 공경히 행하여 믿을 수 있게 하는 것이 삼정(三政)의 근본입니다. 씀씀이를 절도 있게 하고 백성을 사랑하는 것이 삼정(三政)의 쓰임입니다. 백성을 때에 맞게 부리는 것이 삼정(三政)을 시행하는 까닭입니다. 공경할 수 없고 믿을 수 없으며 아끼고 사랑할 수 없고 백성들의 때를 거스른다면, 어찌 삼정(三政)의 도를 행할 수 있겠습니까? 그리하여 한나라 유학자들의 대책(對策)에 "금슬(琴瑟)의 소리가 조화를 이루지 못함이 심하면 반드시 줄을 풀어 다시 매야만 비로소 연주할 수 있고, 정치함에 행해지지 않음이 심하면 반드시 바꾸어서 다시 교화해야만 비로소 다스릴 수 있다."라고 하였습니다.[81]

지금 우리 대동(大東: 조선)은 성명(聖明)하신 임금께서 재위하시어 바야흐로 중흥일신(中興一新)의 흥성기이고, 때마침 정사를 펴고 교화를 바꿀 시기입니다. 나라를 유지하고 안전하게 하려는 이는 삼정(三政)을 으뜸으로 삼고, 백성들이 우러러보고 신뢰하며 받들게 하려는 이는 삼정(三政)으로 마무리합니다. 조종조(祖宗朝) 이래로 그런 이들은 삼정(三政)의 도(道)에 있고, 반드시 공경하고 반드시 믿으며 검소하게 하고 인(仁)으로 베풀었습니다. 재성보상(裁成輔相)[82]하여 백성들이 태평성세 속에서 지낸 지 근 오백 년입니다. 이 좋은 법규와 아름다운 뜻이 ≪국조보감(國朝寶鑑)≫의 큰 강령(綱領)과 세목(細目)에 전부 보이고 ≪경국대전(經國大典)≫에 분명하게 실려 있습니다. 즉, 그것은 후대 왕이 잘못하거나 잊어버려서가 아니라, 오직 옛날 문물제도만을 따라 행했을 뿐이라 멀리 요순(堯舜)시대를 사모하고 법을 삼대(三代)에서 취할 필요는 없습니다. 역대 여러 임금의 아름다운 법령과 크나큰 규율을 들어 법

---

81) ≪전한서(前漢書)≫ 〈동중서전(董仲舒傳)〉에 나옴.
82) 재성보상(裁成輔相): ≪주역(周易)≫ 〈태괘(泰卦)·상(象)〉에 나오는 말로, 지나친 것을 억제하고 모자란 것을 보충해서 천지간에 조화가 이루어지도록 하는 것임.

령과 실행 사이에 둔다면 어찌 법의 기율이 해이해져 떨칠 수 없음을 근심하겠습니까? 어찌 민생의 고달픔으로 소란이 일어날 것을 근심하겠습니까? 신(臣)은 초야에 묻혀 사는 미천한 몸으로 변변찮은 의견을 가졌으나 감히 아는 바를 다하지 않을 수 없어 공경히 답하옵니다.

대(對)에서 말하기를 정(政)이란 말은 바르게 함입니다. 지금 국정을 올바르게 할 수 있는 것은 전부(田賦), 군적(軍籍), 환곡(還穀)과 같은 삼정(三政)만한 것이 없습니다. 전부는 탁지(度支: 호부)가 관장하는데, 위로 임금께 바치고 진상된 모든 필요 물품과 아래로는 모든 관리들의 녹봉, 각 관사의 서리(胥吏)와 하인, 왜사(倭使)를 전송하고 맞이하는 비용까지 이것으로 대응하여 처리하지 않은 적이 없으니 나라를 보존하는 데 실로 빼놓을 수 없는 것입니다. 군적(軍籍)은 병전(兵典)에서 이어진 것으로, 안으로는 궁성을 방어하고 바깥으로는 요새를 장악하며 변방을 지키는 일을 소홀히 할 수 없어 방비와 경계를 지극히 하였습니다. 환곡은 진전(賑典)에 수록되었는데, 기근을 구제하고 환난이 닥치면 물자를 공급하였습니다. 모두 이런 법규를 기다려 취하고 주었으니, 전부 백성을 보호하는 큰 도리입니다.

이 점을 생각해 보면 삼정(三政)은 폐지하기 어렵습니다. 게다가 선왕의 정사가 지금도 서책에 서술되어 있으니, 그런 사람이 있으면 그 정치가 행해지는 것이고, 그런 사람이 없어지면 그런 정치도 없어지는 것입니다.[83] 지금의 계책은 알맞은 사람을 지극히 공정하게 발탁하시는 것

---

83) 《중용장구》 제20장에 나옴. 노(魯)나라 애공(哀公)이 정치하는 도리를 묻자, 공

이 어떻겠습니까? 조정의 계획은 이미 분명하니 방백(方伯)과 수령(守令)이 한마음으로 임금의 뜻을 펴나가면 쇠하여 없어진 온갖 일이 다시 일어나 덕이 올바르며 생활은 넉넉해질 것입니다. 상세하게 음지를 살펴 간사한 짓을 막으며 많은 데서 취하여 적은 데에 보태시기 바랍니다. 재앙을 구제하고 환난을 구휼하며 백성들의 역량을 기르고 군정을 닦아 밝히는데, 어찌 지금이 옛날보다 못하겠습니까? 비록 그러하나 실로 공경(敬)을 우선시하고 절약(儉)을 계승하지 않으면, 근본을 버리고 말단을 쫓는 것이며 시작은 있으나 끝은 마무리가 잘되지 못합니다. 나라를 위하는 정치는 오직 '경(敬)'과 '검(儉)', 이 두 글자에 달려 있습니다.

신이 일찍이 우리 조종(朝宗)의 전정(田政) 제도를 헤아려 보았습니다. 세조(世祖) 임오년(1462)에 전지(田地)를 측량하였고, 중종(中宗) 계미년(1511)에 관동(關東: 강원도)의 전지(田地)를 측량하였으며, 선조(宣祖) 갑진년(1604)에 전지(田地)를 개량하였습니다. 인조(仁祖) 을해년(1635)에 삼남(三南) 전지(田地)를 개량하였고, 현종(顯宗) 계묘년(1663)에 경기 전지(田地)를 개량하였으며, 숙묘(肅廟) 경자년(1720)에도 전지(田地)를 개량하였습니다. 팔도의 전지(田地)를 총괄하면 20년을 기준으로 하여 전분(田分)은 6등급, 연분(年分)은 9등급을 기준으로 세액을 올리거나 내렸습니다. 그러나 개량하여 폐지한 지 이미 오래라 분등(分

___

자가 맨 먼저 "문왕(文王)과 무왕(武王)이 행한 정사가 지금도 서책에 서술되어 있으니, 그 정치를 행할 만한 사람이 있으면 그 정치가 행해지는 것이고, 그런 사람이 없어지면 그 정치도 없어지는 것이다. 사람의 심리는 정치에 민감하게 반응하고, 땅의 생리는 나무에 민감하게 반영된다(文武之政布在方策, 其人存則其政擧, 其人亡則其政息, 人道敏政, 地道敏樹)."고 하였다.

等)은 구별이 없어졌습니다. 마침 정조(正祖) 경자년(1780)에 다시 전지를 개량하여 오래 내버려 둔 땅은 제거하고 그 사이에 새로 만든 밭을 더하였으나 팔도의 결수(結數)가 도합 120여 만결이었습니다.84) 예로부터 이어진 법제가 오래되면 변하고, 변하면 통하는 것입니다. 이것이 선조(先朝) 이후 전부(田賦: 농지세)를 개량한 내용의 대략입니다.

신이 또 생각해 보건대, 군정에 관한 제도는 태종(太宗)과 세종(世宗) 때에 있었는데, 처음에는 오위도총부(五衛都摠府)를 창설했습니다.85) 조정 관리의 자제에서 시작하여 한산한 집안의 양민 장정에까지 이르는데, 모두 여러 위(衛)에 예속되었고 잡역(雜役)을 면해 주었습니다. 선조(宣祖) 때에 이르러 임진왜란이 일어나 병적(兵籍)이 어수선해졌고 궁궐의 수비도 비어 삼영(三營)으로 고쳐 수위(守衛)를 바꾸었습니다.86) 그 다음으로 경기 근처에 둔전법을 설치하고 속오군(束伍軍)87)과 삼수군(三手軍)88)을 훈련시켰습니다. 그런데 인조 병정(丙丁, 정묘호란과 병자호란) 이후에 비축해 놓은 것이 거의 없어지고 군수품도 부족해졌기에 먼 곳의 기·보병의 상번(上番)을 정지시켰고 남아 있던 장정에게 포(布)

---

84) 결(結): 세금을 부과하기 위하여 사용한 농토의 면적 단위임.
85) 오위도총부(五衛都摠府): 중앙군인 오위(五衛)를 지휘 감독한 최고 군령기관(最高軍令機關)임.
86) 삼영(三營): 훈련도감(訓練都監), 금위영(禁衛營), 어영청(御營廳)의 총칭으로, 삼군문(三軍門)이라고 함.
87) 속오군(束伍軍): 1594년(선조 27)에 훈련도감(訓練都監)을 설치하고, 부역하지 않은 양인(良人)과 천민(賤民) 중에 훈련받을 수 있는 사람을 골라 편성한 군대임. 이들은 평소 군포를 바치고 나라에 큰일이 생길 때만 소집되었음.
88) 삼수군(三手軍): 1594년(선조 27)에 설치한 훈련도감(訓練都監)의 포수(砲手), 사수(射手), 살수(殺手)의 총칭임.

를 거두라고 명하였습니다. 이것이 그 성세(盛世)의 시작과 위험과 혼란으로 바뀐 대강의 내용입니다.

신이 또다시 생각해 보건대, 환곡에 관한 제도는 고구려에서 시작되었습니다. 임금께서 외지로 나가셨을 때 우연히 곡식을 원하는 한 천민을 만나는 일이 있었습니다. 그해 어머니를 봉양할 수 있었고 가을에 빌린 것을 갚을 준비를 하였습니다. 그 곡식을 되돌려주는 것이 명칭이 되었으니,89) 이 일에서부터 시작된 것입니다. 마침내 그 이후부터 환곡에 관한 제도는 서민을 돕는 하나의 사례가 되어 신라, 백제, 고려조에 이르기까지 이어져 창고를 설립하여 출납하였으며 관리를 정하여 책임지고 관리하게 하였습니다. 그러므로 우리 왕조가 이를 따라서 조적제(糶糴制)90)를 두어 공적으로나 사적으로 폐단이 없습니다. 임진왜란과 병자호란 이후에 환곡이 다시 완비되었는데, 효종조(孝宗朝)의 영의정 이경여(李敬輿)가 헌의(獻議)91)하면서 경기가 나라의 근본이라고 여겼으나 청나라 사신을 접대하기가 힘들었습니다. 공돈(供頓)92) 역사는 해마다 여러 도가 거둔 모곡(耗穀)93)에서 3분의 1을 경창(京倉)94)으로 옮겨 놓았는데 이를 상평(常平)이라 하였습니다.95) 또 서경의 진대(賑貸)에서

---

89) 고구려 진대법을 지칭함.

90) 조적(糶糴): 환곡을 꾸어 주거나 받아들이거나 하는 제도.

91) 헌의(獻議): 윗사람에게 의견을 아룀.

92) 공돈(供頓): 접대비용을 지칭함. 공(供)은 제공한다는 뜻이고, 돈(頓)은 숙식을 말함.

93) 모곡(耗穀): 빌려둔 곡식을 돌려받을 때 곡식을 쌓아 놓는 동안 축 날것을 미리 예상하여 한 섬에 몇 되씩 덧붙여 받았던 곡식.

94) 경창(京倉): 조선 시대에 지방에서 수송해 온 세곡과 공물을 저장해 둔 나라의 창고임. 서울 한강 마포 근처에 있었다고 전함.

남은 것을 사절의 네 곳 참(站)의 역사로 마련했는데, 마침내 해마다 경비로 사용하게 되었습니다. 대개 마지못해 나온 계책이오니 어찌하겠습니까?

근자 이래 전정을 개량한 지 오래라 토호 패거리가 토지를 겸병하여 경계가 올바르지 않고 거친 땅에 거주하는 이도 많아 백지징렴(白地徵斂)96)을 줄이지도 못하고 있습니다. 재해와 풍년이 고르지 못하여 백성이 성은(聖恩)을 입는 경우는 적었고, 논밭을 숨겨 토지 대장에 올리지 않은 것이 많아 낮은 벼슬아치가 도둑질하여 먹는 경우가 많았습니다. 군적(軍籍)에 이르면 외롭고 가난하거나 죽은 사람에게 군포를 거두는 백골징포(白骨徵布)와 어린아이에게 군포를 부담시키는 황구첨정(黃口簽丁)까지 거듭되었습니다.97) 남의 이름을 제 이름으로 꾸며서 함부로 칭하고 남의 집에 위장하여 도피하니 병역이 충원되지 않고 매번 줄어드는 일은 진실로 이 때문입니다.

환곡의 폐단에 있어 백성들은 알맹이가 꽉 찬 실곡(實穀)을 바치는데 관리들은 공곡(空殼: 알맹이가 없는 껍데기 곡물, 황곡(荒穀): 여물지 않은 거친 곡물)으로 대여해 줍니다. 사사로이 분석(分石)98)을 꾀하고 백성들

---

95) 상평(常平): 조선 시대 기민 구제를 위해 곡물을 비축하고 물가 조절을 위해 자금을 관리하던 부처.

96) 백징(白徵): 백지징수(白地徵收)의 준말로 납세의무가 없는 토지에다 조세를 징수하는 것을 지칭함.

97) 황백(黃白): 황구(黃口)와 백구(白口)의 준말로 어린아이나 죽은 자에게 조세를 징수하는 것을 지칭함.

98) 분석(分石): 관리들이 환곡에 돌을 섞어 분량을 늘리고, 늘린 만큼의 곡식을 횡령하던 일.

에게 억지로 받아내려고 크게 싸우는 경우도 있습니다. 또한 관청에서 물건을 사사로이 써버리는 경우가 상당히 많아 관아 장부에 거짓으로 적고, 쓰거나 거둔 것도 사용하기 어려우며 족징(族徵)99)이 더 심해지는지도 오래입니다. 환곡은 이름뿐이지 그 실질은 없습니다. 어찌 또 흉년에서 구휼하고 환난에서 구제한다는 말을 믿을 수 있겠습니까? 삼정(三政)의 폐단 중 하나가 바로 이것이니, 눈물이 흐르고 한숨이 나온다고 말할 수 있습니다.

신이 가만히 생각해 보니 폐단을 바로잡아 고치려 한다면 먼저 임금께서 마음속에서부터 주일무적(主一無適)의 공경을 가지고 몸소 절약과 근검을 실천하시어 사치를 없애셔야 합니다. 옥거울(瑤鏡)을 쥐고 정사를 전부 밝히고, 옥형(玉衡)을 잡고 온갖 법률과 제도를 다 바르게 해야 합니다. 겉모습이 바르면 그림자도 바르고 바람이 불면 풀이 눕기 마련입니다. 이른바 정심(正心)으로 조정을 바르게 하고 이것을 만백성에게 미치게 하면 백성들이 믿게 됩니다. 바야흐로 지금 급히 힘써야 할 일은 바로 인재를 얻는 것입니다. 인재를 얻는 방법은 온 나라 사람들이 가히 채용할 만하다고 말하는 데에 달려 있습니다. 그런 뒤에 보직을 맡기고 공적과 재능을 시험하며, 그 사람의 말을 듣고 행동을 관찰하여 재주를 시험하고 계책을 묻는다면, 인재가 어찌 숨겠습니까? 선비들이 장차 모여들 것입니다. 조정에 인재를 영입하여 방백이나 수령으로 삼으시면 신하는 어질고 임금께서는 기쁘실 것이며 육부(六府)가 잘 다스려지고

---

99) 족징(族徵): 관리들이 횡령한 공금이나 환곡, 또는 군정(軍丁)이 도망갔거나 사망하여 세금이 축났을 때 이를 보충하기 위해 강제로 친척에게 추징하는 일.

그 이후로도 전부 빛날 것입니다.

　이외에 정사에 또 무엇이 있겠습니까? 전정(田政)에 대해 말씀 올리기를 청하겠습니다. 어진 정치는 반드시 개량(改量)에서 시작됩니다. 양전(量田: 토지세 부과측량)이 중지된 지도 이미 백 년이 넘었으니, 조사하여 바로잡을 방법이 없어서는 안 되며, 이는 어렵지 않은 일입니다. 다만 강명(剛明)의 도를 명하시어 신하에게 과정을 엄격하게 세우고 여러 마을의 수령에게 단단히 타일러 경계시켜야 합니다. 구안(舊案)을 두고 진기(陳起)100)를 법으로 정하고 자호(字號)101)를 따르고 거리로 나누면, 도끼자루를 잡고서 도끼자루로 쓸 나무를 베는 것이고 도장으로 관청의 도장을 찍는 것이니, 백성을 속이고 관리들이 간사하게 하는 일이 전부 드러날 것입니다. 해일(海溢)에 방죽이 깨지고 그 물이 흘러 모래가 뒤덮인 땅이나 산 위아래로 돌과 모래가 많이 섞인 거친 땅, 또 골짜기 좌우로 뒤집힌 곳을 양전(量田)으로 삼아 세금을 거두는 것은 옳지 않습니다.

　전분(田分)에는 6등급, 세수(稅收)에는 5가지가 있습니다. 그 밭의 중간치에서 윤색하고 더하고 더는 것은 모두 그 일은 맡은 이에 달려 있습니다. 그 일을 맡은 이는 해당 읍의 수령이 마을에서 힘이 있고 지조가 있으며 논밭의 결복(結卜)을 잘 계산하는 사람을 오른팔로 뽑아 측량을 살피고 간사하고 거짓됨을 변별해야 합니다. 또 해당 읍의 수령에게 구안(舊案)과 신량(新量)의 같은 점과 다른 점을 자세히 살피게 하되 아전

---

100) 진기(陳起): 논밭을 묵힌 논을 갈아서 곡식을 부친 논밭.
101) 자호(字號): 조선 시대 토지 대장인 양안(量案)에 천자문 중 한 글자를 이용하여 토지 지번(地番)의 순서를 표시하는 것.

무리가 그 사이에 참여하고 간섭하지 못하게 하면, 원통하게 세를 내는 백성이 줄어들 것이고 도둑질하는 벼슬아치를 이렇게 찾아낼 것입니다. 어찌 꼭 처리하기 어려운 재원을 사용하고 균전사(均田使)를 나누어 파견하여 관리와 백성에게 폐를 끼칠 것입니까?

아전들은 공심(公心: 공평한 마음)은 작고 사심은 많습니다. 토지의 질과 양을 관여하게 하거나 토지에 재해를 입었는지 잘못을 캐어 살피게 한다면 토지 제도를 바르게 할 수 없고 백성들에 내는 세금도 불공평할 것입니다. 무릇 관둔전(官屯田)[102]과 교전(校田)[103]을 제정하고 아록(衙祿)[104]과 공수위전(公須位田)[105]으로 사용함에 있어 팔도를 헤아려 보았을 때 수만 결이 넘습니다. 비록 여기 선왕의 후한 덕이 남아 있으나 근래에 벼슬아치들의 사사로운 돈주머니가 되었으니 차라리 관청의 창고로 옮겨 나라의 쓰임을 돕게 하는 것이 낫습니다. 이 세 가지 쓸모없는 곡식을 다한다면 백성들은 원통해 하지 않을 것입니다. 각 둔전에 중지시켰던 조세를 다시 거두면 공적으로도 보탬이 됩니다.

또 군정(軍政)을 잘 다스려 좋은 성과를 내는 것은 더욱 쉽습니다. 먼저 양반과 조상이 있는 마을에서부터 아전의 무리에 이르기까지 전부 남김없이 모아 소략한 바를 줄이고 파기(疤記)를 정해야 합니다.[106] 또 교

---

102) 관둔전(官屯田): 각 지방 관청의 운영 경비를 충당하기 위해 관아에 딸린 논밭.

103) 교전(校田): 향교에 딸린 논밭.

104) 아록(衙祿): 지방 수령의 딸린 식구들에게 주던 봉록.

105) 공수위전(公須位田): 지방 관아의 경비 충당을 위해 나누어준 논밭으로, 이를 다시 인근 백성에게 경작하게 하여 그 조세를 경비로 충당함.

106) 파기(疤記): 용모파기(容貌疤記)의 준말이며 용파(容疤)라고도 함. 사람의 용모와 신체상의 특징을 적은 기록을 말함.

노원(校奴院) 무리, 궁장(宮莊)에서 일하는 세대,107) 승려의 문서 위조, 가짜 은을 사칭하는 부류를 일제히 빗질하듯 샅샅이 조사해야 합니다. 오직 감당할 만한 사역만 남기고 충원되지 못한 군적에 주면, 홀로 떠도는 백성의 황구첨정(黃口簽丁)이나 백골징포(白骨徵布) 같은 부역을 없앨 수 있습니다. 또 편안히 살며 위태로움을 잊으며 성왕(聖王)의 가르침을 받으면 나라에 침입한 외적도 막을 수 있습니다. 이를 기회로 중요한 부분을 고민하고 부족한 점도 잘 보완한 후 여러 읍의 재주 있고 용맹한 군사들을 잘 가려 뽑아 삼영(三營)의 늙고 약한 병사를 교체시켜야 합니다. 예를 들면 한(漢)나라의 기문(期門), 우림(羽林)이나 당(唐)나라의 부병(府兵), 확기(彍騎) 같은 기술을 익히고 행군을 잘 외우면 기초를 다져 갑작스러운 일에도 빠르게 대응할 수 있으니, 마치 몸에서 팔을 쓰는 것과 같습니다.

다시 조적(糶糴)을 바로잡을 방법을 생각해 보니 다른데 있는 것이 아닙니다. 민사(民社)에 저축하면 오래 밀린 세금을 납부하는 데 생기는 어려움을 전부 없앨 수 있습니다. 다 취하여 당연히 납부해야 함을 보이고 정해진 관례를 상세히 하여 받아야 합니다. 총수를 합하여 계산하고 절반은 먼저 급한 경비로 사용하고 나머지 절반은 각 도(道)의 넉넉한 집에 나누어 주어 사궁(四窮)108)과 고용된 백성들에게 먹을 것을 받지 말아야 합니다. 대범하게 간악하고 교활한 일을 벌인 관리들에게 대여해주지 않고, 장로(長老)가 각각의 면(面)에 사창(社倉)을 세워 그 곡식을 저

---

107) 궁장(宮莊): 궁에 소속된 토지.
108) 사궁(四窮): 홀아비, 과부, 고아, 늙어 자식 없는 사람을 말함.

장해야 합니다. 곡식이 비싸면 팔아서 그 이자를 거두고, 곡식이 싸면 바꾸어 저축합니다. 그러면 몇 년이 안 되어 사창에 쌓인 게 많아질 것입니다. 기근 환난을 구휼하는 방법도 어렵지 않습니다. 경생(耿生)의 상창(常平)을 설치할 것에 대한 의논이나 수(隋)나라의 의창(義倉)[109]을 경영한 일이 있으니, 어찌 오로지 아름다움이 옛것에만 있겠습니까?

무릇 아전은 여우와 쥐와 같은 점이 있습니다. 이미 맡은 바가 있어 범하지 않으려 한다면 어찌 얻을 수 있겠습니까? 하물며 본래 관사에서 주는 봉록이 없으니 관청의 곡식을 훔치는 길을 열어 준 것입니다. 이는 실로 그렇게 해서는 안 된다는 하나의 단서입니다. 주가(周家)의 정전제(井田制)에 관직이 있는 서인(庶人)에게도 봉록을 똑같이 주었는데, 봉록은 대신 경작하기에 충분합니다. 신라와 백제 이래로 모두 그러한 급료가 있었습니다. 우리 조종(朝宗: 조선)에 이르러 부역이 되었으니 의복과 음식을 잇기 어려웠습니다. 침범하는 것은 군정(軍丁)에 파기(疤記)를 대신할 때이고, 훔치는 것은 환곡의 출납하는 시기이며, 볼 수 있는 것은 진재(陳災)를 구별하는 사이입니다. 읍에는 관리가 없을 수 없고, 관리에게는 급여가 없을 수 없습니다. 관리의 월급을 덜어 아전에게 반량(半量)을 주는 것만 못하오니 그렇게 해야만 폐단이 끊어질 수 있습니다. 위에 적은 조목들을 성실히 따라 실행하시면 관리들이 환곡을 주장하지 않고 군정이 침략당하지 않으며 전세(토지세)가 남지 않음이 없습니다. 그런즉 아전들의 간사함이 없고 아전의 수를 줄이지 않아도 저절로 줄 것입

---

109) 의창(義倉): 흉년이나 재해가 발생했을 때 가난한 백성들을 구제하기 위해 곡식을 저장하던 기관.

니다. 아전의 정원은 ≪경국대전(經國大典)≫에 적어 놓았기에 거듭 논할 필요는 없지만, 아전 또한 정원을 충당하는 데 도움이 될 것입니다.

신(臣)은 본래부터 미련하고 둔하며 말도 황당하고 오만하나 궁중의 쓸데없는 비용과 넘치는 환관의 수, 천민의 추가 임금을 모두 덜어 내었습니다. 게다가 해마다 지내는 제사에는 때에 따라 연악(燕樂: 궁중 음악)이 필요하니 이는 즉 전례(前例)를 따라 정밀하게 갖추어야 합니다. 색장(色掌)110) 무리가 훔치고 농간을 부리며 덜어내고 줄여서 그 피해가 관아에 미치지 않게 해야 합니다. 그러면 즉 임금께서는 누구와 함께여도 부족하지만, 그 쓰임이 없음은 걱정하시지는 않으실 것입니다.

전부(토지세)를 균일하게 정하면 논밭을 숨겨 양안(量案)에 올리지 않을 수 없습니다. 관아에서 구하는 것을 그만두면 여결(餘結)111)로 관아에 보충됩니다. 궁의 비용이 줄고 관리의 수가 적으면 수만금이 남습니다. 관둔전(官屯田)을 그만두고 교전(校田)을 없애면 수천 금의 세수가 될 것입니다. 총괄하여 호부(戶部)로 보내 맡기면 경비는 늘 넉넉할 것이니 어찌 백성들이 어지럽고, 어찌 담당자를 꾸짖겠습니까?

백성은 나라에 의지하고 나라는 백성에 의지하니 위아래가 서로 이어져 기세가 반석과 같습니다. 임금께서 침소에 드심이 편안하고 의복과 음식이 더욱 달며 편안하게 임금의 자리에 앉으시니 사국(四國)이 평온하고 잘못된 말이 선동하는 일은 영원히 없을 것입니다. 비록 백성들이

---

110) 색장(色掌): 궁에서 주색(酒色)·다색(茶色)·증색(蒸色)과 같은 각 분담된 일을 맡아 보던 임원의 총칭한 말임.
111) 여결(餘結): 토지 대장에서 논밭의 면적을 실제보다 줄여서 기록한 경우, 그 차이만큼의 빠진 수를 말함.

분란을 일으켜도 곧 끝난다는 말을 하면 감히 다시 새 뜻을 연역하지 않을 것입니다. 그러니 단지 ≪중용(中庸)≫ 첫 장에서 "보지 못하는 바에도 두려워하고, 듣지 못하는 바에도 경계하고 삼간다."[112]는 말과 같습니다. 목림(穆臨: 국왕)의 아래에서 나라의 여러 가지 일을 감히 바치오니 공경을 다 하지 않음이 없사옵니다. 신(臣)이 삼가 대답하옵니다.

三政對策

王若曰: 有國之大政, 厥目有三, 曰: 田賦也, 軍籍也, 還穀也. 三政之設, 初豈非經國理民之大綱歟? 唐虞三代, 尙矣勿論, 中國歷朝, 規爲頓異. 今當剝膚之憂, 奚暇遠引博採, 支離其說乎?

本朝開國近五百年, 凡所規畫, 無非良法美制. 以言乎田賦, 則改量之限, 其歲二十, 土年之分, 厥等六九, 改量不擧, 分等無別, 自何時而然歟? 以言乎軍籍, 則五衛之制廢而三營改, 上番之規弛而收布始, 其沿革得失, 可得以詳言歟? 以言乎還穀, 則自羅濟以來, 已有其始. 未嘗非先王省助之義, 西京賑貸之政, 取耗補用, 固出於不得已之政, 仍作經費, 亦有古制之可援歟.

予非欲廣訪典攷, 困人於觚墨間, 使爲誇該淹較藝術之意也. 不詳悉原委, 毋以誤矯採之方, 故畧擧其槩而詢之. 以予所識, 先爲披露. 國初三政, 本是爲國爲民而設, 田不收賦, 軍不衞邦, 穀不議賑. 而能成國者, 未

---

112) ≪중용≫의 원문은 다음과 같다. "도(道)라는 것은 잠시도 떠날 수 없으니 떠날 수 있으면 도가 아니다. 그러한 까닭에 군자는 보이지 않는 바에도 경계하고 삼가며, 들리지 않는 바에도 두려워한다.(道也者, 不可須臾離也, 可離非道也. 是故君子戒愼乎其所不睹, 恐懼乎其所不聞.)"

之有也. 國不成國, 民將疇依, 然則三政不理, 其責在於國君子民之地.

法久弊生, 從古已然. 今日三政, 可謂弊到極處矣. 豪勢兼並而經界紊也, 狡黠逃竄而尺籍虛矣, 奸猾舞弄而糴法壞矣, 民不堪命, 國將隨傾, 猶復沁泄, 不果嬌革, 豈久則變, 變則通之義也.

子欲從頭釐革, 不患無其說, 經界紊則將改量而均齊之矣, 尺籍虛則將查括而塡充之矣. 糴法壞則將蠲蕩而寬紓之矣. 捄正之道, 不外是矣.

第念此擧, 左右掣礙, 做說矛盾. 苟欲改量, 先務得人, 次又辦財. 人才已不逮古, 財力從何辦多? 苟欲查丁, 宜刷冒稱之幼學, 又罷投托之閒丁, 括簽之際, 易致混淆.

苟欲蠲還, 漢家之常平, 隋氏之義倉, 皆爲良規. 取耗穀作經費, 非今斯今, 此非予排頒好用宮室宴樂之費, 卽是京司外營日支月給之需. 蠲之固快, 又將何取, 而給其代歟? 旣不能罷, 又不能捄, 其將束手以坐, 秖視民國之胥阽于危歟?

吁! 以予寡德, 承祖宗遺大投艱之緒業, 忍見祖宗赤子日趨溝壑? 中夜繞壁, 錦衣何安. 民存, 然後國可存: 國存, 然後家可存. 今日廷臣念之及此, 豈無惕然興歎、泫然流涕者乎? 子大夫子諸生, 必有素講于心, 捄弊之方, 其爲無隱, 悉陳于策. 予將親問焉. 王若曰: 云云.

臣謹稽論語, 子曰: 道千乘之國, 敬事而信, 節用而愛民. 使民以時. 信斯訓也, 敬事而信, 三政之體也. 節用而愛民, 三政之用也. 使民以時, 三政之所由施也. 豈有不能敬信、不能節儉仁愛、不能不違民時, 而可以行三政之道者乎? 然而漢儒之對策有曰: 琴瑟不調甚者, 必解而更張之乃可皷也. 爲政而不行甚者, 必解而更化之乃可理也.

今我大東聖明御極, 適丁中興一新之昌期, 正是爲政更化之日也. 國家之維持而安全者, 三政爲首: 黎民之仰賴而奉遵者, 三政是已. 粤祖宗朝以來, 其在三政之道, 必敬必信, 以儉以仁. 裁成輔相, 囿民於春臺壽域之中者, 年將五百, 于斯良法美意, 備見於寶鑑宏綱細目, 昭在於大典. 則其在後嗣王不愆不忘者, 只在舊章之率由而已, 不必遠慕唐虞取法三代也. 敬守列聖朝徽謨弘規擧, 而措之於政令施爲之間, 則何患乎法綱之懈弛而不振也? 何憂乎民生之困悴而起鬧也哉? 臣以草莽之賤, 値蒭蕘之詢, 敢不竭其所知, 敬爲之對.

對曰: 政之爲言正也. 當今國政之所可必正者, 莫如田賦、軍籍、還穀之三大者也. 田賦者, 度支之所掌, 而上自御供進獻諸般需用, 下曁庶僚頒祿、各司胥隷、以至待倭使价迎送, 靡不由此而應辦, 則寔有國之不可闕者也. 軍籍, 則兵典之所係, 而內以宮城扞[113]衛, 外以控扼屯守不可踈虞, 則儘是苞桑之戒. 還穀, 則賑典之所載, 而飢饉之救濟, 患難之資給, 亦皆待是而取予, 則均爲保民之大道也.

惟此三政, 有難廢一. 而先王之政, 布在方策. 其人存則其政擧, 其人亡則其政熄. 爲今之計, 曷若愼擇其人至公至正. 廟堂之籌畫旣朙, 而方伯守宰一心對楊[114], 百廢俱興, 正德厚生, 而察隱防奸, 衷多潤寡, 而救災恤患, 愛養民力, 而修明軍政, 則何今之不逮於古也? 雖然苟不先之以敬, 繼之以節檢, 則捨本而逐末, 有初而鮮終. 爲國之政, 惟在於敬與儉之二字矣.

臣嘗按我朝田政之制, 世祖壬午量田, 中宗朝癸未量關東田, 宣祖朝甲辰改量田, 仁祖朝乙亥改量三南田, 顯宗朝癸未改量京圻田, 肅廟朝庚子

---

113) 원문 '扞': '捍'의 통용.
114) 원문 '楊': '揚'의 통용.

석호집(石湖集)

改量田, 總括八道田結, 歲以二十爲限, 田以六等, 年分九等, 上下其稅, 而改量久廢, 分等無別. 則正廟朝庚子又改量田, 除其舊陳, 間添新起, 則八道結, 總都合一百二十餘萬結也. 而古來法制, 久則變, 變則通. 此其先朝以後田賦釐革之大署也.

臣又按: 戎政之制, 其在太宗、世宗朝之際, 剏置五衛都摠之府, 肇自朝官之支庶, 終至間散之良丁, 皆隷諸衛, 並鐲雜役矣. 迨乎宣祖朝, 龍蛇之變, 兵籍散漫, 宿衛空虛, 則改置三營, 更番守衛, 次設近圻屯田之規, 以鍊束伍三手之技. 而至於仁祖丙丁之後, 府儲傾竭, 軍資欠縮, 故遠外之騎步則停罷上番, 留在之民丁則仍令收布, 此其盛際剏始、危亂變易之梗槩也.

臣復按: 糶政之制, 始自高句麗. 王出遊之時, 會有備丐民願貸之事, 今歲得養其母, 成秋準納, 其穀還之爲名, 自此始矣. 聿自伊後, 凡厥庶民援以爲例, 以至于羅濟麗朝則設倉廩而出納, 定吏隷而典守. 故我朝因之, 爰立糶糴之制, 公私無弊矣. 壬丙以後, 還穀復完, 則孝廟朝相國李敬輿獻議, 以爲圻輔國家之根本, 而難辦於北使. 供頓之役, 歲取諸道耗穀, 三分之一輪之京倉, 名曰常平. 而分西京賑貸之餘, 備使价四站之役, 遂爲連年經費之用, 則蓋出於不獲已之計也, 奈之何?

挽近以來, 田政之改量久廢, 豪黨兼並而經界不正, 陳荒居多而白徵未鐲, 災傷不均而下民之蒙恩者寡, 隱漏並多而小吏之偸食者衆矣. 乃若軍籍, 則孤窮簽疤而黃白架疊: 假冒濫稱而投托躱避, 則丁役之未充, 而每縮者良以是矣. 至於糶政之弊, 則民納實穀, 而吏給空殼: 私營分石, 而勒捧大斗者有之矣. 逋欠夥多而簿牒虛行, 耗納亦難而族徵益煩, 業已久矣. 還穀之名雖存, 而其實則亡矣. 豈復有恤荒救難之可恃者乎? 三政之弊一至於此, 可謂流涕太息者也.

臣竊伏思之, 必欲釐正而矯救之, 則先自丹宸上心存於主一無適之敬,躬行以節儉去奢之化. 握瑤鏡而萬機俱炳, 秉玉衡而百度皆貞. 表端影隨, 風行草偃. 而所謂正心以正朝廷, 爰及萬民者信矣. 方今當務之急在於得人, 得人之道在乎一國之人皆曰可用, 然後任之以職, 考之以功能, 聽言觀行, 試才諮謀, 則人焉廋哉, 士將至矣. 迪簡王廷, 擧以爲方伯守牧, 則股肱良而元首喜, 六府允釐而庶績咸熙矣.

其於爲政乎何有? 請以田政言之. 仁政必自改量而始, 量田之停止已經百有餘年, 則不可無查正之道, 而此是不難之事也. 只令剛明之道臣嚴立課程, 申飭列邑之守宰, 仍舊案而卜陳起, 逐字號而分近遠, 執柯伐柯, 以印踏印, 民僞吏奸, 擧皆綻露. 而至於海溢破堰, 川決覆沙, 與山林上下磽确之地, 溪峒左右翻覆之處, 則不可成案執稅.

而若夫六等, 其稅五樣, 其田之中, 潤色之, 增損之, 則都在於其任也. 其任則本倅合會一鄕之有風力、有操守而善解卜之人, 拔其右者, 審於尺量, 辨其奸僞. 又令本倅糾察撿校於舊案新量之異同, 而勿使小吏輩叅涉於其間, 則民之冤徵者可紓, 而吏之偸竊者斯得矣. 何必用難辦之財, 而分遣均田之使, 貽弊於官與民哉?

且小吏者, 小公心而多私情, 若干豫於肥瘠分量之際, 陳災摘奸之時, 則田制無以正, 而民稅多不公矣. 且夫官屯校畓之定制, 衙祿公需之給用, 揆以八路, 不下於數萬結矣. 雖是先王之厚德, 近爲下吏之私橐, 則莫如輸之公廩, 以助國用矣. 盡夫三乎無用之米, 則民不冤矣. 復收各屯已罷之稅, 則公有補矣.

且夫軍政之修擧, 尤爲易然. 先自班家墓村, 以至吏屬係保, 搜括無遺, 罨而損之, 疤而定之. 又於校奴院屬, 宮庄濫戶, 寺僧僞牒, 假稱冒錄之類, 一倂查櫛. 只存可堪之使役, 並付未充之軍籍. 則□獨流散之民, 黃白疊徵之役除矣. 且安不忘危, 聖王之受訓, 而國家之禦侮也. 乘此窮寠塡補之後, 精選列邑才勇之軍, 替備三營老軟之卒, 如漢之期門、羽林, 唐之府兵、彍騎, 而練習枝藝, 熟諳行陣, 則鞏基應猝, 如身之使臂矣.

復念糶糴矯革之法, 不在乎他, 莫如儲畜於民社, 而盡除久逋之難捧, 悉取見在之當納, 以詳定例而受之, 合都總數而計之, 以其半牽補先急之經用, 以其半分給諸道之饒戶, 四窮傭雇之民切勿受食, 而大房奸猾之吏不得容貸, 俾其長老立社倉於各面, 以藏其穀. 穀貴則賣之以收其利, 穀賤則貿之以完其儲. 則不過數年, 社倉之積必多矣. 其於飢饉患難之救恤, 不難辦矣. 耿生常平之議置, 隋氏義倉之營設, 奚獨專美於古耶?

夫小吏者, 有同狐鼠, 旣以爲任, 又欲無犯, 其可得乎? 況本無公下之料, 遂啓偸食之寶, 此實不可之一端也. 周家井田之制, 庶人在官者同祿, 祿足以代耕也. 羅、濟以來, 俱有其料矣. 至於我朝, 徒爲役使, 而衣食難繼, 則所可侵者, 軍丁疤代之時也: 所可偸者, 還穀出納之際也: 所可示者, 陳災區別之間也. 邑不可以無吏, 吏不可以無料, 莫如捐官之月俸, 給吏之半糧, 然後其弊可絶. 誠依上項條件, 另爲施行, 則吏無還穀之主張, 又無軍丁之侵頉, 更無田稅之餘剩, 則吏奸無容, 而吏額不減而自減矣. 吏額自在於大典, 不必申論, 而亦是充丁之一助也.

臣本魯駑, 語涉狂戇, 而宮省之冗費, 宦寺之濫數, 輿儓之添料, 並在所損. 而若夫每歲祀享, 隨時燕樂之需, 則依例精備, 勿令色掌輩偸弄減縮, 害及公家. 則君誰與不足, 而不患無其用矣. 田賦均制, 而隱漏莫逃: 公衙罷需, 而餘結補公. 宮費減而宦數寡, 則巨萬斯贏矣: 官屯罷而校畓除, 則幾千其結矣. 都括而委輸於戶部, 則經費常有餘裕, 而何擾乎諸民, 何責乎有司乎?

民依於國, 國依於民, 而上下相維, 勢若磐泰, 而丙枕乃安, 錦玉攸甘, 拱已南面, 而四國寧謐, 永無訛言之煽動. 雖氓之紛擾矣, 言將終矣, 不敢

復演新意, 只以中庸首章恐懼乎其所不睹, 戒愼乎其所不聞等語, 敢獻於
穆臨之下, 家國之庶事, 不外乎無不敬矣. 臣謹對.

조대감께 올리는 서찰[호는 심암(心庵), 휘는 두순(斗淳). 당시 영상(領相) 자리에 있어 황조인(皇朝人)115) 집안에서 연명해서 올리다]

아, 애통합니다. 명나라가 없어지고 중화가 멸망하여 ≪춘추(春秋)≫
한 권 읽을 땅이 없습니다. 저희가 모두 황조(皇朝: 명나라) 공신의 후예
로 동쪽 나라(조선)에서 구차하게 목숨을 부지하고 홍무(洪武: 명 태조 주
원장의 연호)의 의관을 보존하며 오늘날에 이르고 있는 것이 열성조(列聖
朝)께서 만인을 평등하게 여기시고 똑같이 사랑하셨고 비와 이슬이 만물
을 성장시키는 듯한 은택이 아님이 없습니다. 그러니 하늘이 덮고 땅이
싣는 그 사이의 공간에 어찌 유감이 있겠습니까? 이미 동국(東國: 조선)
에 살고 있으니 동인(東人: 조선인)이지요.

동쪽 나라를 우러러 받드는 건 명나라와 다름이 없습니다. 이에 무과
(武科)에 붙기도 하였으나 대부분 선천(宣薦)116)에 오르지 못했습니다.
비록 나라에 보답하고 싶은 마음을 품고 있지만, 벼슬길에 나가는 길을
열기는 어렵습니다. 삼가 대감 합하(閤下)께 바라오니, 존주대의(尊周大
義)117)를 장려하시고 회수(淮水)를 건너온 여생을 가련히 여기소서. 임

---

115) 황조인(皇朝人): 선조가 명나라에서 나온 해동 집안의 출신.
116) 선천(宣薦): 무과(武科) 급제자 중 신분이 귀하고 선전관(宣傳官)이 될 만한 자를
후보자로 추천하던 일.
117) 존주대의(尊周大義): 춘추 시대에 주(周)나라를 지키고 오랑캐를 물리치자는 구

석호집(石湖集)

금께서 들을 수 있게 전달하시어 특별히 성은을 하사해 주소서. 천거에 관한 일에 구애받지 않는 이는 명나라의 유민이라야 비로소 동국의 백성이라고 할 수 있습니다.

황조인(皇朝人: 명나라 후예 집안의 출신)이 지금까지 겪어 온 내력을 보면 그 자취가 변란 때이고 시대가 멉니다. 큰 집안의 경우는 비록 이미 증명이 되었지만, 세상에서 미루어 볼 때 혹 혼란스러움이 많았습니다. 그래서 이것을 ≪명사(明史)≫·≪국승(國乘)≫·≪재조번방지(再造藩邦誌)≫118)·≪동정일기(東征日記)≫·≪왕인성명기(王人姓名記)≫119)·≪소화외사(小華外史)≫120)와 여러 집안의 가승(家乘)에 수록되어 분명하게 드러난 것을 두루 참조하고 교정한 뒤 그 대강을 약간 들어 하나하나 말씀드리오니 삼가 살펴 주시기 바라옵니다.

과거 임진왜란 때 전첨정(前僉正) 이정한(李鼎漢)의 8대조 제독(提督) 이여송(李如松)과 부사(府使) 이상주(李尙周)의 9대조 총병(摠兵) 이여매(李如梅)는 모두 동방을 정벌하라는 명을 받고 명성과 공적을 혁혁하게 세워 역사서에 기록되었습니다. 게다가 제독은 무열사(武烈祠)121)에

호에서 나와 공자가 ≪춘추(春秋)≫에서 이를 수용하여 중화 국가를 수호하는 대의(大義)로 발전되었고, 17세기 중국대륙에서 일어난 명청(明淸) 교체기로 조선이 정묘호란, 병자호란 등 막대한 전란 피해를 입게 되자 조야에 존명반청(尊明反淸)의 분위기가 크게 일어나 후기 내내 지식층 계층의 뇌리를 지배했던 사상 이념.

118) ≪재조번방지(再造藩邦誌)≫: 1693년(숙종 19)에 신경(申炅)이 임진왜란 때 명나라로부터 지원받았던 사실을 정리한 책.

119) ≪왕인성명기(王人姓名記)≫: 오경원(吳慶元)의 ≪소화외사(小華外史)≫의 한 편장.

120) ≪소화외사(小華外史)≫: 1830년(순조 30)에 오경원(吳慶元)이 고려 말부터 조선 순조 연간까지 대중국 외교관계에 관한 주요 기록을 모아둔 책.

향사되었고 황단(皇壇)122)에 모셔졌으니 두말할 것 없이 온 나라가 모두 칭송하고 있습니다.

한량(閒良) 석태동(石泰東)의 11대조 병부상서(兵部尙書) 석성(石星)은 조선 지원을 힘껏 주장하고 여러 논의를 물리치고 정벌을 주관하여 장수를 골라 군사를 출정시켜 계속 보낸 것이 거의 십 년이나 되었고, 경영하고 계획함을 지시하고 조선을 다시 일으켰습니다. 그러나 조선 지원에 관한 일로 죄를 얻고 도리어 죽임을 당하였습니다. 덕으로 화를 입었으니 온 천하가 슬퍼하고 임금께서도 감명받으셨지요. 무열사를 세워 주향 인물로 제향하여 백세토록 잊기 힘들 것입니다.

출신(出身: 과거급제자) 만창혁(萬昌爀)의 8대조 경리(經理) 대중승(大中丞) 만세덕(萬世德)은 무술년(戊戌年: 1598) 11월에 동정(東征)에 나서라는 명을 받아 추한 오랑캐를 섬멸하고 바다의 요상한 기운을 싹 쓸어 승세를 타고 물리쳐 부산(釜山)까지 밀고 내려가 바다를 지키며 군대를 남겨 뒷일을 잘 처리하였습니다. 경자년(庚子年: 1600) 9월에 명을 받들어 큰 공을 세우고 돌아갔고 동방에서 큰 업적을 세웠습니다. 그것이 기록되어 후손에까지 미쳤습니다.

전(前) 영장(營將) 마하백(麻夏帛)의 9대조 제독 마귀(麻貴)는 정유년(丁酉年: 1597) 왜구가 다시 쳐들어온 날, 명나라 장수를 통솔하여 흉적

---

121) 무열사(武烈祠): 임진왜란 때 평양에 조선 지원에 앞장선 명나라 인물들을 모신 생사당임.

122) 황단(皇壇): 1704년(숙종 30)에 임진왜란 때 조선에 지원병을 보내준 명(明)나라 신종(神宗)의 제사를 위해 창덕궁 후원에 설치한 대보단(大報壇)을 지칭함. 병자호란 이후 조선의 조정과 사대부 사이에 팽배했던 존주대의(尊周大義)의 발로임.

을 무찌르고 뛰어난 전략으로 위대한 공적을 세웠습니다.

전(前) 첨사(僉使) 가(賈) 아무개의 13대조 병부상서 가유약(賈維鑰)
은 계사년(癸巳年: 1593) 4월 흠차직방주사(欽差職方主事)로 계략을 세
우고 명을 받아 금패를 가지고 위로하였습니다. 세 번이나 사행에 나서
압록강에서 공상(功賞)을 정하고 안주(安州)에서 장수와 병사들을 위로
하였습니다. 정유년(丁酉年: 1597) 8월 다시 그 아들 유격장군(遊擊將
軍) 가상(賈祥)과 함께 정예부대를 이끌고 와서 원수를 갚고자 나서 남원
(南原)에서 세 번 승첩을 거두었고, 부산까지 뒤쫓아 왜구를 크게 무찌르
고 곧장 적의 소굴을 쳤습니다. 그러나 홀로 선봉으로 나섰다가 후방에
서의 지원이 끊겨 결국 겹겹이 포위되어 부자가 함께 순절하였습니다.
그의 손자인 병부종사(兵部從事) 가침(賈琛)은 풍수(風樹)의 죽음처
럼123) 통곡하고 부상(扶桑)의 바다처럼124) 비통하여 북쪽으로 돌아가
지 않겠다고 맹세하고,125) 무덤 근처에 여막을 짓고 살면서 효를 다하였
습니다. 임금께서 정포(旌褒)를 내리시고 남겨진 자손들을 거두어 이씨
(李氏: 이여송)와 마씨(麻氏: 마귀)의 일례와 같이하였으니 삼대(三代)의
충렬을 팔도가 우러러보았습니다.

---

123) 풍수(風樹): 어버이에게 효도를 하고자 하나 이미 어버이는 죽고 효행을 다하지
    못하는 슬픔을 말하는 풍수지탄(風樹之嘆) 고사를 지칭함. 공자가 길을 가는데
    고어(皐魚)라는 사람이 나무를 안은 채 슬피 울고 있기에 까닭을 물었더니, "나무
    는 고요하고자 하여도 바람이 그치지 않고 자식이 봉양하고 싶어도 어버이는 기
    다려 주지 않는다." 하고는 서서 울다가 말라 죽었다 함. ≪한시외전(韓詩外傳)≫
    에 나옴.
124) 상해(桑海): 부상(扶桑)의 바다라는 말. 부상은 동해 속의 신목(神木)으로, 해가
    뜰 때 이 나뭇가지를 떨치고서 솟구쳐 올라온다고 함.
125) 서불북향(誓不北向): 명나라로 돌아가지 않겠다고 맹세했다는 뜻.

출신(出身) 천인문(千仁文)의 13대조 운향사(運餉使) 천만리(千萬里)는 충성과 용맹을 다하고 나랏일에 열심히 하였습니다. 수륙으로 군량을 조달하여 군사들은 굶주리지 않았으니 우리나라는 여기에 힘입어 옛 강토를 회복하였습니다. 화산군(花山君)으로 봉하고 영남(嶺南)에 사당을 세웠으니 그가 세운 남다른 공로와 빼어난 업적은 더 말할 필요가 없습니다.

전(前) 만호(萬戶) 강붕화(康鵬化)의 6대조 공조참의(工曹參議) 강세작(康世爵)은 그 선조 도지휘사(都指揮使) 강림(康霖)이 평산(平山)에서 나라를 위해 일하다 목숨을 잃었고, 부친 통판(通判) 강국태(康國泰)는 건노(建虜: 여진족)126)에게 순절하였습니다. 참의 강세작은 웅경략(熊經略: 熊廷弼)의 중군(中軍)으로 있다가 봉황성(鳳凰城) 아래에서 겨우 죽음을 벗어나 의를 지키고자 동쪽으로 건너 전전하다가 북협(北峽)으로 들어왔습니다. 임금과 아비의 원한을 갚기를 기약하였고 삼대가 충성을 다 갖추었으니 여러 임금이 표창하여 조세와 부역을 면제해 주었음이 국사(國史)에 분명히 드러나 있습니다.127)

전(前) 유학(幼學) 호경주(胡敬周)의 9대조 이부상서(吏部尚書) 호사표(胡士表)는 그 아들 한림(翰林) 호극기(胡克己)와 조선으로 봉사하다가 표착했습니다. 상전벽해의 시국을 만나 차마 북쪽으로 돌아가지 못하겠다는 의로움으로 동쪽 땅에서 계속 살았습니다. 효종(孝宗) 때 특별

---

126) 건노(建虜): 건주 오랑캐, 즉 청나라를 세운 건주 여진족(훗날 만주족으로 개명)을 말함.

127) 급복(給復): 평민에게 부과하는 조세(租稅)와 부역(賦役)을 면제하는 것으로 복호(復戶)와 같음.

석호집(石湖集)

히 어찰(御札)을 내리시고 빈객(賓客: 손님)의 예로 대접하셨습니다. 호한림의 장조카 호상덕(胡尙德)은 나이가 겨우 13살인데도 관동에 들어와 시종 노중련(魯仲連)의 뜻을 품고 백이(伯夷)의 절개를 지켰습니다. 고결한 절조의 발자취는 옛사람에게 부끄럽지 않습니다. 관리로 등용시켜 봉록을 주는 것이 국전(國典: 나라의 법전)에 분명히 나타나 있습니다.

출신(出身) 사홍경(史鴻經)의 16대조 예부상서(禮部尙書) 사요(史緜)는 저잠(楮岑: 조선)에 들어와 몸을 의탁한 지 이미 오래입니다. 12대조 좌령(左嶺) 사백중(史伯重)은 병자호란 때에 의로움을 굽히지 않고 오랑캐에 맞섰고 나라가 위태롭고 어지러울 때 선 채로 순국하였습니다. 인조(仁祖)께서 크게 칭찬하며 특별히 신도(神道)를 세워주셨으니 그의 일편단심과 절개가 해와 별처럼 빛납니다.

오위장(五衛將) 왕은주(王殷疇)의 7대조 섬서(陝西) 안찰사(按察使) 왕즙(王楫)과 전중군(前中軍) 황재겸(黃載謙)의 6대조 황전당(黃錢塘)은 나라를 지킨 공로가 있습니다. 유학(幼學) 정숙(鄭淑)의 9대조 상생(庠生) 정문상(鄭文祥), 수직관(守直官) 풍세백(馮世白)의 6대조 풍삼사(馮三仕), 출신(出身) 배경한(裵擎漢)의 7대조 배삼생(裵三生), 유학(幼學) 전완풍(田完豊)의 7대조 병부상서 전응양(田應楊)의 손자 전호겸(田好謙)은 사신으로 가도(假島)에 들어왔다가 탈출하여 패수(浿水)를 건넜습니다. 이들 모두 효종을 모시고 동쪽으로 온 지조 있는 신하이자 열사들입니다. 세자의 수레를 호위하여 조선에 의지하여 살며 중화의 문물을 보존하고 한나라 군대의 은혜를 받들었으니, 역대 임금께 잊지 못하는 뜻을 보여주었습니다.

전후로 우러러보고 굽어보며 애써 말씀드립니다. 우리 선조(先祖)와 자손들이 의(義)를 지니고 동쪽으로 온 초기에 머리털을 깎고 옷을 왼쪽으로 여미는 오랑캐를 부끄럽게 여기는 백성이라, 오로지 뜻을 소화(小華) 예의(禮儀)의 땅에만 두었습니다. 손을 잡고 끌며 동쪽으로 돌아와 세상에서 은둔하여 근심 없이 살며 벼슬길을 도모하지 않았습니다. 다행히 여기의 여러 후손은 큰 욕심 부리지 않고 면면히 겨우 끊어지지 않고 붙어 있습니다. 어리석은 이들은 실로 말할 필요가 없지만 그중에서도 문무의 뛰어난 재능이 있는 이가 있으면 조정에서 반드시 칭찬하고 장려하며 골라 채용한 두터운 뜻이 있었습니다.

저희가 어찌 은혜를 갚기 위한 마음과 미천한 정성이 없겠습니까? 단지 급제자가 된 뒤에 선조들을 생각하니 수문장(守門將)과 부장(部將)에 천거되는 것은 말할 것도 없고, 선전관에 천거(宣薦)되는 것도 온갖 제약으로 일이 쉽지 않습니다. 예를 들면 제독 이여송의 후손은 먼저 묘당(廟堂: 조정)의 칭찬을 받아 뽑혀 선천의 비망(備望)[128]에 올랐고, 또 가상서(賈尙書: 가유약)과 왕안찰사(王按察使: 왕사기)의 후손은 이미 두세 번 천거 자격에 통과되었습니다.[129] 이 밖의 다른 성씨 후손들은 출신(出身: 과거급제자)이 된 지 이미 오래이나 아직 추천에 통과되지 못하였습니다. 지금도 이러하니 나중은 가히 알 수 있습니다. 서북(西北) 송도인(松都人)을 가만히 살펴보면 주의(注擬)[130]가 어렵지 않습니다. 선천(宣

---

128) 비망(備望): 이른바 후보자로 비삼망(備三望)이라고 함. 과거 한 사람의 관리를 뽑기 위해 세 사람을 예비로 명단에 올림.

129) 월천(越薦): 천거 과정을 통과하여 후보자 자격을 얻음.

130) 주의(注擬): 관직을 내릴 때 먼저 문관(文官)은 이조(吏曹), 무관(武官)은 병조(兵曹)에서 후보자 셋을 정하여 임금에게 올렸던 일을 말함.

薦)에 구애받지 않고 궁벽한 사적을 위로해 주어 울적한 마음을 풀어 줍니다. 하물며 위풍당당한 천조(天朝: 명나라)의 훈구 자손은 어떻겠습니까? 비록 타향으로 떠도는 매우 미약한 처지지만 조정에서 천거 자격이 통과되었는데, 도리어 그 뒤에 있으니 하늘과 땅의 비통함이 어찌 끝이 있겠습니까?

저희는 슬픔과 한탄을 견딜 수 없어 감히 이렇게 호소하옵니다. 삼가 대감 합하께 바라건대 춘추(春秋)의 대필(大筆)을 여시고 두루 냉이 풀 같은 유민(遺民)을 불쌍히 여기소서.131) 임금에게 아뢰실 때132) 밟아 온 행적을 캐고 하늘의 뜻을 받들어 망한 나라에까지 사모하도록 널리 알리시고133) 고독하고 쓸쓸하며 가난한 집까지 베풀어 주소서. 조속히 처분을 내려 주시되 그 황조인(皇朝人)의 자손과 급제자들은 해마다 시행되는 도목정사(都目政事) 때 특별히 황조인(皇朝人)으로 추천하여 이름을 세워 주소서. 숫자를 논의하여 결정하시어 선전청(宣傳廳)에 게시하시되 영원히 항식(恒式)으로 정하여 잘 따라 시행하고 잠깐 시행했다가 이내 그만두는 우려가 없게 하시면, 저희의 억울한 마음이 약간 풀어질 뿐 아니라 성은(聖恩)을 갚을 길이 있을 것입니다. 이에 천만 번 엎드려 비옵니다.

---

131) 정력(葶藶): 습초(隰草)인 두루미냉이인데, 여기에서는 중국 대륙에서 활약했던 명나라 유민을 지칭함.

132) 하전(廈氈): 임금의 자리.

133) 풍천(風泉): ≪시경(詩經)≫의 〈비풍(匪風)〉과 〈하천(下泉)〉 편명을 지칭함. 현인이 국가의 쇠망을 걱정하는 내용으로 되어 있는 이 시를 보고 시인의 심정과 서로 통한다는 뜻으로 사용되었음.

上趙相公書[號心庵, 諱斗淳. 時在領相位, 故皇朝人諸家聯名]

嗚呼慟哉, 大明淪喪, 諸夏陸沈, 一部《春秋》無地可讀, 而矣等俱以皇朝勳臣之裔, 苟全性命於東土, 尙保洪武之衣冠, 以至今日者, 莫非列聖朝一視同仁, 雨露生成之澤也. 覆載之間, 寧有所憾. 而旣居東國, 則一是東人也.

仰戴東國, 無異皇明, 而或添於武科, 多未越於宣薦. 雖懷報國之忱, 難啓入仕之塗. 伏願相公閣下, 益勵尊周之大義, 偏憐渡淮之餘生. 轉達天聰, 特施盛典. 無拘薦事, 則皇朝遺民, 始可謂東國之人矣.

然其皇朝人前後來歷, 事在變亂, 年代荒遠, 則其在大家, 雖已考驗, 而推以擧世, 或多眩晦, 故玆以《明史》,《國乘》,《再造藩邦誌》,《東征日記》,《王人姓名記》,《小華外史》, 諸人家乘中所載, 明白著現者, 叅互取訂, 畧擧其槩, 一一條陳, 伏望垂察焉.

昔在龍蛇之變, 前僉王李鼎漢八世祖提督如松, 與府使李尙周九世祖摠兵如梅, 俱是承命東征, 名動赫耀, 備載史冊. 而提督武烈享祀, 配侑皇壇, 不待申講, 擧國咸誦矣.

閒良石泰東十一世祖兵部尙書星, 則力贊東援, 排斥衆議, 首事徵討, 選將出師, 陸續遣發, 殆將十年, 指示經畫, 再造三韓. 而竟坐東事, 反受其死, 以德罹禍, 四海所悲, 聖朝銘感. 而立祠武烈, 首享俎豆, 百世難諼矣.

出身萬昌爀八世祖經理大中丞世德, 則戊戌十一月受命東征, 殲滅醜奴, 廓掃海氛, 乘勝逐北, 追至釜山, 屯戍海上, 留兵善後. 庚子九月, 奉旨掇回巍勳偉烈, 有大造於東方, 則收錄宜及於雲仍矣.

前營將麻夏帛九世祖提督貴, 則丁酉倭寇再犯之日, 統領天將, 勤剿兇賊, 武畧超邁, 勳業卓偉矣.

前僉使某[134]之十三世祖兵部尙書維鑰, 則癸巳四月欽差職方主事贊劃方略, 而承命賫金, 三作槎行, 定功賞於鴨江, 犒將士于安州. 丁酉八月復與其子遊擊將軍祥, 率其精銳, 同來敵愾, 三捷於南原, 追躡於釜山, 大殲倭奴, 直搗巢穴. 而先鋒獨進, 後援不繼, 竟被重圍, 父子同殉. 其孫兵部從事琛, 則慟深風樹, 悲切桑海, 誓不北向, 廬墓全孝, 而啓下㫌褒, 收用遺昆, 李、麻一例, 則三世忠烈, 八域聳瞻矣.

出身千仁文十三世祖運餉使萬里, 則殫竭忠勇, 勤勞王事, 水陸轉漕, 士無飢色, 我國是賴, 克復舊疆, 錫爵華山, 立祠嶺南, 則殊勞異績, 不必更提矣.

前萬戶康鵬化六世祖工曹叅議世爵, 其祖都指揮使霖, 則死事於平山: 其父通判國泰, 則殉節於建虜: 叅議, 則又以熊經畧中軍僅免於鳳凰城下, 仗義東渡, 轉入北峽, 期報君父之冤, 俱全三世之忠, 則列聖朝褒美給復表著于國乘.

前幼學胡敬周九世祖吏部尙書士表, 則其子翰林克己奉使漂到. 時值滄桑, 義不忍北, 仍居東土. 孝廟朝特賜御札, 待以賓禮. 翰林之長佺尙德, 年甫十三間關東來, 始孢仲連之志, 終守伯夷之節, 潔身蹈海之迹, 無愧於古人, 調用給料之敎, 昭在國典矣.

出身史鴻經十六世祖禮部尙書繇, 則投在楮岑, 托根已久. 十二世祖左嶺伯重, 值丙子之變, 義不屈於强胡, 身立殲於危亂, 仁廟嘉獎, 特竪神道, 則丹心素節, 炳如日星矣.

五衛將王殷疇七世祖陜西按察使楫,　　前中軍黃載謙六世祖錢塘留守功, 幼學鄭淑九世祖庠生文祥, 守直官馮世白六世祖三仕, 出身裵擎漢七世相三生, 幼學田完豊七世祖兵部尙書應楊孫好謙, 奉使假島, 脫身渡

---

134) 국립중앙도서관장본에는 '모(某)'자 옆에 '가(賈)'자가 적혀 있음.

湏, 則均是孝廟祖陪從東來貞臣烈士也. 護衛鶴駕, 依寓鰈域, 葆華夏之文物, 荷漢旅之恩奉, 則列聖朝示不忘之意至矣.

俯仰前後, 挽以言之, 則矣等先祖子孫挾義東來之初, 恥爲薙髮左衽之氓, 專意小華禮義之方, 携手東歸, 遯世無憫, 不圖宦達矣. 幸此諸昆, 碩果不食, 綿綿僅存, 則雖[135]蠢庸碌者, 固無足道, 而就其中有文武挺特之才, 則朝家必有褒楊[136]甄錄之盛意. 而矣等豈無隕結激感之微衷也哉? 但於出身之後, 言念先祖, 不忍爲守部之薦, 而欲擬於宣薦, 則百端掣礙, 事不容易矣. 如李提督之遺孫, 先爲廟堂之獎拔, 已有宣薦之備望. 又如賈尚書、王按使之後裔, 已得二三之越薦. 外他各姓諸人, 出身已久, 尙未越薦, 今猶如此, 後亦可知. 窃觀西北松都人, 則無難注擬, 不拘宣薦, 俾慰僻荒之蹤, 以舒湮鬱之情. 何況堂堂天朝, 勳舊子孫, 雖至淪落之甚微, 臨政越薦, 反在其後, 天壤之慟, 庸有極乎?

矣等不勝慨惋, 敢此齊籲. 伏望相公閤下, 啓春秋之大筆, 哀荐蘗之遺民, 厦氈啓沃之際, 採掇往蹟, 對楊天意, 推擴風泉之起慕, 施及圭蓽之孤寒. 亟下處分, 凡厥皇朝人子孫出身者, 每値都政, 特以皇朝人薦立名, 論定數爻, 揭板于宣傳廳, 永著恒式, 俾得遵行, 勿使有旋行旋廢之患, 則矣等非特少泄抑鬱之懷也, 庶有圖報聖恩之路矣. 惟此, 千萬伏祝之至.

---

135) 원문 '雖': '雖'의 통용.
136) 원문 '楊': '揚'의 통용.

외숙을 제사하는 글

모년 모월 모간지, 외생질 아무개가 삼가 조촐한 제수를 차려 놓고 외숙 달성(達城) 서공(徐公)의 영전(靈前)에 감히 고합니다.

아아! 공(公)께서는 하늘에서 내놓은 효성으로 양친(兩親)을 극진히 봉양하시고 친히 나서서 편안하게 모셨습니다. 윤리에 빼어난 공경심으로 벗과 여러 아우를 대하시어 아우들의 모범이 되셨습니다. 아버지와 형제들은 기뻐하며 화합하니 화목한 분위기가 온 집안을 가득 채웠고 이웃도 모두 칭찬하였으며 멀고 가까운 곳에서도 전부 우러러보았으니, 복을 누리심이 마땅합니다.

그런데 어찌 이리 갑자기 떠나시리라 생각했겠습니까? 아아! 애통합니다! 공(公)의 문장은 순수하였고 필법(筆法)은 둘도 없이 뛰어나 높게는 가문을 밝히실 수 있고 아래로는 일신(一身)을 빛낼 수 있었습니다. 이것으로 바라보건대 가문이 쇠하고 복이 없어 여러 번 과거에서 실패하여 한 번의 첩보를 듣지 못하였습니다.

아아! 애석합니다! 지난 계축년(癸丑年)에 제가 공(公)의 거처에서 뵈었는데 자애로운 정을 보여 주셨고 올바로 이끌어 주시었으니, 세상에 보기 드문 인재셨습니다. 소자(小子) 또한 공(公)의 뜻에 따라 때때로 안부를 여쭙고 여러 가르침을 받으며 다하지 못한 도(道)를 따랐습니다. 그런데 공(公)께서는 어찌 갑자기 세상을 흘겨보시고 떠나시며 이렇게 끝없는 한을 품게 하셨습니까? 부모님은 머리가 하얗게 희어 날로 늙어 가시는데 공(公)께서 어찌 먼저 떠나시어 여든 노친께 견딜 수 없는 참담함과 끝없는 고통을 안겨 주십니까? 저승의 아래에서 공(公)께서도 슬퍼하시며 돌아가시겠지요. 아아! 애통합니다! 아들 하나가 공(公)을 닮아 가문의 명성을 이으니 저승에서 다소나마 위안이 되시겠지요.

아아! 소자가 공(公)에게는 은혜로 외숙부와 생질이고 의(義)로 스승과 제자입니다. 상을 치르는 날 영구(靈柩)를 모신다는 계획을 듣고 장례를 치르는 날 묘 구덩이에 임하여 붙잡고 매달리는데, 통곡하여도 슬픔을 다할 수 없습니다. 여기 몇 줄을 적으니 영령이 계신다면 살펴 주시지 않을까 바라옵니다. 아아! 슬픕니다! 흠향하소서.

祭內舅文

某年某月某干支, 表甥某, 謹以菲薄之奠, 敢昭告于內舅達城徐公之靈筵曰:

嗚呼! 公以出天之孝, 克養雙親, 親賴以安: 以出倫之悌, 克友群弟, 弟以效則. 父子兄弟, 怡怡融融, 和氣盈于一室, 隣里皆稱, 遠近咸仰, 宜以享福矣. 豈料遽至於斯耶? 嗚呼, 痛哉! 公文章粹如, 筆法離倫, 高可以光門戶, 下可以耀一身. 以是依望, 門衰祚薄, 累屈塲屋, 不聞一捷之榮.

嗚呼, 惜哉! 粤在癸丑,137) 小子觀生于公之舘, 慈愛之情, 汲引之誼, 出人稀世. 小子亦隨公意, 時時候問, 種種承訓, 克遵未盡之道. 公豈奄忽睥睨而逝, 懷此無窮之恨耶? 高堂鶴髮, 日迫崦嵫, 公何先逝, 使八耋老親遭不忍之慘, 而抱罔涯之痛耶? 黃壤之下, 公亦飮悵而歸矣. 嗚呼, 痛哉! 一子克肖, 乃紹家聲, 庶可慰於冥冥之中矣. 嗚呼! 小子之於公, 恩則舅甥, 義則師弟. 喪之日, 聞計奉柩: 葬之日, 攀轔臨壙, 哭不盡哀. 玆掇數行, 不昧者存, 庶幾降鑑否? 嗚呼, 哀哉! 尙饗.

---

137) 국립중앙도서관장본에는 '계(癸)'자 옆에 '을(乙)'자가 적혀 있음.

마마신을 보내는 글

무릇 음양(陰陽) 두 기운에 대해 들어 보니 위, 아래, 옆이 통한다고 한다. 정신을 모아 하늘과 덕을 합한다. 굽혔다 폈다 갔다 왔다 하면서 끝없이 돌고 돈다. 복을 주어 재앙을 없애고 때에 따라 번성하고 쇠한다. 우리 가(賈)씨는 기풍(岐豊)138)의 후예로 명(明) 만력(萬曆) 연간에 동방(東方)에 공을 세웠다. 대대로 집안을 계승함에 충(忠)과 효(孝)로 하였고 영묘한 감식이 밝아 선조께서 보살펴 주었다. 두 아들과 세 손자가 내 몸에서 나왔다. 받은 복록(福祿)이 실로 많으니 신(神)이 이렇게 하사하신 것이다.

이제 여름이라 날씨가 따뜻해져 육려(六沴)139)가 행해지는 곳이 우리 집안에 이르렀다. 하늘의 경사를 잘 이루어 신공(神功)이 조화롭다. 아이가 준수하여 상서로운 바람 맞고 논다. 임금의 지극한 덕이 아님이 없고,140) 꾀하지도 않은데 이와 같게 되었다. 큰 역병의 종식을 고함에 시작과 끝에서 전송하니 밥은 희고 술은 붉다. 좌우에 있는 것 같아 감히 속내를 풀어낸다. 푸른 바다가 한없이 넓고 화악(華岳)이 높고 높구나. 귀신이 이미 취하고 배불러 마땅히 바쁘게 떠나간다.

---

138) 기풍(岐豊): 주(周)나라 도읍지 '기(岐)'와 '풍(豊)'임. 주 문왕(文王)이 숭후호(崇侯虎)를 정벌한 뒤 도읍지를 기(岐)에서 풍(豊: 일명 鄷)으로 옮김.

139) 육려(六沴): 음·양·풍·우·회·명(陰陽風雨晦明)의 육기(六氣)가 불화(不和)한 것을 말함.

140) 이극(爾極): 임금의 지극한 덕을 지칭함. 극(極)은 ≪서경(書經)≫〈홍범(洪範)〉에서 나오는 다섯 번째 황극(皇極)을 지칭함.

送痘神文

盖聞陰陽二氣, 上下旁通. 聚精會神, 合德玄穹. 屈伸往來, 循環不窮. 錫福除殃, 隨時汙隆. 惟我賈姓, 胤自岐豊. 在明萬曆, 有功于東. 世葉承家, 以孝以忠. 神鑑孔昭, 眷佑先公. 二子三孫, 曁于我躬. 受祿實多, 神賜是蒙. 值此維夏, 天氣融融. 六沴攸行, 及我門中. 順成天慶, 造化神功. 兒生俊邁, 遊戲祥風. 莫非爾極, 不謀斯同. 大疫告訖, 克始克終. 于以餞之, 飯白醪紅. 左右如在, 敢弛素衷. 滄海洋洋, 華岳崇崇. 神既醉飽, 去宜忽忽.

하옥(荷屋) 대감 수연에 올린 노래

무릇 세상에는 이(理)와 기(氣)가 있을 뿐입니다. 사람의 삶에서 참된 이(理)와 바른 기(氣)를 얻으려면 반드시 덕이 있어야 하고 지위가 있어야 하며 수명이 있어야 합니다. 기자(箕子)는 홍범구주(洪範九疇)에서는 오복(五福)이라고 적었고 ≪추서(鄒書)≫에서는 달존(達尊)이라 칭하였으니, 어찌 믿지 않겠습니까? 위로 황제(黃帝) 헌원씨(軒轅氏), 전욱(顓頊), 훈(勳), 췌(萃), 우왕(禹王), 탕왕(湯王), 문왕(文王), 무왕(武王)과 같은 여러 임금이 그러하고, 아래로 고요(皐陶), 기(夔), 후직(后稷), 설(契), 이윤(伊尹), 부열(傅說), 주공(周公), 소공(召公)과 같은 공경(公卿)도 그러합니다. 혹 이치가 완전하더라도 기운이 아직 왕성하지 않으면 공자와 같은 성현도 지위를 얻지 못하고 안자(顏子)와 같은 어진 이도 그 수명을 얻지 못합니다. 천도(天道)를 믿기 어려운 게 이러합니다.

무릇 오직 우리 큰 대감 김공(金荷屋: 김좌근)께서는 대대로 청렴하신 품덕(稟德)으로 선대의 복록을 이으셨고 온 우주의 빼어난 호걸이십니다. 산과 강이 신령함을 길러주어 기가 충만하고 덕이 완정하며 시대에 부응하여 도와 나라의 주석이 되셨고 장상(將相)이 되셨습니다. 임금을 받들고 백성을 보호하는 일을 자신의 소임으로 여기시고, 인재를 얻고 어두운 곳에 막혀 있던 인재를 발탁하는 일을 급선무로 하셨습니다. 고대 전적을 연구하시고 치도(治道)를 강구하여 밝히셨습니다. 띠를 드리우고 홀을 바르게 잡으시고 어떻게 조정에서 목소리와 안색 하나 변하지 않고 나라를 반석(磐石)과 태산(泰山)처럼 안정 속에 놓으셨을까요? 안으로는 정경부부인(貞敬府夫人)이 강녕하시고, 아래로는 상서공(尙書公)의 효성이 지극하시니, 참으로 그 이치와 기세를 온전히 하고 품덕과 지위, 그리고 수명을 가지셨다고 할 수 있습니다. 우리들은 어리석은 소인이라 작은 정성만 가지고 <해옥에 산가지 더한다: 해옥주첨(海屋籌添)141)>를 바칠 뿐입니다. 시에서 말하기를:

[제1수]
옛날 현인(賢人)에게 수명 늘려 준다는데
우리 대감 보니 하늘 믿을 수 있소
나라 경영한 한기(韓琦)와 부필(富弼)142)의 아름다운 공적과 나란히

---

141) 해옥주첨(海屋籌添): 해옥첨주(海屋添籌)라고도 적음. 장수를 의미하는데 나중에 주로 빈객이 장수를 송축할 때 사용되었음. 송나라 문인 소식(蘇軾)의 ≪동파지림(東坡志林)≫ 〈삼로어(三老語)〉에서 "세 명의 노인이 서로 만나 나이를 묻자, 그 중의 한 노인이 바다가 뽕밭으로 변할 때마다 자신이 산가지 한 개씩 놓아두었는데 이제까지 놓아둔 산가지가 이미 열 칸 집에 가득 쌓였다(一人曰: 海水變桑田時, 吾輒下一籌, 爾來來吾籌已滿十間屋)"고 했음.

절세의 왕자교(王子喬)와 적송자(赤松子)143)의 편술(偏術)일세

황금 자라(金鰲)가 여덟 기둥(八柱)144)으로 하늘 궁전145)을 받들고

검은 학이 깊은 수택(水澤)146)에서 신선 자태를 나부끼는구나

다만 가라말 타고 멀리 백운(白雲)의 제향(帝鄕)147)으로 노니니

축하 연회에서 생황 가락 부는 것 허용치 않네

[제2수]

역기(曆紀)가 남극성을 돌고 돌아

대감 탄신일에 내렸다오

뛰어난 자태는 세속 초월했고

덕 있는 성품은 천진함 갖추었네

삼대(三代) 보필했던 현량이고

사대(四代) 정사 돌본 신하일세

총애받는 왕비148)는 고귀하고

---

142) 한기(韓琦), 부필(富弼): 송나라 때 나라를 다스린 어진 두 대신.

143) 왕자교(王子喬), 적송자(赤松子): 중국 전설상의 신선.

144) 팔주(八柱): ≪초사(楚辭)≫ 〈천문(天問)〉에서 여덟 기둥(八柱)이 하늘을 받쳤다는 전설(天有八山爲柱)에서 나왔음.

145) 신극(宸極): 천제가 산다는 하늘 궁전이나 임금이 산다는 대궐을 지칭함.

146) 구고(九皐): 수택(水澤)의 깊은 곳을 말하는데, 군자의 재덕이 깊고 두터워 비천한 환경 속에서도 그 빛이 저절로 드러나 명성이 임금에까지 들린다는 것을 비유함. ≪시경(詩經)≫ 〈학명(鶴鳴)〉에 "학이 구고에서 울면 소리가 하늘에까지 들린다.(鶴鳴于九皐, 聲聞于天)"에서 나왔음.

147) 운향(雲鄕): 구름 위에 있는 마을이라는 뜻으로, 천제나 신선이 사는 곳을 비유함.

148) 초액(椒掖): 왕비나 후비가 거처하는 궁실.

계책 세우고 경연149)을 펼쳤다오

뭇 인재를 두루 선발하고

백성을 자식처럼 돌보고 어루만지니

아이들이 모두 덕(德)을 칭송하고

봉우리와 바다도 인택(仁澤)에 무젖었어라

사직(社稷)에 옛 공훈 빛나고

못가 누대에서 새 노래 부르는구나

거문고 벗하며 숙녀(淑女)와 짝지으고

녹봉 나누어 지친(至親)에게 베푸네150)

자식도 그 업적 이어서

마음에서 나와 몸 아끼지 않네

궁정(鸞庭)151)에서 보배나무 뽑아서

봉소(鳳沼)152)에서 사륜(絲綸)153) 관장하네

송백(松柏)은 곧은 절개의 으뜸이니

눈과 서리가 어찌 감히 이를까

세월이 다시 환갑 되었으나

얼굴과 머리는 오히려 봄 같구나.

---

149) 하전(廈氈): 넓은 건물과 촘촘한 털방석으로 임금과 강학하는 경연(經筵)을 가리킴.
150) 주친(周親): 주변의 여러 친지인데, 여기에서는 지친(至親)으로도 사용됨.
151) 난정(鸞庭): 난새가 사는 뜰인데, 여기에서는 궁정으로 사용됨.
152) 봉소(鳳沼): 일명 봉황지(鳳凰池)이고, 비원(秘苑) 속의 못이라는 뜻인데, 여기에서는 조정 또는 중서성(中書省)의 의미로 사용됨.
153) 사륜(絲綸): 임금의 조칙을 지칭함.

지위와 명망은 앞다투어 더해지고

질그릇 두드리며 정신 수양하네[154]

비와 이슬 같은 임금 은총 잊기 어려워

갑자기 관직에서 물러나지 못하네

하늘에서 내린 장수를 축원하오니

나도록 뜻대로 펼치도록 하소서

荷屋公壽宴頌

凡天地間, 理與氣而已. 人之生, 得理之眞, 氣之正, 則必有其德, 必有其位, 必有其壽. 箕疇之敍五福, 鄒書之稱達尊, 豈不信歟? 上而帝王, 軒、頊、勳、萃、禹、湯、文、武, 是也; 下而公卿, 皋、夔、稷、契、伊、傅、周、召, 是也. 其或理雖全備, 而氣未乘旺, 則孔子之聖焉, 而不得其位; 顔子之仁焉, 而不得其壽. 天道之難諶有如是.

夫惟我大相國金公, 以累世之淸德, 紹先公之苒祿, 宇宙挺豪, 河岳毓靈, 氣充德備, 膺時扶世, 爲國柱石, 身都將相. 以尊主庇民爲己任, 以得人材、拔幽滯爲急務. 究覽墳典, 講明治道. 垂紳正笏, 豈乎巖廊之上, 不動聲色, 措國家於磐泰之安? 內而貞敬府夫人康寧偕壽, 下而尙書公備盡誠孝, 眞可謂全其理、全其氣, 有是德、有是位、有是壽者矣. 吾儕小人, 只有狗馬之忱, 拜獻海屋之籌云爾. 詩曰:

---

154) 부가(缶歌): 고부가(鼓缶歌)의 준말로 질그릇 치며 노래한다는 뜻인데, 주로 노년이 여유롭고 즐겁게 사는 생활로 비유됨.

在古仁賢假以年, 觀吾相國信蒼天.

經邦韓富功齊美, 絶世喬松術是偏.

八柱金鰲宸極拱, 九皋玄鶴羽儀翩.

祗緣騑駕雲鄉遠, 不許笙歌上賀筵.

曆紀轉南極, 相公岳降辰.

英姿超物表, 德性葆天眞.

三代賢良弼, 四朝輔翼臣.

寵光椒掖貴, 籌畫廈氈陳.

甄拔羅群彦, 懷柔子庶民.

兒童咸頌德, 嶺海摠涵仁.

社稷勳勞舊, 池臺嘯詠新.

友琴述淑女, 分廩惠周親.

允子維繩武, 從心不有身.

鸞庭抽寶樹, 鳳沼掌絲綸.

松栢元貞固, 雪霜詎敢臻.

光陰初返甲, 顔髮尙如春.

位望爭加額, 缶歌且養神.

難忘承雨露, 未遽謝簪紳.

爲祝天齊壽, 令余志願伸.

하옥(荷屋) 대감 63세 수연에 올린 노래

옛날 요(堯)임금과 순(舜)임금이 재위하실 때 고요(皐陶)·기(夔)·후직
(后稷)·설(契)이 있었고, 문왕(文)과 무왕(武)이 재위하실 때 여상(呂尙)·
주공(周公) 단(旦)·소공(召公) 석(奭)이 있었습니다. 송(宋)나라에 이르면
사마광(司馬光)·한기(韓琦)·부필(富弼)이 모두 의기가 서로 통함을 얻어
형통(亨通)과 곤액(困厄)을 바로잡아 태평을 이룩하고자 보좌하였습니
다.155) 시채(蓍蔡)156) 연도에 이르러 영원히 천록(天祿)157)을 누리고
후대를 보아도 이들과 필적할 만한 이는 없었습니다.

오직 우리 임금께서 요와 순의 덕으로 주나라와 송나라의 정치에 이르
셨고 때마침 우리 공(公)께서 도우셨으니 옛 성현과 비교해도 차이가 없
습니다. 나이와 품덕이 소자(邵子: 邵雍)과 함께하고 공훈과 지위가 병칭
되니 위대하십니다. 하물며 또 상천(上天)의 너그러운 은혜를 입어 황봉
(黃封)158)을 하사하시고 이악(梨樂)159)을 권하시니 도대체 당우(唐虞)·
주(周)·송(宋)나라 때에도 또한 이와 같은 일이 있었는지 알지 못하겠습
니다. 미천한 소생이 거칠고 졸렬하여 제대로 칭송할 수 없습니다. 삼가
율시 한 수를 지어 하찮은 정성을 다하도록 하겠습니다.

---

155) 형둔(亨屯): 형통(亨通)과 곤액(困厄)을 지칭함.
156) 시채(蓍蔡): 시귀(蓍龜)라고도 하는데, 옛날에 국가에서 중요한 일을 결정할 때
　　　쓰이는 시초(蓍草)와 거북 껍질을 지칭함.
157) 천록(天祿): 하늘이 내려준 복록(福祿).
158) 황봉(黃封): 임금이 내려주는 술을 지칭함.
159) 이악(梨樂): 궁중에서 연주되는 음악을 지칭함.

모두들 두터이 돌봐줌이 하늘에서 내리셨고

덕이 더 높아지고 수명도 더 늘어났도다

천년의 진단(眞丹)으로 신선의 이슬160) 만들어,

삼조(三朝) 숙덕의 명망이 충성과 선량으로 나타났네

사옹원(天廚)에서 빚은 미주(美酒)와 좋은 음료161) 마시고

금원(禁院)에서 울리는 맑은 노래와 음악 퍼지구나

연회(宴會)에 축하하는 하객이 얼마나 될꼬

이 몸은 여전히 십주(十洲)162) 옆에 있네

荷屋公六十三歲壽宴頌

昔堯舜爲君時, 則有皐, 夔, 稷, 契: 文武爲君時, 則有尙父, 周, 召. 以至宋之司馬, 韓, 富, 俱得聲應氣求, 亨屯扶顚, 佐致太平, 永終天祿, 鑑於後代若無與爲匹者矣. 惟我聖上以堯舜之德, 致周宋之治, 時有我公寅恊贊襄, 與古賢聖無間, 年德與邵, 功位並稱, 其盛矣哉. 矧又上天之湛露優優, 賜之以黃封, 侑之以梨樂, 抑末知唐虞周宋之時, 亦有此事歟. 微生鹵莽, 不能善頌, 謹次一律, 以竭鄙誠. 詩曰:

大家篤祐降穹蒼, 德彌高時壽彌長.

---

160) 항해(沆瀣): 맑은 이슬인데, 여기에서는 선인(仙人)이 마시는 진귀한 물로 쓰였음.

161) 경장(瓊漿): 좋은 음료인데, 송옥(宋玉)의 〈초혼(招魂)〉에 "화려한 술잔 이미 베풀어졌는데 경장도 있네(華酌旣陳, 有瓊漿些)"에서 나왔음.

162) 십주(十洲): 도교(道敎)에서 말하는 바닷속 열 곳의 선경(仙境)을 말함.

千歲眞丹成沆瀣, 三朝宿望顯忠良.

天廚美醞瓊漿飮, 禁院淸歌廣樂張.

賀客登筵知幾許, 依然身在十洲傍.

아들에게 힘써 공부할 것을 부쳐 보낸다

정신 집중하면 말 뜻 깊고

성왕(聖王)의 유훈은 황금과도 같도다

참된 근원 배양하니 바야흐로 본성(本性) 알게 되고

온갖 변화 장황해도 오로지 마음 관장한다네

그 위로 밝음 명 받들어 계승하니

그 사이에 이단(異端) 침범하기 어렵다네

성삼(省三)163)과 물사(勿四)164)가 모두 이와 같으니

사람(士林)에서 부지런히 배우고 익혀라

---

163) 성삼(省三): 증자(曾子)가 "나는 날마다 세 가지로 내 몸을 살피나니, '남을 위하
여 도모함에 마음을 다하지 못했는가? 벗과 사귐에 미덥지 못했는가? 스승에게
배운 것을 익히지 못했는가?' 라는 것이다.(曾子曰: 吾日三省吾身, 爲人謀而不
忠乎? 與朋友交而不信乎? 傳不習乎?)"라 하셨음. 증자는 이 세 가지로 날마다
자신을 살펴 다스렸다고 함. ≪논어(論語)≫〈학이(學而)〉에 나옴.

164) 물사(勿四): 안연(顔淵)이 인(仁)을 실행하는 조목(條目)을 청하자, 공자가 "예가
아니면 보지 말고, 예가 아니면 듣지 말고, 예가 아니면 말하지 말고, 예가 아니면
움직이지 말아야 한다.[子曰 非禮勿視 非禮勿聽 非禮勿言 非禮勿動]"라 하였
다. 안연이 이 '네 가지를 하지 않음[四勿]'으로써 극기복례(克己復禮)하였다고
함. ≪논어(論語)≫〈안연(顔淵)〉에 나옴.

寄子勉工

精一執中辭義深, 聖王垂訓式如金.

眞源培養方知性, 萬變張皇只管心.

於上克承明命受, 其間難許異端侵.

省三勿四皆如許, 黽勉工夫在士林.

신흥사(新興寺)¹⁶⁵⁾[십홍운(十紅韻)]

[제1수]

세상 바깥의 안개와 노을이 금원(禁苑) 밝히고

표연히 신선 수레로 긴 바람 몰고 가네

석류빛 치마 같은 단풍과 연꽃 떨어지니

눈에 가득한 가을 모습 하나같이 붉구나

新興寺[十紅韻]

方外烟霞朗苑中, 飄然仙駕駕長風.

榴裙楓葉蓮花塌, 滿目秋容一樣紅.

---

165) 신흥사(新興寺)는 흥천사(興天寺)의 옛 이름임. 1397년(태조 6)에 신덕왕후를
추모하는 원찰로 조성되었고, 1504년(연산군 10)에 화재로 소실되었음. 1596년
(선조 2)에 왕명으로 서울 성북구 돈암동 아리랑고개로 이건 중창하고 신흥사라
고쳤음. 1865년(고종 2)에 흥선대원군의 지원으로 중창한 뒤 다시 흥천사로 고
쳤음.

[제2수]

덧없는 인생 백 년 동안 우왕좌왕

어떻게 신선 따라 함께 바람 몰고 가리오

한양 북쪽 명산엔 기이한 종적 많은데

도사 선사 떠나가고 깨달음의 진주처럼 붉구나

浮生擾擾百年中, 那得從仙共御風.

漢北名山多異跡, 道禪留去慧珠紅.

[제3수]

불교가 우리나라에 공연스레 전래되어

나려(羅麗)166) 천 년 동안 유풍(遺風) 이어받았도다

복(福) 구하는 않은 자는 오로지 군자뿐

우리 도(道)167) 관통한 과녁의 붉음을 누가 알꼬

佛教枉傳鰈域中, 羅麗千載襲流風.

不回求福惟君子, 吾道誰知箭貫紅.

[제4수]

창려(昌黎)168)의 불교 배척하는 짧은 표문이

---

166) 나려(羅麗): 신라와 고려.

167) 오도(吾道): 유교를 지칭함.

168) 창려(昌黎): 당 문인 한유(韓愈)의 출신 지역명. 819년(원화 14)에 한유는 부처의
   사리를 궁전에 모셔서는 안 된다는 〈논불골표(論佛骨表)〉를 올렸음.

그해에는 바르고 곧은 풍골 드러나지 않았다오

대감의 시평(詩評)에서 다 명백하게 나타나니

해저(海底)에서 떠오르는 태양이 둥글고 붉구나

昌黎詆佛短疏中, 未暴當年正直風.

相國詩評明白盡, 依然海底日輪紅.

[제5수]

성세(盛世)가 어찌 경력(慶曆)169) 연간과 같으리

낙사(洛社)170)에서 범한(范韓)171) 기풍을 다시 본다오

울창한 구슬나무172) 오를 길 없지만

강 위에 연꽃도 저절로 붉구나

聖代何如慶曆中, 重看洛社范韓風.

蒼蒼珠樹攀無路, 江上芙蓉也自紅.

---

169) 경력(慶曆): 송나라 인종(仁宗)의 연호(1041~1048).

170) 낙사(洛社): 낙양기영회(洛陽耆英會) 또는 낙사기영회(洛社耆英會)의 준말로
송대 문언박(文彦博)이 서도유수(西都留守)로 있을 때 부필(富弼)의 집에 나이
가 많은 사대부들과 함께 술자리를 열고 서로 친목을 다졌던 모임을 말함.

171) 범한(范韓): 송대 명재상 범중엄(范仲淹)과 한기(韓琦)을 지칭함.

172) 주수(珠樹): 신선이 사는 곳에 자란다는 신령한 나무 삼주수(三珠樹)를 말함. ≪
산해경(山海經)≫에 의하면, 삼주가 자라는 곳은 염화(厭火) 북쪽과 적수(赤水)
가이며 잣나무와 비슷하고 잎이 모두 구슬이라고 함.

[제6수]

염부(閻浮)173)는 온통 겁진(劫塵)이고

포새(蒲塞) 상문(桑門)174)은 옛 풍조 숭상하네

총림(叢林)에 나아가 보장(寶藏)을 찾고자

분분히 번쩍이는 전광석화처럼 붉구나

閻浮渾是劫塵中, 蒲塞桑門尙古風.

肯向叢林尋寶藏, 紛紛石火電光紅.

객지에서 맞은 섣달 그믐날

[제1수]

객지에서 평범하게 지내다 보니 늙어 빠져

뜻과 사업 이루지 못하고 헛되이 나이만 먹었구나

잘못인지 깨달은 거백옥(蘧伯玉)의 전철 따르지 않고175)

중니(仲尼: 공자)의 불혹 나이176) 훌쩍 지났구나.

---

173) 염부(閻浮): 수미산(須彌山) 사대주(四大洲)의 남주(南洲)에 있다는 염부제(閻
浮提) 또는 염부수(閻浮樹)의 준말임. 원래는 인도를 가리키는 말이었으나, 나중
에는 인간 세상의 총칭으로 쓰임.

174) 포새(蒲塞), 상문(桑門): 불교 용어임. 포새는 오계(五戒)를 받은 남자 승려를, 상
문은 사문(沙門)을 음역한 말로 승려를 일컫는 말임.

175) 거백옥지비(蘧伯玉知非): 춘추 시대 위(衛)나라의 현대부(賢大夫) 거백옥(蘧伯
玉)이 60세가 되었을 때 그동안의 잘못을 깨닫고 고쳤다는 고사를 말함. ≪장자
(莊子)≫ 〈칙양(則陽)〉과 ≪회남자(淮南子)≫ 〈원도훈(原道訓)〉에 나옴.

176) 불혹(不惑): ≪논어(論語)≫ 〈위정((爲政))〉에 공자가 40세에 이르러 이치를 터

단지 찌꺼기만 찾으며 선각자를 쫓아갔고
함부로 인생 안배(安排)하며 소년만 배웠구나
기나긴 밤에 읊조리며 골몰히 생각해 보니
어찌 내년은 올해보다 낫지 않을런가

客中除夕

客鄕凡凡到窮年, 志業蹉跎浪得年.
未蹈知非蘧王轍, 倏過不惑仲尼年.
只探糟粕追先覺, 謾費安排學少年.
永夕沈吟思慅慅, 那能來歲勝今年.

[제2수]
학 머리처럼 흰 모친 생각에 아늑하고
삐쭉하고 말라 뼈만 남아 간신히 버틴다오
흉년엔 맛난 음식 구할 길 없어
땔감도 귀해 때로 불과 연기가 끊겼다네
서찰 전한 기러기 그림자 돌아온 지 며칠인고
새벽 종소리가 들리니 또 새해일세
회포 풀고자 억지로 술 석 잔 마시고
희미한 등불 마주하여 잠 못 이루네

득하고 세상일에 미혹되지 않았다는 고사에서 나옴.

鶴髮慈闈想浩然, 峻嶒瘦骨僅支延.

歲荒無路充甘旨, 薪貴有時絶火烟.

書鴈影歸今幾日, 曉鍾聲到又新年.

寬懷强進三杯酒, 猶對殘燈耿不眠.

[제3수]

이별하는 부모 자식에 내 마음 미치겠고

호서(湖西: 충청)는 한양에서 아득히 멀리 떨어져 있네

억지로 찬 술잔 잡고 차라리 취하니

나른하게 적은 처량한 말에 문장 이루지 못한다.

산꼭대기 해 떨어지자 두공부(杜工部)177) 시름 하고

하늘 끝 돌아가는 구름에 태항산(太行山)178) 바라본다

베개 기대어 잠 못 이루며 뒤척뒤척

일 년 나그네의 한이 이 밤처럼 길구나

離親別子我心狂, 渺渺湖西隔漢陽.

强把冷樽寧取醉, 懶題凄語不成章.

嶺頭落日愁工部, 天末歸雲望太行.

倚枕不眠仍輾轉, 一年羈恨此宵長.

---

177) 공부(工部): 당나라 시인 두보(杜甫)임.

178) 태항(太行): 중국 산서(山西)와 하남(河南) 경계에 소재한 명산임.

석호집(石湖集)

[제4수]

발걸음 내딛던 초심(初心)은 백성 구제 있었으나

십 년 경영해도 내 한 몸 건사하지 못했네

고향 돌아가 푸른 봄과 짝하고 싶고

봉격(奉檄)179) 받아 백발 지친(至親)180) 모시고 싶어

뜻 이루지 못하고 헛된 수만 두고

세월은 덧없이 지나 음력 정월이구나

망망한 한강 물 여기가 어드메뇨

부자 서로 따라 우니 눈물만 수건 가득

出脚初心在濟民, 經營十載不謀身.

還鄕願作靑春伴, 奉檄思榮白髮親.

志業蹉跎碁幻局, 光陰荏苒斗回寅.

茫茫漢水斯何地, 父子相隨淚滿巾.

---

179) 봉격(奉檄): 한나라 모의(毛義)가 "태수 사령장을 받고 기뻐한 것은 늙은 부모를 위해서이다(奉檄而喜爲親屈也)"는 고사에서 나옴.
180) 지친(至親): 가행건의 모친 달성 서씨(徐氏)를 지칭함.

황단(皇壇)181) 춘향제(春享祭)에 참여하여 제단 아래에서 감회가 있어 지은 시

아름다운 금릉(金陵)182)의 옛 사업 끊어졌고

계문(薊門)183)의 검은 구름에 북녘 바람 차구나

가련하구나 천하 차지한 정력(葶藶)184)이

오직 동방 제단 하나만 남았구나

皇坍185)春享參班壇下感而有詩

佳麗金陵舊業殘, 薊門雲黑北風寒.

可憐葶藶全天下, 只有東方一片坍.

한탄하지 마소 그해 역수(曆數)가 쇠잔했다고

만산(萬山)의 한 일로 백왕(百王)이 춥다오

동해(桑海), 하늘과 땅이 긴 밤 속에

---

181) 황단(皇壇): 일명 대보단(大報壇). 1704년(숙종 30)에 숙종이 임진왜란 때 원군을 보내 준 명(明)나라 신종(神宗)의 은혜를 기리기 위해 세운 제단(祭壇)임. 창덕궁 금원(禁苑) 옆에 건물이 없는 제단 형태로 만들었음. 1749년(영조 25) 때부터는 명나라 태조(太祖)와 마지막 임금인 의종(毅宗)까지 함께 제사지냈음.

182) 금릉(金陵): 춘추 시절의 오, 월, 초, 삼국 시절의 오나라의 도읍지이며, 현 강소(江蘇) 남경(南京)임.

183) 계문(薊門): 연경(燕京: 북경) 서쪽 덕숭문(德崇門) 바깥 서북 지역의 옛 지명임.

184) 정력(葶藶): 습초(隰草)인 두루미냉이인데, 여기에서는 중국 대륙을 차지했던 명나라 유적을 지칭함.

185) 원문 '坍': '壇'의 통용.

제왕(帝王)의 봄 한 가닥이 이 제단에 있다오186)

[병사(兵使) 농서(隴西) 이희장(李熙章)187)]

莫歎當年曆數殘, 萬山一事百王寒.

桑海乾坤長夜裏, 王春一脉有斯坰. [兵使隴西李熙章]

---

186) 왕춘(王春): ≪춘추공양전(春秋公羊傳)≫에서 은공(隱公) 원년의 "원년 봄 왕의
  정월(元年春王正月)"을 천하를 통일한 제왕의 봄으로 풀이했음.
187) 이희장(李熙章): 임진왜란 때 명 제독 이여송(李如松)의 후손으로 헌종·철종 연
  간에 전라우도 수군절도사, 경상우도 병마절도사를 역임했음.

연행에 가는 편에 중조(中朝) 상서(尙書) 가정(賈禎)[188]에게 부침

[제1수]

금릉(金陵)[189]의 고택이 뽕밭으로 변했고

삼세(三世)[190]가 만력(萬曆)[191]에 동쪽으로 옮겼다오

충성과 절개로 드러난 이름을 흰 돌에 새기고

시례(詩禮)[192]로 닦은 업적이 청전(靑氈)[193]으로 계승하네

뒤흔드는 제해(齊海)[194]를 부평초처럼 돌아다니고

막히고 끊긴 오산(吳山)[195]에 칡덩굴 이어졌네

행인(行人)[196] 짝 되어 뜻을 거듭 알리오니

소주(蘇州) 족보[197]에 적힌 옛 글 잊지 않는다오

---

188) 가정(賈禎): 원 이름은 충정(忠禎), 자는 예림(藝林), 황현(黃縣) 사람. 청 함풍(咸
豊) 연간에 무영전대학사(武英殿大學士)를 역임했고, 동치(同治) 연간에 ≪문종
성운실록(文宗聖訓實錄)≫을 편찬하여 정대화령(頂戴花翎)을 하사받았음.

189) 금릉(金陵): 중국 남경의 옛 이름인데, 여기에서는 중국 대륙을 지칭함.

190) 삼세(三世): 소주 가씨 해동조 가유약, 가상, 가침을 지칭함.

191) 만력(萬曆): 명나라 신종의 연호(1573~1620)임. 소주 가씨의 해동조 삼세가 명
만력 연간 때 임진왜란이 발발하자 명군의 일원으로 동쪽 조선에 들어온 것을 말함.

192) 시례(詩禮): 시(詩)와 예(禮).

193) 청전(靑氈): 푸른 빛깔을 띠는 담요임. 진(晉)나라 왕헌지(王獻之)가 집에 도둑이
들어 모조리 훔치려 하자, 푸른 담요는 유물이니 놓고 가라고 한 고사에서 유래하
여 선조의 유업이나 집안 대대로 전해지는 물건을 말함.

194) 제해(齊海): 제나라 고사인 노중련(魯仲連)의 동해를 지칭함.

195) 오산(吳山): 중국 오나라의 산을 지칭함.

196) 행인(行人): 옛날 조근(朝覲)·빙문(聘問)의 일을 맡은 관인인데, 여기에서는 중
국으로 떠나는 조선 사신을 지칭함.

197) 소보(蘇譜): 소주(蘇州) 가씨(賈氏) 족보를 말함.

因燕行寄中朝賈尚書禎

金陵古宅幻桑田, 三世東遷萬曆年.

名著忠貞鐫白石, 業修詩禮襲靑氈.

漂搖齊海萍蓬轉, 阻絶吳山葛藟連.

爲對行人重致意, 無忘蘇譜舊題篇.

[제2수]

석과(碩果)198) 남긴 천심의 이치에 궁함 없고

이 귤이 회수(淮水) 건너왔음을 누가 알꼬

새 문장(新篇)엔 나를 청남(靑南) 늙은이로 기술하고

옛 법전(舊典)엔 그대가 직사공(職使公)으로 적혀 있다오

집안과 국가의 흥망은 상전(桑田: 뽕밭)이라

자손들이 저도(楮島)에서 자랐네

멀리 만하(灣河)199) 향해 감격의 눈물 흘리니

만 갈래 물은 분명 하나의 원류에서 나왔다오

碩果天心理不窮, 誰知此橘渡淮叢.

新篇我記靑南叟, 舊典君稽職使公.

興亡家國桑田裏, 生長兒孫楮島中.

遙向灣河揮感涕, 萬流應是一源通.

---

198) 석과(碩果): ≪주역(周易)≫ 〈박괘(剝卦)〉에 "큰 과일은 먹히지 않는다(碩果不食)"에서 나왔고, 대개 물건이 겨우 명맥을 부지하고 있는 것을 뜻함.

199) 만하(灣河): 의주에 있는 압록강을 지칭함.

천연정(天然亭)200)에서 연꽃 감상[새문(新門)201) 밖에 있음]

연못 가득한 연꽃이 사방 에워싸고

가을바람 갑자기 움직이니 이슬방울이 동글동글

꽃이 피니 태액지(太液池)202)에 임금 수레 지나고

뿌리가 수미산(須彌山)203) 의지해 비단닻줄 잡아끈다네

십리(十里)에 향기 퍼져 아름다운 곡을 전하고

삼청(三淸)의 정련한 열매로 선연(仙緣)이 되어

뭇 화훼처럼 함께 말라 떨어지지 않고

꽃 피는 이월의 하늘보다 더 뛰어나다네

天然亭賞蓮[在新門外]

滿沼芙卷擁四邊, 商颷乍動露珠圓.

花開太液鑾輿度, 根托須彌錦纜牽.

十里生香傳妙曲, 三淸鍊實做仙緣.

不隨衆卉同零落, 勝似繁華二月天.

---

200) 천연정(天然亭): 동명여자중학교 자리에 있으며, 무악재를 오가는 관원들이 맞이
하고 전송하는 연회장으로 많이 사용되었음.

201) 새문(新門): 예전에 한양도성 돈의문(敦義門)을 부르는 세칭임. 1422년(세종 4)
에 도성을 고치면서 기존의 서전문(西箭門)을 헐고 그보다 남쪽 지점에 돈의문을
새로 건립했음.

202) 태액지(太液池): 본래 한(漢)나라 무제(武帝)가 장안(長安) 서쪽에 판 연못의 이
름인데, 훗날 주로 궁중의 연못으로 사용됨.

203) 수미산(須彌山): 불교의 우주관에서 세계의 중심을 이루는 상상의 산임.

석호집(石湖集)

들쭉날쭉 연꽃의 빛깔 깨끗하기 끝이 없고

이슬 젖은 첫 추위에 잎이 오므라지려고 하네

어느 풀이 꽃도 없이 그처럼 품위로울꼬

꺾인 연뿌리에 이처럼 정 끌린 자 몇 명일까

봉주(蓬洲)로 떠돌아다니다가 선술(仙術)에 미혹되고

육지에서 태어났으나 속세의 인연과는 멀구나.

늙어갈수록 더욱 연못의 경관에 빠지고

가을바람 기둥에 의지해 남쪽 하늘로 흐르네

[하옥공(荷屋公)]

叅差荷色淨無邊, 溥露初寒葉欲圓.

何草不花其品絶, 幾人折藕此情牽.

蓬洲浮去迷仙術, 陸地生來遠俗緣.204)

到老益耽池舘勝,205) 秋風倚柱水南天. [荷屋公]206)

204) '蓬洲浮去迷仙術, 陸地生來遠俗緣', 김좌근의 ≪하옥유고(荷屋遺稿)≫에 '尋
常文酒沈生債, 邂逅親知一種緣'으로 적혀 있음.

205) '관(舘)': 김좌근의 ≪하옥유고≫에 '관(觀)'으로 적혀 있음.

206) 본 시는 김좌근의 ≪하옥유고≫ 권3에 수록되어 있음.

금선암(金仙菴)[창의문(彰義門)207) 밖에 있음]

아름다운 나무와 우거진 숲이 때론 꽃보다 낫고

금선암(金仙菴)이 구름 동굴에 비스듬히 붙어 있네

청재(淸齋)208)하는 단월(檀越)이 새 향 올리고

수탑(繡塔)과 가람(伽藍)에 옛 자취 많구나.

뭇 객들이 수레 멈추고 돌계단 바라보고

삼공(三公)도 고삐 나란히 하고 안개와 노을에 취하네

가련하도다 나는 다닥다닥 붙은 여염(閭閻)으로 달려가니

담과 집 쓸쓸한 초가집 한 채

金仙菴[在彰義門外]

嘉木繁陰時勝花, 仙菴寄在峀雲斜.

淸齋檀越新香進, 繡塔伽藍舊迹多.

衆客停車瞻石磴, 三公並轡醉烟霞.

憐余撲地閭閻裏, 垣宇蕭條一草家.

---

207) 창의문(彰義門): 일명 자하문(紫霞門)으로 한양 도성 서북에 소재한 작은 성문.
　　서울 종로구 청원동에 소재하며 사소문 중 옛 모습을 간직하고 있음.

208) 청재(淸齋): 마음을 깨끗이 하여 재계(齋戒)하는 말.

서쪽 연못(西池) 열 길이나 핀 꽃 감상하려다가

발길 돌려 동곽(東郭)의 비스듬한 계곡 찾았도다

상방(上方)에 달 뜨니 수천 봉우리가 고요하고

하계(下界)에 먼지 씻겨 만호(萬戶)가 가득

하삭(河朔)의 시로 삼복더위(大暑) 벗어나고209)

천원(川原)210)의 그림엔 얕은 노을 머물었네

구름 옷 입고 누운 곳이 어딘지 아는가

마음속 맑고 참되니 출가라도 한 듯

[하옥공(荷屋公)]

擬賞西池十丈花, 轉尋東郭一蹊斜.211)

上方月出千峰靜, 下界塵晴萬戶多.

河朔詩成凌大暑,212) 川原畫就逗輕霞.

衣裳雲臥知何處, 心地淸眞似出家. [荷屋公]213)

---

209) 하삭시(河朔詩): 후한 말 공융(孔融)이 빈객과 함께 삼복더위(大暑)를 피해 밤낮으로 술을 마시거나 지은 시를 지칭함. ≪후한서(後漢書)≫ 〈공융전(孔融傳)〉에 나옴.

210) 천원(川原): 원근의 산천이라는 뜻인데, 당나라 문인 한유(韓愈)가 도연명(陶淵明)의 〈도화원기(桃花源記)〉를 담은 그림을 보고 지은 〈도원도(桃源圖)〉에 "복숭아 곳곳에 심어 오직 그 꽃이 만발하였나니, 원근의 산천에 붉은 노을이 피어올랐네.(桃處處惟開花 川原遠近蒸紅霞)"에서 나옴.

211) '혜(蹊)': 김좌근의 ≪하옥유고≫에 '계(谿)'로 적혀 있음.

212) '시(詩)': 김좌근의 ≪하옥유고≫에 '음(飮)'으로 적혀 있음.

213) 본 시는 김좌근의 ≪하옥유고≫ 권1에 〈초추숙금선암(初秋宿金僊菴)〉 편명으로 수록되어 있음.

수조(水曹)²¹⁴)에서 묵다

[제1수]

우주 배회하다 다시 편안한 곳으로 돌아오니

지업(志業)과 몸, 명예는 옳고 그름(是非)이 반반

격서(檄書) 받은 모의(毛義)²¹⁵)의 마음에 저절로 매이고

거문고 타는 죽관(竹館)의 계책이 서로 틀어졌다오

주호(朱戶)²¹⁶)에 신선 머문다는 말 듣지 못하였고

검은 옷(黑衣) 걸친 시옹(詩翁: 늙은 시인)이 웃음 넘치고

멀리 강호에 낚시 드리운 곳 생각하니

주인 없는 흰 솔개 푸른 물가에 서 있네

水曹寄宿

徘徊宇宙更安歸, 志業身名半是非.

奉檄毛家心自繫, 彈琴竹館計相違.

未聞仙客留朱戶, 剩笑詩翁荷黑衣.

遙想江湖垂釣處, 白鷗無主立蒼磯.

---

214) 수조(水曹): 공조의 별칭.

215) 모의봉격(毛義奉檄): 줄여서 모의격(毛義檄)이라 부르고 모의(毛義)가 격서를
받았다는 뜻임. 한나라 때 모의가 늙은 모친을 모시고 가난하게 살았는데, 벼슬자
리를 주겠다는 격서를 받고 늙은 모친을 기쁘게 해 드리기 위해 기쁜 표정으로 나
아갔음. 모친 사후에 더이상 벼슬에 나아가지 않았음. ≪후한서(後漢書)≫ 〈유조
순우강류주조(劉趙淳于江劉周趙傳)〉에 나옴.

216) 주호(朱戶): 녹창주호(綠窓朱戶)의 준말임. 푸른 칠을 한 창과 붉은 칠을 한 문이
라는 뜻으로 호화롭게 꾸민 좋은 집을 의미함.

[제2수]

바람 간들간들 구름 흩어지며 가랑비 내리는 때

종각(鍾閣)에서 세 번 울리자 만사를 멈추고

사물과 자아(物我)는 동포라 어찌 다름 있겠는가

세상(乾坤)이 고요하니 다시 무엇 생각할꼬

화계(花溪)217)가 늙어 떠나니 제비가 슬퍼하고

묵자(墨翟)218)가 궁하여 하얀 실을 두고 울었다오

천리(千里) 고향 관문의 하늘은 아득한데

꿈속에서 희미하게 모친 사는 곳에 도착했다네219)

風微雲散雨疎時, 鍾閣三聲罷百爲.

物我同胞寧有間, 乾坤主靜復何思.

花溪老去悲玄鳥, 墨子窮來泣素絲.

千里鄕關天渺渺, 迷離一夢到萱幃.

[제3수]

열 살 소주(蘇州) 객이

지팡이 하나 짚고 한강가 서 있네

세상의 정(世情) 품은 옥을 가련하게 여기고

---

217) 화계(花溪): 당나라 장안의 명기로 시를 잘 지었던 설도(薛濤)가 성도(成都) 완화계(浣花溪)에서 노닌 형상을 묘사한 것임.

218) 묵자(墨子): 춘추전국시대 사상가 묵적(墨翟)을 지칭함.

219) 훤유(萱幃): 원추리 휘장인데, 모친이 사는 곳을 지칭함.

고향 찾는 슬픔을 재로 적는구나

비 오려고 하자 바람 먼저 불고

구름 빛은 달을 샘이라도 하는 듯

깊은 밤 되도록 잠 이룰 수 없어

불뚝 일어나 잠시 배회한다오

十歲蘇州客, 一筇漢水隈.

世情憐抱玉, 鄕緖悵書灰.

雨意風先驅, 雲光月欲猜.

更深眠未遽, 蹶起暫徘徊.

천연정(天然亭)[220]에서 연꽃 감상

못가 누대의 승경(勝景)은 전국에서 떨쳤고

붉은 연꽃 만발하고 서늘한 가을날

무극옹(無極翁)[221]이 염계(濂溪)의 물을 말하고

화은옹(華隱翁)이 석실(石室)[222]의 방에서 읊는구나

---

220) 천연정(天然亭): 서대문 바깥 모화관(慕華館), 현 독립문 북쪽에 소재한 서지(西
池)의 언덕 위에 세워진 정자. 정자 명칭은 서지(西池)에 연꽃이 많았으므로 이백
(李白)의 시구인 "천연스러워 꾸밈을 벗어났다.(天然去雕飾)"에서 따왔음. ≪완
당전집(阮堂全集)≫ 〈천연정중수기(天然亭重修記)〉에 나옴.
221) 무극옹(無極翁): 송나라 사상가 주돈이(周敦頤)를 지칭함.
222) 석실(石室): 조선 후기 성리학의 정신적인 서원이자 장동(안동) 김씨의 세거지인
경기도 남양주 소재 석실서원(石室書院)을 지칭함. 1656년(효종 7)에 김상용(金

석호집(石湖集)

또한 진선(眞仙) 기다려 미주(美酒) 기울이고
태호(太皥)²²³⁾ 응하지 않고 경치 자랑하네
옆 사람들은 내 마음의 즐거움(樂) 어찌 알랴
가을 하늘(金天)이 간직한 기이한 향내일세

天然亭賞蓮

形勝池臺擅一方, 紅蓮花發素秋凉.
極翁受說濂溪水, 華隱吟成石室房.
且待眞仙傾絲醪, 未應太皥詑韶光.
傍人那解余心樂, 爲是金天保異香.

거울 속의 난간은 물 한쪽에 있고
가득한 꽃잎 새 가을이 오네
천 줄기 인도하여 영롱한 실 뽑아내고
백 꼭지 장차 푸른 방 안치하는구나
달과 이슬은 밤의 경색(景色) 싫어하지 않고
바람과 파도는 뛰어난 가을빛(秋光) 쓰러뜨리지 못하네
오늘 아침 그대와 함께 감상하길 바라오니
쟁반엔 향기로운 술과 음식 남았구려

尚容), 김상헌(金尙憲)의 충절과 학덕을 추숭하기 위해 세워졌고, 1663년(현종
3)에 '석실' 사액을 받았고, 이후 장동 김씨의 문사들을 추가 배향하였음.
223) 태호(太皥): 봄을 주관하는 천제(天帝)의 이름.

[하옥공(荷屋公)]

鏡裏欄干水一方, 盈盈花葉欲新凉.

千莖交解玲瓏縷, 百蔕將安綠翠房.

月露無厭多夜色, 風波不偃挺秋光.

今朝乞與君同賞, 剩有盤中酒食香. [荷屋公]

매미

[제1수]
네 용모 풍성치 않고 신체 길지도 않는데
서늘한 오월의 만 그루 나무 깊은 곳에 사구나
엷은 살쩍에 띤 아리따움은 미인 제치고[224]
마치 호소하듯 처량한 소리는 하늘 뚫네
마음으로 똥더미 비웃는 사마귀 팔
사림(詞林: 문단)에 명성 떨친 비단 창자[225]
여씨(呂氏)의 고상한 풍도는 아직 멀지 않고
녹동(鹿洞)이 우리 고향일까 의심하네

---

224) 분백(粉白): 분처럼 흰 화장을 한 미인을 지칭함.
225) 금수장(錦繡腸): 시문(詩文)에 뛰어난 재주가 있어 비단결처럼 아름다움을 지
칭함.

蟬

爾容不盛體非長, 萬樹棲深五月凉.
薄鬂含嬌除粉白, 凄音似訴徹穹蒼.
心嗤糞壤螳螂臂, 名播詞林錦繡腸.
呂氏高風今未遠, 却疑鹿洞是吾鄉.

울다가 부르짖고 짧았다가 또 길게
흩어져 품속 들어오는 일종의 서늘함
갑자기 시내 기둥 치며 끊임없이 밝아지고
산림에서 큰소리치며 남은 푸름 있네
득의(得意)한 가을바람(金風)에 많은 입 다투고
자생(資生)한 맑은 이슬(玉露)로 한 치 간장(肝腸) 배부르고
소리 그친 고요함이 냇가 집으로
인정(人情)에 상한 감정은 타향 같구나
[하옥공(荷屋公)]

始鳴終吽短還長, 散入懷中一種凉.226)
乍撲溪楹無限曙, 高吟山木有餘蒼.
金風得意爭多口, 玉露資生飽寸腸.
聽罷悄然依磵戶,227) 人情傷感似他鄉. [荷屋公]228)

---

226) '산입회중(散入懷中)': 김좌근의 《하옥유고》에 '살입금중(撒入襟中)'으로 적
혀 있음.

[제2수]

탈태(脫胎)하는 것이 범물(凡物)과 다르고

잘 우는 것이 하늘에서 나온 퉁소라

맑은 바람이 양쪽 겨드랑이에서 나오고

교목(喬木)으로 높이 옮겨가네

곧은 마음 티 없는 옥이고

깨끗한 성품 진흙에서 나온 연(蓮)일세

난생(鸞笙)의 연주가 아니런가

신선과 인연이 있는 듯

蛻化殊凡物, 善鳴籟自天.

淸風生兩腋, 喬木得高遷.

心貞無累玉, 性潔出泥蓮.

莫是鸞笙奏, 登仙若有緣.

마른 매미가 허물에서 탈내하여

날개 생겨 하늘로 오르는구나

옛날엔 굼틀굼틀 움직였는데

지금은 맴맴 하며 날아 옮겨 가네

낮엔 바람 부는 풀로 날아다니고

---

227) '간(碅)': 김좌근의 ≪하옥유고≫에 '간(澗)'으로 적혀 있음.

228) ≪석호집≫ 본시 끝에 '하옥공(荷屋公)' 3자 추기됨. 본시는 김좌근의 ≪하옥유고≫ 권3에 〈영선(咏蟬)〉 편명으로 수록되어 있음.

새벽엔 연잎 맺은 이슬 먹는구나

신선이라 말하지 마소

마침내 도(道)와 인연 있다오

[하옥공(荷屋公)]

枯蟬脫舊殼, 羽化却登天.

疇昔蜒蜒動, 當今喋喋遷.

晝行風上草, 晨啜露凝蓮.

莫謂神仙者, 竟爲此道緣. [荷屋公]

금선암(金仙菴)

[제1수]

신선 바람이 이곽선주(李郭仙舟)229)와 같고

하늘가 가벼운 구름이 흩어지네

빼어난 옥에서 맑은 운(韻) 전하여

낙하음(洛下吟)230)으로 변했다네

---

229) 이곽선주(李郭仙舟): 후한 이응(李膺)과 곽태(郭泰)가 탄 배를 바라보고 사람들
이 신선 같다고 칭송한 고사에서 나옴.

230) 낙하음(洛下吟): 낙하서생영(洛下書生詠)의 준말로 둔탁한 콧소리로 읊조리는
것을 말함. 진나라 명사들이 즐겨 이것을 즐겨 지었다고 전함.

金仙菴

仙風同李郭, 天際散輕陰.
瓊珮傳淸韻, 轉成洛下吟.

암자 앞 물에서 발 씻고
인연 따라 나무 그늘에서 쉬니
가을철 이미 가까웠다는 것 알고
계곡에서 늦은 매미 소리를 듣네
[하옥공(荷屋公)]

濯足菴前水, 隨緣憩木陰.
秋期知己近, 中谷晚蟬吟. [荷屋公]

[제2수]
찌는 더위가 더욱 기승 부려
다시 층진 누대에 올라가고파
소나무는 천년 봄의 빛깔을 띠고
오동은 한 잎새의 가을이 굴려가네
대붕(大鵬) 날개로 나래 치듯이
북명(北溟) 개울을 가로지르는구나
만년에 나의 기호 따르나
어찌 생각을 구할 수 없으리오

蒸炎老愈熾, 更欲上層樓.

松帶千春色, 梧轉一葉秋.231)

願扶大鵬翼, 橫絶北溟流.

晚歲從吾好, 寧思不可求.

소나무 퉁소 소리가 골짝에서 나고

곧장 남산의 누대로 다다르네

시원한 하늘에 달 뜬 새벽

넘실거린 은하수의 가을

날 좋은 이는 모두 맑은 자태이고

많은 군자 또한 선(善)한 무리일세

초당(草堂)에서 뜻대로 만족하거늘

내가 어찌 달리 할 일 구하리

[하옥공(荷屋公)]

松籟生中谷, 南山直抵樓.

蒼凉月露曉, 泛濫天河秋.

好我皆淸姿, 多君亦善流.

草堂隨意足, 餘事豈余求. [荷屋公]

---

231) 국립중앙도서관장본에는 '전(轉)'자 위에 '전(傳)'자로 고쳐 놓았음.

남수골(南樹洞)의 남(南)자 차운(次韻)해서 읊다

[제1수]

말년에 그윽한 별서 찾아보니

숲 봉우리가 초남(楚南) 같구나

조정 계책에 지성 다하고

세상맛의 살찌고 달콤함에 질려서

산수에 즐거움을 남기니

단표누항(簞瓢陋巷)232) 또한 지낼 만하오

진실로 기(夔)와 설(契) 늘어놓으니

이틀 밤 지낸 그림자가 셋이오233)

次南樹洞南字韻

晚計訪幽墅, 林巒似楚南.

廟謨輸悃愊, 世味厭肥甘.

山水留爲樂, 簞瓢陋亦堪.

苟陳來夔契, 信宿影成三.

---

232) 단표(簞瓢): 단표누항(簞瓢陋巷)의 줄인 말로 선비가 대광주리에 든 밥과 표주박에 담긴 물을 즐기며 청빈한 생활을 하는 모습을 말함.

233) 영성삼(影成三): 술잔을 권할 이가 없어 홀로 자작하는 것처럼 쓸쓸하고 적막한 처지에 놓여 있다는 말함. 당나라 시인 이백(李白)의 〈월하독작(月下獨酌)〉에서 "꽃 그늘 아래에서 한 병의 술을, 친한 이도 하나 없이 홀로 마시네. 술잔 들어 밝은 달을 마중하노니, 나와 달과 그림자가 세 사람을 이루었네.(花下一壺酒, 獨酌無相親, 擧杯邀明月, 對影成三人)"에서 나왔음.

[제2수]

예전에 계책을 펼치고

처음 작은 속마음(寸心) 말했다오

연꽃 향기에 미주(美酒)를 더하고

못 그림자가 깊은 발로 들어온다

기(夔)와 설(契)234)의 현덕처럼 같이하고

백아(伯牙)와 종자기(鍾子期)235)의 좋은 음에 화답하네

못난 소생이 축원하오니

당무(當務)가 지금에 있다오

平昔紓籌策, 初造話寸心.

荷香添酒美, 池影入簾深.

夔契齊賢德, 牙期和好音.

鰍生因起祝, 當務在於今.

---

234) 기설(夔契): 순 임금 때 활약한 명신(名臣) 기(夔)와 설(契)을 지칭함.

235) 아기(牙期): 선진 시대 진정한 마음으로 상대방을 알아주는 벗인 백아(伯牙)와 종자기(鍾子期)를 지칭함.

환월정(喚月亭)[용산에 있다]

대감 연세가 많아도 기력은 더욱 호방하고

웅장한 말은 뛰어나며 시가(詩歌)는 언덕 울리구나

조수가 연이은 백마는 천 길이나 파랗고

누대(樓臺)에 누운 용은 백 척이나 높구나

기둥과 맞이한 산악 빛이 푸른 휘장에 보이고

난간으로 들어온 솔바람이 놀란 파도처럼 들리네

천리마 꼬리 따라 진경(眞境) 찾고 싶어

십 리 빈 정자에 한바탕 꿈이 고되구나

喚月亭[在龍山]

相國年尊氣益豪, 雄詞逈出詠鳴皐.

潮連白馬千尋碧, 樓臥元龍百尺高.

岳色對楹看翠幄, 松風入檻聽驚濤.

願隨驥尾尋眞境, 十里虛亭一夢勞.

누워서 장강(長江) 생각하니 기세가 호방하고

높다란 가지 노건(老健)하게 정자 언덕에 서 있네

심원(沁園)236)의 시화(詩話)는 천인(千人) 대적하고

---

236) 심원(沁園): 중국 하남성(河南省) 심양현(沁陽縣)에 있었던 장원(莊園)으로 금나라 때 백관들이 모여 시를 짓고 연회를 펼친 정원.

낭묘(廊廟)의 지략은 한 나라(一國) 높이구나

빼어난 색이 솟구쳐 저녁 동굴에서 나오고

서늘한 기운이 묘묘히 가을 파도로 들어가네

안타깝게도 지병으로 모일 수 없어

헛되이 답답한 가슴이 자나 깨나 노심초사

[하옥공(荷屋公)]

臥念長江氣勢豪, 喬枝老健立亭皐.

沁園詩話千人敵, 廊廟才猷一國高.

秀色崔崔生暮岜, 新凉渺渺入秋濤.

堪嗟久病無因會, 空有煩衿瘄寐勞. [荷屋公]

연꽃 핀 정자

푸른 하늘빛이 가지런한 물에 가꾸러 비치고

해 진 못가 누대에서 낮닭 울음 듣네

술 데워지자 사람들 다투어 맘 내킨 대로 춤추고

숲 깊어 새들이 다시 목 놓아 우는구나

곰곰이 호우(湖右: 충청)237) 생각하니 고향 땅 아득하고

멀리 종남산(終南山)238) 바라보니 검푸른 눈썹 나지막하네

---

237) 호우(湖右): 저자 가행건의 고향 충청도를 지칭함.

238) 종남산(終南山): 중국 장안(서안) 근처에 있는 명산인데. 여기에서는 한양 남산을

지상의 진선(眞仙)은 오로지 대감인데

삼산(三山)²³⁹⁾이 동쪽인가 서쪽인가 물을 필요 있나요

蓮亭

天光碧倒水容齊, 日晩池臺聽午雞.

酒煖人爭如意舞, 林深鳥更盡情啼.

靜思湖右鄕關渺, 迥挹終南翠黛低.

地上眞仙惟相國, 三山何必問東西.

[제1수]

동산 숲속에 손잡고 모여 앉아

객창(客窓)보다 즐거워하며 새벽닭 우는소리 듣네

옛날 돌이켜보니 사람들이 가소로워

오늘 생각해 보며 달이 울부짖네

여름 가도 못가 누각이 서로 먼 듯

바람 일어도 마름과 연잎이 숙이지 않는구나

점차 서늘한 기운이 나무 끝에서 일어남을 느끼고

끝없이 눈길 돌리니 서쪽 가을날이라

[하옥공(荷屋公)]

지칭함.

239) 삼산(三山): 예로부터 신선이 산다고 전해는 봉래산(蓬萊山), 방장산(方丈山), 영주산(瀛洲山)을 지칭함.

林園携手坐來齊, 喜勝羇窓曉聽雞.

追憶昔年人可笑, 靜言今日月塡嗁.

暑消池閣如相迴, 風動芰荷欲不低.

漸覺新凉生木末, 聘目無邊秋日西. [荷屋公]

[제2수]

비 개이고 바람 잦아드니 한낮이 더디 가고

부용정(芙蓉亭)에서 한가로이 지낼 때

신공(神功) 감추고 깊고 그윽한 부중(府中)에서

농부240) 위로하는 시 가득 읊어 올렸다오

雨霽風輕午漏遲, 芙蓉亭上養閒時.

神功斂却潭潭府, 誦進三農慰滿詩.

---

240) 삼농(三農): 예로부터 농부를 하농(下農), 중농(中農), 하농(三農) 등 세 부류로
구분했음. 하농은 농사를 짓되 게을러 농지에 잡초가 많은 농부, 중농은 부지런하
여 알곡 농사를 알차게 짓는 농부, 상농은 농사의 근본이 되는 토지를 기름지게 가
꾸는 농부.

홍수골(紅樹洞)241) 유람

[제1수]

담비 모자 깊숙이 감추고 각건(角巾) 고치고

주공(周公) 사업, 진공(晉公)의 몸

좋은 술로 옛 사직(社稷)의 기로회(耆老會) 열고

푸른 버들이 누구 집과 이웃하느냐

백발 가득한 사랑(師亮)242)의 뜻

붉은 나무(紅樹) 앉아보는 무릉(武陵)243)의 봄

밝은 공(公)의 덕을 단가(短歌)244)로 읊기 어렵고

맑은 조정에 제일 인물인지 알았다오

紅樹洞遊賞

貂帽深藏整角巾, 周公事業晉公身.

芳樽古社成耆會, 綠柳誰家作比隣.

已足白頭師亮意, 坐看紅樹武陵春.

短章難頌明公德, 知是淸朝第一人.

---

241) 홍수골(紅樹洞): 서울 종로구 창신동에 소재한 골짜기임. 이곳에 복숭아, 앵두나
　　무가 많아 마을 전체가 온통 붉게 물든 것처럼 보인다는 데에서 나왔음.

242) 사랑(師亮): 북송 초기의 명재상 장제현(張齊賢)을 지칭함. 사량은 그의 자임.

243) 무릉(武陵): 이상향인 무릉도원을 지칭함.

244) 단가(短歌): 짧은 노래.

숲속 뛰어난 승경(勝景)에서 두건 젖혀 쓰고

서로 만난 이는 모두 벼슬아치일세

온 정원에 가을 과실 열린 나무 많고

부곽(負郭)245) 있는 내 오두막집 또한 가깝다오

좋은 경치에 머리 위로 눈 날린 것을 매번 좋아하고

고담(高談)하며 술 담은 봄을 스스로 사랑하네

말년에 좋아하는 것은 오로지 산수(山水)라

밀납 칠한 나막신 신고 장차 고인(古人) 뒤따르리오

[하옥공(荷屋公)]

選勝林間此岸巾, 相逢俱是宰官身.

滿園秋果多同樹, 負郭吾廬亦近隣.

佳境每憐頭上雪, 高談自愛酒中春.

遲年所好惟山水, 蠟屐余將躡古人. [荷屋公]

[제2수]

동천(洞天)에 해 뜨고 숲에 사락눈 뿌리는데

무엇이 세상을 등지고 은거하게 했나

초록 들판, 소나무 소리, 먼 잿마루까지 찾아오고

즐거운 정원, 꽃 빛깔, 심의(深衣)246) 위로 내려앉네

---

245) 부곽(負郭): 성 근처의 비옥한 토지.

246) 심의(深衣): 유학자들이 입던 겉옷.

오래전에 재상 인끈(印綬) 던지고 구름 사이 길로

때때로 시승(詩僧) 찾아 달 아래 사립문으로

혼연히 세태 잊고 벼슬 내놓고 물러나니

우리 대감 아니면 누구와 함께 돌아가리

洞天日出散林霏, 嘉遯何曾與世違.

綠野松聲來遠嶺, 樂園花色上深衣.

久抛公綬雲間路, 時訪詩僧月下扉.

世態渾忘恬退地, 微吾相國與誰歸.

구름 머금은 계곡 돌이 푸른 싸락눈 적시고

깊은 숲의 갈림길에서 뜻은 미적미적

진중한 아름다운 부름에 함께 가마 재촉하고

빈번한 성대한 모임으로 매번 옷 갈아입는구나

들밭에서 달콤하고 향기로운 박과 과실 수확하고

산중 사립문에 국화 피는 소식 가까이 있다오

대감 형제께서는 육기(陸機)와 육운(陸雲)처럼247)

나와 함께 문장 논하며 오래 돌아가지 않네

[하옥공(荷屋公)]

---

247) 기운(機雲): 진나라 저명한 문학가인 육기(陸機)와 육운(陸雲) 형제를 지칭함.

礧石涵雲翠滴霏, 窮林歧路意依違.

芳招珍重同催駕, 高會頻煩每換衣.

匏果聃香收野圃, 菊花消息近山扉.

尙書兄弟機雲似, 與我論文久不歸. [荷屋公]

정토사(淨土寺)

[제1수]

대감 연세 많으나 덕은 날로 새로워지고

쓸쓸한 절간에서 호신(胡神)248) 배척하는 시 남기니

천년 세월 답습함249)은 눈 가리는 것 같고

한평생 분주히 돌아다님은 몸 망치는 것이라

낙지(樂地)에서 인의(仁義) 버릴 것 천명하고

공문(空門)에서 인과응보(因果應報)250) 설법하네

원컨대 이러한 뜻을 몽수(矇瞍)251)에게 알려서

다행히도 우리 임금은 천명을 잘 받든다오

---

248) 호신(胡神): 부처나 보살을 뜻함.

249) 복철(覆轍): 엎어진 수레바퀴인데, 남이나 자기가 실패한 전철을 이루는 말임.

250) 업연(業緣): 불교 용어로 인과응보(因果應報), 응연인순(應緣因循)을 끌어 일으
     키는 인연을 지칭함.

251) 몽수(矇瞍): 소경 또는 악사.

淨土寺

相國年高德日新, 留詩蕭寺斥胡神.

千秋覆轍如塗眼, 一世奔波欲破身.

樂地推明仁義去, 空門說罷業緣因.

願將此意開矇瞍, 幸際吾王握鏡辰.

[제2수]

보신(保身)은 천제 위엄(天威) 두려워하는데 있고

선과 악, 재앙과 길상에 혹 어긋남이 없구나

무슨 일로 세간의 불교 숭배하는 객들이

아침저녁 향 피우고 돌아갈 것 잊고 있다오

保身只在畏天威, 淑慝灾祥罔或違.

何事世間崇佛客, 爇香昕夕自忘歸.

[제1수]

식사 후 종소리에 뜻은 더욱 새롭고

명산의 층층 탑이 정신을 배가하네

당나라 조종이 재를 열어 번잡하게 불골(佛骨) 영접하고252)

양나라 천자가 어떤 마음으로 자주 불교 귀의하나253)

---

252) 당종호사번영골(唐宗好事煩迎骨): 당 헌종(憲宗)이 불골(佛骨: 석가모니의 뼈)
　　을 3일 동안 안치하고 조정 대신들과 함께 예배한 행위에서 나왔음.

참된 답을 주는 것처럼 부처 섬기고

끝내 인연 없어 사람 구제할 도(道) 어렵다오

사찰 보리수가 가을 되자 깨끗해지고

재에 걸린 달과 강에 머문 구름 저물어가는 시각일세

飯後鍾聲意益新, 名山層塔倍精神.

唐宗好事煩迎骨, 梁帝何心屢捨身.

供佛如能眞見答, 渡人難道竟無因.

祗254)園覺樹秋來净, 嶺月江雲欲暮辰.

[제2수]

계단(戒壇) 석상은 아주 엄격하니 위엄 있고

향기로운 과일 공양에 종일 어기지 않는구나

복 비는 여자들이 다투어 부복하며 절하고

충만하고 얻은 듯 돌아가는 감정 있구나

[하옥공(荷屋公)]

戒255)壇石像太嚴威, 香果來供日不違.

求福女娥爭膜拜, 充然如得有情歸. [荷屋公]

---

253) 양제하심루사신(梁帝何心屢捨身): 양 무제(武帝)가 동태사(同泰寺)에 세 번이
    나 사신(捨身)하며 스님이 되어 불문에 들어갔던 행위에서 나왔음.
254) 원문 '祗': '祇'의 통용.
255) 원문 '戎': '戒'의 오기

태화정(太和亭)[256] 모임에서 마시다

홀로 인간 세상에 서서

망연히 저녁 정자에 의지하네

얼마나 많은 왕손의 냉소하는 눈초리[257]

두씨(杜氏: 두보)의 가장 빈곤한 청포[258]

성인의 도(道)가 천년 인멸하고

유교의 풍습이 오경(五經)을 쓸어버렸으니

시(詩)와 예(禮)가 나에게 무엇인가

일찍이 이정(鯉庭)[259] 지나가며 듣고자 하네

---

256) 태화정(太和亭): 한양 순화궁(順和宮), 현 인사동 태평빌딩에 소재한 정자임. 영
　　응대군(永膺大君)의 사위 구수영(具壽永)이 살았던 가옥이었음. 헌종 경에 김흥
　　근(金興根)의 소유가 되었다가 경빈(慶嬪) 김씨가 궁궐에서 나와 거주하면서 순
　　화궁이 되었음. 일제강점기에 태화관으로 바뀌었음. 처음에는 태화(太和)였다가
　　태화(太華)로 바뀌었고, 다시 태화(泰和)로 바뀌었음.

257) 안백(眼白): 백안시의 준말로 눈을 하얗게 뜨고 사람을 흘겨보거나 냉정한 눈길
　　로 대하는 모습을 지칭함. ≪진서(晉書)≫ 〈완적전(阮籍傳)〉에서 죽림칠현 완적
　　(阮籍)이 마음에 들지 않는 사람이 찾아오면 눈의 흰자위를 드러내었다는 고사
　　에서 나옴.

258) 포청(袍靑): 육품의 하급관리가 입던 청색 관복임. 당나라 시인 두보(杜甫)가 〈도
　　보귀행(徒步歸行)〉에서 "청포 입은 조관들 중에 가장 빈곤한 이는 수레 없이 걸
　　어가는 백발의 습유라네.(靑袍朝士最困者, 白頭拾遺徒步歸)"에서 나옴.

259) 이정(鯉庭): 이(鯉)가 뜰을 지나가다 아버지인 공자로부터 시와 예를 배웠다는 고
　　사에서 나왔음. ≪논어(論語)≫ 〈계씨(季氏)〉에 나옴.

太和亭會飮

獨立人間世, 茫然倚暮亭.

幾多王眼白, 最困杜袍靑.

聖道湮千載, 儒風掃五經.

詩禮余何有, 曾聞過鯉庭.

옥 이슬이 연잎에 뭉치는

태화지(太和池)의 정자에 오르니

건곤(乾坤)으로 머리가 이미 허옇고

술잔(杯爵)에 눈이 모두 푸르구나

그대는 명리(名利) 거두고 세 번이나 벼슬하고

나는 백번이나 염량세태(炎凉世態) 맛보았네260)

백성과 나라 계책에 다 헤아릴 수 없어

맑은 밤에 들 가운데로 걸어가네

[하옥공(荷屋公)]

玉露盈荷葉, 太和池上亭.261)

乾坤頭已白, 杯爵眼俱靑.

名利君三仕, 炎凉我百經.

無量民國計,262) 淸夜步中庭. [荷屋公]263)

---

260) 염량(炎凉): 권세가 있으면 빌붙고 없어지면 푸대접하는 염량세태(炎凉世態)를
지칭함.

261) '화(和)', 김좌근의 《하옥유고》에 '화(華)'로 적혀 있음.

평촌(平村) 별서(別業)

문 닫고 칩거하니 친우(古人) 드물고

말수 적어 아이들과 서로 친하다오

복전(福田)에서 재배하는데 과실 얻기 어렵고

고해(苦海)를 겪어 왔는데 나루터가 어디야 묻는구나

천지 굽어보고 쳐다보매 어데서 낙지(樂地) 찾고

세월 유유자적하며 한가로이 신체 수양하네

또한 천고가 불평하다는 한(恨) 버리고

웃으며 떠들다가 좋은 술로 입술 넘기기 게으르네264)

平村別業

閉戶窮居少故人, 鮮言童穉自相親.

福田培得難成果, 苦海經來詎問津.

俯仰乾坤尋樂地. 優遊日月養閒身.

且抛千古不平恨, 笑喚流霞倦入唇.

문밖 나서니 나 또한 이방인이고

웃는 모습 옛 소리가 그대와 가까이할 만하구나

곡식 익은 산촌에 가옥 아주 윤택하고

---

262) '무량(無量)', 김좌근의 ≪하옥유고≫에 '창망(滄茫)'으로 적혀 있음.

263) 본 시는 김좌근의 ≪하옥유고≫ 권2에 〈태화정(太華亭)〉 편명으로 수록되어 있음.

264) 유하(流霞): 신선이 마시는 좋은 술을 말함.

숲 맑은 들판에서 나루터 쉽게 찾는구나

전원에서 준비코자 노력함이 번잡하고

귀밑머리가 성깃성깃 내 몸 부끄럽구나

마을 늙은이가 탁주 가져오니

은근히 자리 앉아 입술 적셔 볼까

[하옥공(荷屋公)]

出門吾亦異鄕人, 笑貌聲昔彼可親.

稻熟山村渾潤屋, 林晴野渡易知津.

田園料理煩奴力, 鬢髮稀疎愧我身.

閭巷老翁持濁酒, 慇懃當席勸霑唇. [荷屋公]

토산(兔山)265) 가는 사또(使君) 김병지(金炳地)266)를 송별하며

풍성하고 좋은 재주가 나라의 상서로움이오

훤칠한 소년은 태수를 뛰어넘어다오

충성스런 문조(文祖)267)에서 나와 깊은 어짊을 쌓았고

대부(大夫)가 되어 효성으로 봉양함이 영화롭네

---

265) 토산(兔山): 황해도 소속 군.

266) 김병지(金炳地): 철종시대 명문가 장동(안동) 김씨 집안의 인물. 조부는 김조순
(金祖淳), 부친은 김원근(金元根)이고, 한성부판윤, 공조판서, 형조판서를 역
임했음.

267) 문조(文祖): 요 임금 선조의 사당.

역원(驛院)에서 술 단지로 축하하는 무리가 늘어섰고

도문(都門)에서 장막 치고 제영(諸營)을 둘러쌓았구나

공사(公事)엔 기일 있으니 머뭇거리지 않고

힘써 선대 유훈을 이어서 명성을 세우소서

送別金使君炳地之兎山

芃棫美材王國禎, 少年白晳跨專城.

自忠文祖深仁毓, 爲大夫人孝養榮.

驛院賀樽羅衆客, 都門供帳擁諸營[268].

公事有期留不得, 勉承先訓樹風聲.

도화동(桃花洞)

[제1수]

북악산(北岳山) 남쪽의 땅이 더욱 그윽하고

천옹(天翁) 보호하는 만고(萬古)의 가을이라

도화동(桃花洞) 수원의 영경(靈境)은 굳게 잠겨 있고

봉래섬(蓬萊島)의 군선(群仙) 또한 머물기 좋구나

절벽에 낮은 소나무가 돌 지탱해 서 있고

벼랑에 날리는 폭포가 구름 뚫고 가네

---

268) 국립중앙도서관장본에는 '당(堂)'자 위에 '영(營)'자로 고쳐놓았음.

주인이 터 잡은 숲속의 정자는 좋고
백대 청풍이 영원히 멈추지 마소서

桃花洞

北岳之南地轉幽, 天翁呵護萬千秋,
桃源靈境應重關, 蓬島群仙且好留.
絶壑短松撑石立, 懸崖飛瀑穿雲流,
主人爲卜林亭好, 百世淸風永不休.

[제2수]

안타깝게도 늙은 이(桑楡)269)가 병들고 게을러
매번 아침에 거울 보니 얼굴 모습이 홀쭉하네.
고향 시름에 천 길이나 깊은 창해(滄海)이고
속세 생각이 만 겹이나 쌓인 구름 덮인 산이라
지금 사람은 직(稷)과 설(契) 없다는 것을 어찌 알리오
그 시대에 높다란 소나무 있다는 것을 듣지 못했다오
한강(漢水)이 결빙한 늦은 시기여서 놀라고
여생 편안히 지낼 계책 아직 찾지 못했네

自惜桑楡病且慵, 每朝臨鏡減顔容.
鄕愁滄海深千仞, 塵念雲山疊萬重.

---

269) 상유(桑楡): 뽕나무와 느릅나무인데, 여기에서는 해가 지는 노년을 뜻함.

那識今人無稷契, 未聞斯世有喬松.

凝氷漢水驚時晚, 安泊餘生計靡從.

[제3수]

극기(克己) 공부에 공경(恭敬)으로 간직하고

어짊(仁) 체험에 어찌 짧은 시각이라도 그만두리오

덤벼들어도 따지지 않는 안회(顔回)의 안빈낙도(安貧樂道)이고[270]

스스로 반성하며 구하니 맹자(孟子)가 스승일세

종(鍾)이 고요하다가 크고 짧게 치는 것이 들리고

밝게 비추니 예쁘고 추함을 모두 받아들이구나

영대(靈臺)가 사람 욕심을 없애버리면

대권(大圈)이 융화되고 서기(瑞氣)가 빛나리라

克己工夫敬以持, 體仁寧或片時虧.

犯而不校顔其庶, 自反求諸孟是師.

鍾靜並聽敲巨細, 鑑明均許入姸媸.

靈臺只要消人慾, 大圈冲融耀瑞曦.

---

270) 안기서(顔其庶): '공자의 제자 안회(顔回)가 도(道)의 경지를 즐기면서 자주 끼니
를 거르다(回也, 其庶乎, 屢空.)'는 안빈낙도(安貧樂道) 모습을 표현한 말임. ≪
논어(論語)≫〈선진(先進)〉에 나옴.

고양(高陽) 도동(道洞)

서쪽 오니 산과 물 함께 어우러져

위로는 명릉(明陵)271) 아래로는 마외역(馬隗驛)

은행나무 앞에 잠깐 말 세워두니

촌동(村童)이 주인 왔다고 알리네

高陽道洞

西來山水共縈廻, 上有明陵下馬隗.

銀杏樹前才立馬, 村童爲報主人來.

해일

[제1수]

짠물 침투해 벼가 어찌 살아남으리오

벼꽃 없고 알곡 없으며 오직 마른 줄기뿐

억지로 늙은 농부 불러 온 뜻을 전하니

머리 떨구고 울음 삼키며 눈물이 갓끈 듬뿍

---

271) 명릉(明陵): 경기도 고양시 덕양구에 소재한 숙종과 계비 인현왕후 민씨, 인원왕후 김씨의 왕릉임.

海溢

離水侵禾理豈生, 無華無實但枯莖.

强招農叟傳來意, 垂首吞聲淚滿纓.

[제2수]

충파(衝波)로 보 터져 양전(良田) 사라지니

눈길 미치는 곳까지 아득하게 펼쳐진 모래펄뿐

벼 싹 보고자 하나 찾을 곳 없고

지팡이 들어 누르니 땅속으로 뚫고 가는구나

衝波決洑走良田, 極目平沙轉渺然.

欲睹禾苗無覓處, 提筇爲向地中穿.

고양(高陽)에서 한양 친우들을 생각하며

만사(萬事)가 서쪽에서 오니 묘연해지고

이별한 지 삼일인데 삼년과 같구나

청포(靑袍)272) 때 소매 연했던 마음은 늘 간직하고

황각(黃閣)273)에서 뵌 얼굴이 꿈에도 은근히 나타나네

---

272) 청포(靑袍): 아직 관직을 받지 않은 과거 급제자를 지칭함.
273) 황각(黃閣): 의정부를 지칭함.

간장(肝腸)이 모두 초(楚)나라와 월(越)나라 사이라 말하지 마소
도시가 또한 대나무와 샘인지 비로소 알았다오
언제 가을일 다 마치고
필마 타고 도읍 가자고 재촉하며 채찍질하나

在高陽懷洛中諸盆

萬事西來轉渺然, 別離三日似三年.
靑袍連袂心長在, 黃閣承顔夢暗牽.
莫道肝腸皆楚越, 方知城市亦竹泉.
幾時了得秋成務, 匹馬天衢促去鞭.

골짜기에 돌아와 농사 논하다

[제1수]
오씨 할배 장씨 늙은이 반가운 얼굴로
전번 왔던 가생(賈生)[274]이 오늘 또 왔다고
가을 들녘의 풍년·흉년 일 자세히 물으니
사람의 힘 아니라 천재(天災)였다고

---

274) 가생(賈生): 가행건을 지칭함.

回谷談農

吳翁張老好顏開, 前度賈生今又來.

細問秋郊豊歉事, 不容人力是天災.

[제2수]
왕명 받들고 깊은 가을에
지세(地勢) 농정(農政) 살피려 곳곳 돌아다니네
매번 높은 언덕 올라 좌우 바라보며
농단(隴斷) 없는지 살피는 장부(丈夫)의 마음

敬承尊命到秋深, 地利農形處處尋.

每陟高崗瞻左右, 得無隴[275]斷丈夫心.

가을밤 근심을 물리쳐 없앰

바람과 이슬에 은하수 희미하고
서늘한 밤에 객은 잠 못 이루구나
가을 이후 반드시 곧장 돌아가리라
새벽 전에 골고루 나누겠다고
기근과 풍년이 적당한 때가 있으니

---

275) 원문 '隴': '壟'의 통용.

석호집(石湖集)

근면과 게으름은 마음 씀이 어찌 편백되나

이(利)를 쫓으려는 것이 아니라

닭 울자 일어나 하늘 쳐다보네

秋夜撥憫

風露淡河漢, 夜凉客未眠.

旋返須秋後, 分排在曉前.

饑穰時適値, 勤慢意何偏.

非爲孜孜利, 雞鳴起視天.

벼 타작하는 곳에 비가 내린다

벼 타작하는 날 한낮에

서쪽 바람 머금고 소낙비 내리니

빗자루 던지고 달아나는 농부

도롱이 쓰고 모여든 촌동(村童)

푸른 곡식 더해지고 낱알 무거워지고

누런 땅 적시니 미세 먼지 풀풀

지는 햇빛에 강 위의 구름 걷히더니

옛 주인을 다시 찾아가네

禾場遇雨

打禾日正中, 急雨涵西風.

揮箒奔田父, 荷蓑集野童.

靑添虛顆重, 黃浥細塵濛.

落照江雲捲, 還尋舊主翁.

스스로 탄식하다

선비가 부문(浮文)[276] 숭상하여 대도(大道) 끊기고

다견(多見)[277]만 지켰다고 뭇 사람들이 비웃구나

반드시 경전(經傳) 탐구해야 나라 위할 수 있고

심신(心身) 성찰하지 않으면 어찌 때를 알겠는가

일중(一中)[278] 모두 잊고 공경함을 행하며

고금(古今) 다투어 말하며 형편을 달리하네

안팎을 요령껏 하여 환한 빛 다 밝혀서

---

276) 부문(浮文): 허식적인 문장.

277) 다견(多見): 공자가 제자 자장(子張)을 가르치기를 "많이 듣되 의심난 것은 빼 버리고 그 나머지만 삼가서 말하면 허물이 적을 것이고, 많이 보되 불안한 것은 빼 버리고 그 나머지만 삼가서 행하면 뉘우치는 일이 적을 것이다.(多聞闕疑, 愼信其餘則寡尤: 多見闕殆, 愼行其餘則寡悔)" 《논어(論語)》 〈위정(爲政)〉 에 나옴.

278) 일중(一中): 순임금이 우임금에게 말한 심학(心學)을 지칭함. "인심은 오직 위태롭고, 도심은 오직 미세하니, 오직 정밀하고 전일하여야 진실로 그 중도를 잡으리라.(人心惟危 道心惟微 惟精惟一 允執厥中)"

빨리 요순(堯舜)시절의 태평성대를 보고 싶네279)

自歎

士尙捊280)文大道斷, 爲守多見衆人嗤.

須探經傳能爲國, 未察身心豈識時.

都忘一中行我敬, 爭言今古異其宜.

要令表裏光明盡, 快睹堯天舜日垂.

농사 걱정

작년엔 홍수, 올해는 병충해

두 해 가을 보니 모두 텅 비었네

사람 탓도 하늘 탓도 하지 마소

시세 따라 궁하고 통함이 있으리

憫農

去年大水今年虫, 兩度看秋一樣空.

人亦莫尤天莫怨, 祗緣時勢有窮通.

---

279) 요천순일(堯天舜日): 옛 사람들이 군주의 성덕(盛德)이나 태평시절을 비유할 때
    요임금의 하늘(堯天)이나 순임금의 해(舜日)이라는 표현을 곧잘 사용함.
280) 원문 '捊': '浮'의 오기.

나그네 회포

한 명의 외로운 백발 나그네가

우주 사이를 배회하네

별은 원래 북극성으로 향하고

해와 달은 본시 동쪽에서 나온다

자식은 오로지 효만 생각하고

신하는 즉시 충성을 바쳐야지

임금과 부모에게 보답함이 없는데도

무슨 일로 쑥대같이 뒹구는구나

客懷

白首一孤客, 徘徊宇宙中.

星辰元拱北, 日月本從東.

在子惟思孝, 爲臣卽願忠.

君親無一報, 何事轉如蓬.

가을걷이

가을 추수에 빈말 남겼다고 절실히 깨닫고

아침 안개 뚫고 가서 황혼에야 돌아오네

무심한 듯하면서도 오히려 일이 있어

동쪽 집에서 겨우 마치니 또 서쪽 마을이라

석호집(石湖集)

秋事

納禾殊覺費空言, 穿去朝霞趁日昏.

似是無心還有事, 東家纔了又西村.

홍수골(紅樹洞)

온통 성안에서 거마 타고 놀러 온 사람들

꽃과 나무가 누대(樓臺) 곳곳에서 새록새록

속세 벗어난 동쪽 개울이 최고일세

무릉(武陵)의 산수와 같은 봄이로다

紅樹洞

滿城車馬摠遊人, 花木樓臺處處新.

最是東溪超物外, 武陵山水一般春.

동문(東門)의 버들 색은 미인과 같아

한번 흔연히 웃고 한번 새로움 돌아보네

성 가까운 꽃동산에 삼월 저물 때

복숭아꽃 내 집의 봄을 남기네

[하옥공(荷屋公)]

東門柳色美如人, 一笑欣然一顧新.

負郭芳園三月暮, 桃花留作我家春. [荷屋公]

재종(再從) 만사(挽詞)

초나라 명령(榠櫺)281)의 춘추는 얼마인고

새벽녘 된서리 검푸른 빛 거두고

푸른 골수(綠髓)282)를 금정수(金井水)로 씻고 와서

먹장구름 타고 옥경루(玉京樓)에게 짝지어 가네

선친이 지하에서 솔·삼나무와 가깝고

외아들이 인간계에서 피눈물을 흘리구나

말년 영명한 손자에게 하늘이 선(善) 베풀고

삼생(三生)283)의 숙채(宿債)284) 하나도 없도다

再從挽詞

榠櫺楚樹幾春秋, 五夜嚴霜黛色收.

綠髓洗來金井水, 玄雲伴去玉京樓.

---

281) 명령(榠櫺): 명령(冥靈)이라고도 하는데, ≪장자(莊子)≫ 〈소요유(逍遙遊)〉에서 초나라 남쪽에 오래 산다는 전설 속의 나무임.

282) 녹수(綠髓): 푸른 골수이며, ≪수신기(搜神記)≫에서 장자문(蔣子文)이 죽어서 선골(仙骨): 신선의 골)이 되었다는 고사에서 나옴.

283) 삼생(三生): 전생(前生), 금생(今生), 내생(來生)을 지칭함.

284) 숙채(宿債): 전생에 진 묵은 빚을 지칭함.

先君地下松杉近, 獨子人間血涕流.

晚歲英孫天錫類, 三生宿債一無留.

입석(立石) 족숙(族叔) 만사

해상 누대(樓臺)에서 상투 틀고 벼슬하면서

누가 이때 겁운(劫運)을 만날지 알았을까

엄뢰(嚴瀨)에서 낚싯줄 드리어 풍진 벗어나고[285]

화산(華山)[286]에서 돌 비추며 재술(才術) 품었다오

세상사 경중 저울질하는 의사가 나누어지고

사귐의 깊고 얕음 따지는 마음으로 마시네

즐겁게 담소하며 어느 곳 찾아갈꼬

좋은 옥 순금은 이미 죽은 재(灰) 되었다오

---

285) 엄뢰(嚴瀨): 후한의 은사 엄광(嚴光)이 절강 동강(桐江)에 소재한 엄릉뢰(嚴陵瀨)에서 세상을 등지고 낚시질하는 장소임.

286) 화산(華山): 중국 섬서성(陝西省) 서안(西安) 근처의 명산임. 옛날에 태화산 또는 서악이라고 불렸으며, 중국 오악 중의 하나로 꼽히고 있음. 진령산맥(秦嶺山脈)의 동쪽 끝부분에 속해 있으며 가파른 암석으로 되어 있음. 이곳이 험준하고 기이한 봉우리와 우뚝 솟은 절벽, 깎아지른 듯한 천 길 낭떠러지로 이루어져 있어 예로부터 많은 유람객들이 찾아오는 명승지임.

立石族叔挽詞

結髮職裾海上臺, 誰知劫運此時迴.

垂絲嚴瀨超塵累, 鑒石華山蘊術才.

世事意分輕重錘, 交情心酌淺深杯.

怡然言笑尋何處, 良玉精金已死灰.

백상려(白商礪) 만장(輓章)

화산(華山)의 돌 기운 신령은 창창(蒼蒼)하고

뛰어난 인걸(人傑) 내보내는 지령(地靈)이 모였다네

필치가 남당가(南塘家)[287]의 표준(標準)이고

문장이 동로씨(東魯氏)[288]의 문정(門庭)이라

힘차게 달리는 천리마로 장차 천 리 떠나

휘휘 늘어진 장송(長松)은 이미 백 년 넘었다오

뉘와 함께 몇몇 아양곡(峨洋曲)[289]에다 화창(和暢)하오리

광릉(廣陵)의 거문고 끊어지니 눈물이 주룩주룩

---

287) 남당(南塘): 송대 학자 진백(陳栢)을 지칭함.

288) 동로(東魯): 노나라 공자(孔子)를 지칭함.

289) 아양곡(峨洋曲): 거문고 명인인 백아(伯牙)가 연주하자 종자기(鍾子期)가 남긴 감탄사에서 나온 노래임. ≪열자(列子)≫ 〈탕문(湯問)〉에 나옴.

白商礦挽章

華山石氣神蒼冥, 挺出人豪萃地靈.

筆則南塘家準的, 文於東魯氏門庭.

昂昂老驥將千里, 落落長松已百岭[290].

數曲羲洋誰與和, 廣陵琴絶涕交零.

오징어

너 미물이지만 또한 때를 알아

매번 더운 바람 불 때 얕은 바닷가로 오네

가슴에 현묘한 천기(喘氣) 품고 진한 먹 뿜으며

등에 울긋불긋 반점 띠며 조그만 배 따라다니네

죽은 척하며 떠다니다가 적을 잡고

표류당할까 봐 실처럼 이어가네

회나 젓갈, 삶아도 안 될 것 없으니

병중(病中)에 생각만으로도 나를 소생시키네

---

290) 원문 '岭': '齡'의 통용.

烏賊魚

爾雖微物亦知時, 每到炎風淺水湄.

胸貯玄機濃墨瀉, 背乘白飯小舟移.

泛疑佯死能擒賊, 行怕漂流更引絲.

膾鮓烹鮮無不可, 蘇元起我病中思.

제비

왕사(王謝)[291]도 아닌데 마루에 둥지 짓고

기이한 붉은 부리로 사귀기를 바라네

들과 숲엔 뱀과 전갈 재앙 부질없이 많아

꾀꼬리 비웃으며 높은 곳으로 옮겨 가네

鷰

堂非王謝亦成巢, 契異嘴朱幸托交.

野藪謾多蛇蝎禍, 笑他黃鳥出遷喬.

---

291) 왕사(王謝): 육조(六朝) 시대의 명문가인 왕씨(王氏)와 사씨(謝氏)로, 후대에는
명문세족을 지칭함.

칡을 캐다

연한 뿌리가 뻗어 뒤엉켜 청산(靑山) 덮고

한가롭게 시인이 칡을 캐네

〈중곡유퇴(中谷有蓷)〉의 칡덩굴 노래하며292)

몇몇 꾀꼬리가 꾀꼴꾀꼴

採葛

脆莖誕節絡靑山, 採採騷人時得閒.

中谷行歌覃葛句, 數聲黃鳥送綿蠻.

회포를 읊다

지업(志業)에 더함 없는데 나이는 점차 더하고

안타까워라 정로(正路)가 반쯤 외로 누웠구려

누가 알려나 오교(五敎)가 삼교(三敎)로 나뉘고

요컨대 천가(天家)가 일가(一家)로 합치게 하니

책상 위에 끊어진 죽간(竹簡)293) 쫓을 수 있고

거울 안에 차단된 먼지 씻을 수 있네

---

292) 〈중곡(中谷)〉: 〈중곡유퇴(中谷有蓷)〉의 준말로, 흉년에 기근이 들어 여인이 남편
과 헤어져서 한숨 짓는다는 ≪시경≫의 한 편장임.

293) 위편삼절(韋編三絶): 공자가 ≪주역(周易)≫을 공부할 때 죽간을 엮은 소가죽 끈
이 세 번 끊어졌다는 고사에서 나왔음.

탁류(濁流)에 홀로 서서 목란 상앗대(蘭槳)로 재촉하고
염계(濂溪)로 거슬러 올라 낙수(洛水) 물가로[294]

述懷

志業無加齒漸加, 堪嗟正路半欹斜.
誰知五敎分三敎, 要使千家合一家.
丌上能追韋簡絶, 鏡中方洗玷塵遮.
濁流獨立催蘭槳, 上溯濂溪洛水涯.

봄비

강물 불어 괄괄 긴 냇물로 흘려 들어가고
우리 들판 위아래 밭에 비 내리네
집 밖 늘어진 버드나무엔 새실 뽑아내고
섬돌 앞 푸른 이끼가 동전 반쯤처럼 끼었네
가랑비 더하여 오늘 관찰하고
어족(魚族) 꿈꾸며 옛날 생각하는구나
이제부터 농부는 근심과 기쁨이 반반
봄이 오니 만부(萬夫)의 어깨가 쉴 틈 없구나

---

294) 염계(濂溪), 낙수(洛水): 모두 성리학을 지칭함.

春雨

增波灘灘注長川, 雨我平郊上下田.

戶外垂楊新吐縷, 階前碧蘚半成錢.

益之霡霂觀今日, 夢以魚族想昔年.

自是農家憂喜半, 春來未息萬夫肩.

배 타고 가다

동호(東湖)의 봄물은 하늘보다 푸르고

닻줄 풀고 푸릇푸릇한 버들 언덕 앞으로

단지 익조(鷁鳥)295) 머리엔 거센 바람 있다고 믿고

어찌 고래 등엔 끝없는 물결 근심할 필요 있나

남포(藍浦) 핀 연꽃에 가을 달 밝고

서암(西巖) 자란 초나라 조릿대296)에 새벽 연기 흩어지네

황금 광주리(籯金) 얻기 기다려 정박하는 곳에297)

살찐 저육(猪肉)과 술개미(綠蟻)298)가 성대한 잔치 가득하네

---

295) 익두(鷁頭): 익조(鷁鳥) 머리임. 옛날 배를 만들 때 풍향을 잘 아는 익조의 형상을
뱃머리나 돛대머리에 목각한 데에서 나왔음.

296) 초죽(楚竹): 중국의 초(楚) 지방에서 나는 조릿대 종류를 가리킴.

297) 영금(籯金): 한 광주리의 황금으로 금은보화를 지칭함.

298) 녹의(綠蟻): 술이 익어 가면서 위로 떠오르는 푸르스름한 거품을 말하는데, 여기
서는 술을 지칭함.

行舟

東湖春水碧於天, 解纜靑靑柳崖前.

只信鷁頭風有力, 寧愁鯨背浪無邊.

荷花南浦明秋月, 楚竹西巖散曉烟.

待得贏²⁹⁹⁾金安泊處, 肥猪綠蟻滿華筵.

대나무

[제1수]

죽림칠현(竹林七賢)³⁰⁰⁾이 대숲 속에서 시사(時事) 논하고

천년 호탕한 광부(狂夫: 미친 이)가 가서 돌아오지 않네

수절(守節)하며 마음 비운 모습은 본래 받은 성품이라

거문고 퉁기고 길게 휘파람 부니 얼굴이 절로 활짝

긴 그림자 당겨 남긴 빈 뜨락의 달

맑은 바람 읍(挹)하고 보낸 푸른 고사리의 산³⁰¹⁾

차가운 밤에 눈 내리는 소리 가장 좋아

해 향해 창문 열어젖히고 닫지 않는구려

---

299) 원문 '贏': '纍'의 통용.

300) 죽림칠현(竹林七賢): 위진 시대에 문란한 세상을 등진 완적(阮籍) · 혜강(嵇康)
· 산도(山濤) · 상수(向秀) · 유령(劉伶) · 완함(阮咸) · 왕융(王戎) 등 현인을 지칭
함.

301) 궐산(蕨山): 은자 백이(伯夷), 숙제(叔齊)가 고사리를 캐는 수양산(首陽山)을 지
칭함.

竹

七賢時事竹林間, 千載豪狂去不還.

守節虛心元稟性, 彈琴長嘯自怡顔.

引留脩影空庭月, 抱送淸風翠蕨山.

最愛寒宵敲雪響, 向陽開牖未曾關.

[제2수]

달 뜬 깊은 객사가 맑고 티끌 없고

곧은 줄기, 맑은 바람 흥취 또한 참되네

지팡이가 구름 뚫고 길 인도할 수 있고

도죽(桃筁: 대자리)302)에 수놓아 몸 편하게 할 수 있으니

드문 소리가 푸름 깨트린 곤산(崑山)의 계곡

한(恨)의 눈물이 반점 만든 초수(楚水)의 나루터

너의 우뚝 선 천고(千古)의 절개를 사랑하고

어찌하면 인생에 장춘(長春) 얻으리오

月來深舘瀅無塵, 直斡淸風趣味眞.

筇杖穿雲能引路, 桃筁列繡可安身.

希音破碧崑山谷, 怨淚成斑楚水津.

愛汝亭亭千古節, 人生那得保長春.

---

302) 도죽(桃筁): 도생(桃生: 대나무의 일종)으로 엮은 자리를 말함.

흡연

한 촌 남짓한 입, 한 자 남짓한 담뱃대

부자이든 가난뱅이든 모두 즐기니

섬 바깥의 채색 담뱃대는 침상 아래 보물이고

관서(關西)의 향초(香草: 담배)303)는 담뱃갑 중의 봄이라

달 뜬 들에서 편안한 시상(詩想) 뱉어내고

밤 긴 탑상에서 따뜻한 새 기운 불어내네

동방의 폐정(弊政)인 용(俑)304)은 누가 만들었나

화인(華人)이 해남(海南) 바닷가에서 전해 왔다오

吸烟

寸餘圍口尺餘身, 業嗜無論富與貧.

島外畵筠床下寶, 關西香草匣中春.

月庭呑吐詩思逸, 宵塌305)噓呵煓氣新.

弊政東邦誰作俑, 華人傳送海南濱.

---

303) 향초(香草): 향기가 나는 풀인데, 여기에서는 담배를 지칭함.

304) 용(俑): 옛적에 사람이 죽어 장사할 때 함께 묻었던 나무로 만든 허수아비임. 공자
　　가 아주 못마땅하게 여기고 용을 처음 만든 것을 나쁜 예로 삼았음.

305) 원문 '塌': '榻'의 오기.

정월 2일 비가 내리다

[제1수]

음려(陰沴)306) 재앙 모두 사라지고 따뜻한 비가 되어

이른 봄 천의(天意)가 인정(人情)을 증험하네

잔설 씻으니 청산이 나타나고

가벼운 물결 더하여 푸른 시냇물이 가득

버들도 추위 겁내지 않고 연한 눈 피우고

짐승도 날개 떨치며 새 소리 부르구나

한 말 전하오니 농가(田家)여 서로 권면하여

풍년 소식을 먼저 알렸다오

正月二日有雨

陰沴全消暖雨成, 早春天意驗人情.

洗來殘雪靑山出, 添得輕濤碧澗盈.

柳不㤢寒開嫩眼, 禽能拂羽唱新聲.

寄語田家相勸勉, 康年消息已先呈.

[제2수]

음(陰) 다하고 양(陽) 생겨 조화 이르고

---

306) 음려(陰沴): 음양의 기운이 조화를 잃어 음기가 가득하여 일어난 재해를 지
칭함.

산과 내 골몰히 유추해 보니 감정 통하네

섣달 가까워 견고한 얼음으로 강물 합쳐지고

봄맞이 좋은 비로 계곡 시내 가득하구나

갑자기 보이네 들 가운데 펼쳐진 옥색

문득 들리네 처마 끝 때리는 은(銀) 소리

큰 글(洪句) 키워 남들이 예측하기 힘들고

천하(乾坤)의 성덕(盛德)을 여기에서 알리도다

陰極陽生造化成, 細推山澤感通情.

堅氷近騰江河合, 好雨迎春潤谷盈.

俄看庭心鋪玉色, 旋聞簷角碾銀聲.

洪句浩育人難測, 盛德乾坤到此呈.

회두시(回頭詩)[307]

바람 안개가 좋은 삼월의 하늘이니

삼월의 하늘이 작은 당(堂) 앞 맑구나

작은 당(堂) 앞에 지팡이 짚은 객 있으니

지팡이 짚은 객이 평지의 신선일세

평지의 신선이 변화를 관찰하고

---

307) 회두시(回頭詩): 시구의 끝부분을 따서 다음 시구의 머리가 나오게 하는 시임.

변화를 관찰할 때 자연으로 들어가네

자연으로 들어간 후 즐거움이 가없고

즐거움이 가없는 곳에 바람 안개가 좋구나

回頭詩

好風烟是三月天, 三月天晴小堂前.

小堂前有倚藜308)客, 倚藜客卽平地仙.

平地仙眼觀變化, 觀變化時入自然.

入自然後樂無極, 樂無極處好風烟.

무릇 효(孝)라는 것은 어버이의 뜻을 잘 계승하고(善繼),309) 어버이의 일을 잘 따라서 하는 것을(善述) 말한다.310) 족종(族從) 가정건(賈廷健)311)은 이른 나이에 효로써 세상에 알려졌다. 기미년312) 여름에 선영에 묻힌 타인의 묘 3기를 파내어 선인(先人)의 유감을 해결하였다. 선계선술(善繼善述)의 큼이 어찌 이보다 더할 수 있으리오. 법에 있어 유배가게 되자 시로써 전별한다.

---

308) 원문 '藜': '籁'의 통용.

309) 선계(善繼): 어버이의 뜻을 잘 계승하는 것을 지칭함.

310) 선술(善述): 어버이의 일을 잘 따라서 하는 것을 지칭함.

311) 가정건(賈廷健): 초명은 정렴(廷濂), 자는 경함(敬涵), 가문한(賈文漢)의 차남. 경신(1860) 충량과(忠良科) 급제.

312) 기미(己未): 1895년(철종 10)에 해당됨.

하늘이시여 내 정성 밝게 살피어서

양대(兩代)에 수치 씻는 오랜 맹세 있었다오

절개로 무덤 지키는 유자(兪子)313)의 효성

풍도로 나약한 이 세우는 백이(伯夷)314)의 맑음

많은 사람들은 연연하여 천리(天理)에 어긋나나

오직 군자만이 곧고 바라 세정(世情)에 이끌리지 않네

듣건대 낭천(狼川)315)의 구릉과 계곡이 아름다우니

이번 유배 길은 욕된 것 아니오 오히려 영광일세

夫孝者, 善繼善述之謂也. 族從廷健, 早歲以孝聞於世, 於己未夏, 掘
去先塋下他人塚者三, 則庶解先人遺憾, 而繼述之大, 豈有以加於此哉.
在法當流, 於其行也, 贐之以詩.

蒼穹昭鑑我精誠, 兩世湔羞有宿盟.

志節守墳兪子孝, 風聲立懦伯夷淸.

人多顧戀違天理, 君獨貞堅不世情.

聞說狼川邱壑美, 此行非辱反爲榮.

313) 유자(兪子): 한나라 효자 한백유(韓伯兪)를 지칭함.

314) 입나(立懦): 염완입나(廉頑立懦)의 준말로서 ≪孟子≫〈萬章下〉에서 맹자가 "백
이(伯夷)의 풍도를 들은 자는, 완악한 이는 청렴해지고 나약한 이는 입지한다.(聞
伯夷之風者, 頑夫廉, 懦夫有立志.)"는 고사에서 나왔음.

315) 낭천(狼川): 강원도 화천에 소재한 지명. 여기에서는 멀리 귀양 가는 장소를 지
칭함.

등불 관람

달 가두고 별 펼쳐지자 도성 길로 모이고

상원절(上元節)316) 풍속이 동쪽 끝으로 전해져서

요대(瑤臺)의 뭇 여인이 화장 경대 열고

창해(滄海)의 뭇 용이 화주(火珠) 토하는구나

적벽(赤壁)에 바람 일어 노적(老賊)을 놀라게 하고

동화문(東華門)을 닫고 신묘한 계책으로 다스리오니

봄 지나 붉은 꽃이 졌다고 말하지 마소

만점(萬點)의 복숭아꽃이 도성에 가득하오리

觀燈

籠月絡星簇九衢, 上元遺俗播東隅.

瑤臺衆女開粧鏡, 滄海群龍吐火珠.

赤壁風生驚老賊, 東華門關運神謨.

莫言春度紅芳盡, 萬點桃花遍一都.

---

316) 상원(上元): 음력 정월 보름날.

우연히 읊다

타고난 성품 느릿한 나는 온전한 사람을 부끄러워하고

지난 몇 년 각고(刻苦)해도 몸이 윤택하지 못하네317)

일찍이 책 즐김을 음식 즐김과 같다고 말했지만

도(道)를 걱정함만 알고 어찌 가난을 걱정 알았을까318)

오로지 굳건하게 해서 생각함에 어그러짐 없고

밖으로 혹 흐리멍덩해도 참됨 잃을까 두려워했네

변화하고 안배해도 많이 틀려

어찌 마음의 경륜(經綸)이 일어남을 알리오

偶吟

晚余生質愧全人, 刻苦年來未潤身.

嘗謂嗜書猶嗜食, 但知憂道肯憂貧.

中惟堅定思無悖, 外或矇319)朧怕失眞.

推�安排多錯處, 那知心上起經綸.

---

317) 윤신(潤身): ≪대학장구(大學章句)≫ 〈전(傳)〉 중 "부는 집을 윤택하게 하고, 덕은 몸을 윤택하게 한다.(富潤屋, 德潤身)"에서 나옴.

318) 우도(憂道), 우빈(憂貧): ≪논어(論語)≫ 〈위령공(衛靈公)〉 중 "군자는 도를 걱정하지 가난은 걱정하지 않는다.(君子憂道, 不憂貧)"에서 나옴.

319) 원문 '矇': '朦'의 통용.

동지

박괘(剝卦)320)가 아홉 돌아 다시 시작하고

건곤(乾坤) 왕래하며 태허(太虛) 관통하네

초목이 배태하고 매화가 일찍 꽃 피우고

호수와 산의 기색 보니 눈이 여전히 남아 있구나

선조 사당으로 나아가 정자(程子)의 유훈을 추적하고

충담(沖澹)321)한 희귀한 소리로 소옹(邵雍)의 문장에 감동하니

이날부터 따뜻해져 봄기운이 발동하여

푸른 향초 붉은 타래붓꽃이 섬돌을 빙 둘러싸리라

冬至

剝之九返復之初, 來往乾坤貫大虛322).

草木胚胎梅早綻, 湖山氣色雪猶餘.

蒸祠先祖追程訓, 沖澹希音感邵書.

此日暄溫春意動, 碧芸丹荔繞階除.

---

320) 박괘(剝卦): ≪주역(周易)≫의 '산지박(山地剝)괘'임. 위는 산(山)이고, 아래는 땅(地)이며, 박(剝)은 벗기다이다. 산이 땅 위에 솟아 있으나 풍상에 깎여 벗겨질 수 있다며 매사 조심해야 한다는 뜻임.

321) 충담(沖澹): 성미가 조촐하고 깨끗함.

322) 원문 '大虛': '太虛'의 통용

우연히 읊다

옹기 구멍의 들창323)에 거처해도 경륜(經綸)을 끌어안고

다년간 종적 감추어도 사람들이 서운해하지 않네

들 물, 외로운 배, 마음이 소요자재하고

궤 음식324), 큰 집, 길을 누구에게 의지할꼬

난과 국화 재배에 도무지 일도 많고

상유(桑楡)325) 쫓아 출신(出身)326)이 늦었으며

자주 서툴고 오활(迂闊)해서 쓸모가 없을까 봐 두려워

어찌 하늘에 호소해서 천거할꼬327)

偶吟

窮居甕牖抱經綸, 斂跡多年不慍人.

野水孤舟心自在, 簋殮渠厦路誰因.

栽培蘭菊渾多事, 追逐桑楡晚出身.

常恐踈迂無所用, 吹噓那得訴蒼旻.

---

323) 옹유(甕牖): 옹기 구멍의 들창으로 지극히 빈한한 선비 거처를 지칭함.

324) 궤손(簋殮): 1두 2승 자리 질그릇으로 대접해도 배불리 먹는다는 말을 의미함.

325) 상유(桑楡): 뽕나무와 느릅나무인데, 여기에서는 초년(初年)의 실패를 노년(老年)에 만회했다는 뜻으로 사용됨.

326) 출신(出身): 조선 시대 문과(文科), 무과(武科), 잡과(雜科) 등 각종 과거에 급제한 자.

327) 취허(吹噓): 본시 입김을 불어 준다는 뜻으로 잘못을 덮어주고 잘한 것을 추켜세워 천거한다는 의미로 사용됨.

영보정(永保亭)328)[정자는 소영(蘇營)329)에 있음]

먼 하늘에 오로지 푸른 물이

끊긴 땅에 다시 높은 누각을

누각 오른 객에게 묻노니

솔개 물고기330) 보았는가 보지 못했는가

永保亭[亭在蘇營]

天長惟碧水, 地絶更高樓.

爲問登臨客, 鳶魚見得不.

바다를 바라보다

[제1수]

홍몽(鴻濛)331)한 원기(元氣)가 가없이 넓고 넓으며

만 리 되는 미려(尾閭)332)가 백천(百川)을 삼켰다오

---

328) 영보정(永保亭): 충남 보령 오천항에 세워진 충청수영성에 있는 정자임.

329) 소영(蘇營): 충청수영성의 경치가 아름다워 중국 명승지 소주(蘇州)와 같다고 해서 소영(蘇營)이라고 불렸음.

330) 연어(鳶魚): 연비어약(鳶飛魚躍)의 준말로 "소리개는 하늘에서 날고, 물고기는 연못에서 뛰는구나(鳶飛戾天, 魚躍于淵)", 즉 온갖 동물이 생을 즐기며 살아가는 모습을 비유한 말.

331) 홍몽(鴻濛): 우주가 형성되기 이전에 하늘과 땅이 갈라지지 않은 혼돈 상태를 지칭함.

332) 미려(尾閭): 전설상 대해의 깊은 곳에서 끊임없이 물이 흘러나온다는 장소.

하늘(碧落)333)을 굽어보고 한 색으로 연이어졌고

두터운 땅(厚坤)을 담아 천년을 누르네

적색 잉어 붉은 새우 족속(族屬)들을 끌어안고

청룡(靑龍) 백호(白虎) 선박을 띄우는구나

삼산(三山)334)을 짊어진 자라335)는 어느 곳 가는가

고금의 어리석은 이가 헛되이 신선 찾네

觀海

鴻濛元氣浩無邊, 萬里尾閭呑百川.

碧落俯臨連一色, 厚坤容載鎭千年.

中涵赤鯉紅鰕族, 上泛靑龍白鵠船.

鰲戴三山何處去, 癡人今古謾尋仙.

[제2수]

육지의 홍수가 사방으로 흘러가

밭두렁(田間) 물길 터져 긴 냇물로 들어가듯

대붕(大鵬)이 신(神)의 조화를 타고 남쪽으로 옮기고

팔준마(八駿馬)가 늙음을 아쉬워하며 서쪽으로 유람하네

어선(漁船) 창에 등 달고 구름 바깥의 섬

---

333) 벽락(碧落): 하늘이라는 의미로 사용되는 도가 용어.

334) 삼산(三山): 전설상의 신선이 사는 산.

335) 오(鰲): 전설상에 땅을 지탱해 주는 자라.

시인이 술 가지고 달밤의 선박

헌연(軒然)히 눈길 닿은 곳에 즐겁게 앉아

강호에 또 한 명의 늙은 신선일세

中土洪流走四邊, 勢如畎澮導長川.

大鵬南徙乘神化, 八駿西遊惜暮年.

漁戶掛燈雲外島, 騷人携酒月中船.

軒然縱目怡然坐, 別是江湖一老仙.

요강

남녀 모두 사용하기 적합하고

침실 서남쪽에 오래 두고 사용하며

머리는 지백(智伯)336)이 아닌데 이름은 하나이고

몸은 형금(荊金)으로 되어 있고 품등은 셋이오

다른 이 손 빌리지 않아 동복(僮僕)들이 희희

추워도 문밖 나가지 않아 수면이 달콤

평소 오래된 물건 중 이보다 나을 것 있으리오

더러움 씻고 저녁까지 작은 띳집에 두네

---

336) 지백(智伯): 춘추 시절의 현명한 대부 지씨 일족.

溺缸

利用均宜女與男, 長隨床第任西南.

頭非智伯名歸一, 體以荊金品有三.

傍不借人僮僕喜, 寒無出戶睡眠甘.

平居長物寧逾此, 滌垢昏朝置小菴.

등

박모(薄暮)에 강변 구름 걷힐 줄 모르고

아이 불러 촛불 가지고 높은 누대에 올라

빛 빌려 보니 글방 괴로움을 더욱 느끼고

심지 잘라 새벽 시각 재촉함을 혼연히 잊고

찬란한 구슬이 분홍 벽에 걸려 있고

아련한 달이 그림 병풍 속 매화에 있네

해 밝을 때까지 깜부기가 여전히 남아 있고

두 동이337) 술 기울며 그림자가 술잔 가득

---

337) 붕주(朋酒): ≪시경(詩經)≫ 〈빈풍(豳風)〉에 "시월엔 채마밭 깨끗이 닦고, 두 항
아리 가득히 술을 걸러,(十月滌場, 朋酒斯饗,)"에서 나옴.

燈

薄暮江雲暝不開, 呼兒携燭向高臺.

借光愈覺書帷苦, 剪炷渾忘曉箭催.

燦燦珠懸紅粉壁, 依依月在畫屛梅.

天明直到猶餘燼, 朋酒相傾影滿杯.

꿈속에서 짓다

쓸쓸한 가을 풍경에 온 숲 슬프고

국화 떨기가 범각(范閣)338)에서 새로 피어나네

춘심(春心) 다하니 끊김 없고

동풍 소식에 높은 누대 오른다오

夢中作

秋容蕭瑟萬林哀, 叢菊新從范閣來.

儘當春心無聞339)斷, 東風消息上高臺.

---

338) 범각(范閣): 중국 영파(寧波) 소재 명장서루인 범((范)씨 집안의 천일각(天一閣)
　　을 지칭함.
339) 원문 '聞': '間'의 통용.

장작을 패다

초동(樵童) 기다려 아침 취사하고 저녁 불 때고

잠시라도 마련해 놓지 않으면 불 지피기 늦어진다

두 주먹 불끈 쥐고 도끼를 휘두르면

한 나무 쪼개져 천 가지로 변한다오

오하(吳下)에서 장작 채집하며 궁한 선비 슬퍼하고

하남(河南)에서 정(鼎) 채찍질하며 퇴지(退之)340) 비웃네

열 식구 생애도 이와 같은데

하물며 삼시 때 장안(長安)의 만호(萬戶)라면

析薪

朝炊夕爨待樵兒, 少不周旋擧火遲.

怒奮雙拳揮一斧, 細分獨樹化千枝.

採薪吳下悲窮士, 鞭鼎河南笑退之.

十口生涯猶若此, 長安萬戶況三時.

---

340) 퇴지(退之): 당나라 문인 한유(韓愈)의 자.

우연히 읊다

시골 친구와 글로 벗 삼고

아침저녁으로 읊조리며 무리 이루었네

납일(臘日) 전 세 번 눈이 나부끼고341)

동지 지나 새 해가 얼마나 길어졌나

장년에 채찍 잡고 낙사(洛社)342)를 찾아갔고

만년에 술통 당기고 호수 구름343)에 누었다오

근면하소서 우리 선비들이여 재예(才藝)344) 닦은 것을

밝을 때 채색 실로 비단 치마 깁네

偶吟

有友江鄕會以文, 暮朝吟弄自爲群.

雪迎殘臘飛三白, 日度初陽長幾分.

壯歲垂鞭尋洛社, 頹岭345)摰榼臥湖雲.

勉哉吾黨修才藝, 綵線明時補繡裙.

---

341) 삼백(三白): 납일(臘日) 전에 세 번 눈이 내리는 것을 지칭함. 이때 내리는 눈이
보리농사에 좋아 길상을 여김.

342) 낙사(洛社): 송나라 때 구양수(歐陽修), 매요신(梅堯臣) 등이 낙양에서 조직한 시모
임 단체인 시사(詩社)나 문언박(文彦博), 부필(富弼), 사마광(司馬光) 등이 낙양에서
모여 즐긴 조직인 낙양기영회(洛陽耆英會)인데, 여기에서는 가행건이 장년 때 자신
의 뜻을 펼치기 위해 낙양, 즉 한양에 올라가 문하에서 노닐 던 옛일을 지칭함.

343) 호운(湖雲): 호수 위에 떠있는 구름인데, 여기에서는 가행건의 고향 석호에 돌아
와 유유자적하는 것을 지칭함.

344) 재예(才藝): 재능과 기예.

345) 원문 '岭': '齡'의 통용.

그림 병풍 속의 석류

구슬 열매가 붉은 피부 같고 성질은 달콤

그림 속의 형색(形色)이 칠분(七分) 정도 닮았구나

진짜인지 가짜인지 이가 시리고

팔도 음식 맛 홀로 깊이 궁리하네

畵屛石榴

珠實紅膚性所甘, 畵中形色七分含.

非眞是假猶酸齒, 飮食河八味獨諳.

개구리

한가한 밤에 침상 누워서 동쪽을 들어 보니

못에서 울린 소리가 모두 같구나

진나라 황제(晉帝)가 임원(林苑) 속에서 정신 혼미하고

조나라 백성(趙民)이 물소리에 마음이 막히네

숨어서 좋은 시절 기다리고

울부짖으며 농사 짓기 서로 재촉하네

비 온 후 계곡과 산에 악부(樂部) 열리고

통발엔 물고기, 올가미엔 토끼가 모두 텅텅

蛙

閒宵側聽臥床東, 鳴在池塘處處同.

晉帝神昏林苑裏, 趙民心固水聲中.

蟄藏能待芳菲節, 叫吠相催稼穡功.

雨後谿山開樂部, 筌魚蹄兎摠成空.

안흥에서 회포에 부치다

혹 맺는 것은 조물이 만든 공이오346)

화서(華西)의 산세가 바닷가에 솟았구나

기(氣)가 무더운 변방을 쪄 아침이면 연무 끼고

소리가 소나무 끝을 흔들며 밤이면 바람 이네

새로 온 곤붕(鵾鵬)이 거대한 날개 펄럭이고

오래 머문 앵무(鸚鵡)가 조각난 새장 잠겼구나

텅 빈 재(齋)에서 그윽한 흥을 때도 없이 보내고

오로지 내 마음만 활기차게 무궁하구나

安興寓懷

盤結元因造化功, 華西山勢海頭崇.

氣蒸炎徼朝猶霧, 聲撼松梢夜每風.

---

346) 반결(盤結): 혹이나 마디 맺힌 것을 지칭함.

新到鵾鵬搏巨翼, 久留鸚鵡鎖彫籠.

虗齋幽興無時遣, 只有吾心活不窮.

5월 13일 기쁜 비가 내려서

삼농(三農)347)에 비 오자 서민들이 안도하고

벼와 보리 생겨 빈곤 근심 않네

보슬비가 바람에 날리어 가늘어 소리 없고

물건마다 소생시켜 새로운 기운 얻었도다

순(舜)임금의 지혜 따라 훈도 받고 재물이 넉넉

요(堯)임금의 어짊 따라 노래 부르고 배가 불룩

반드시 지극한 곳에서 천심(天心) 보고는

이 시각에 어찌 가뭄 들은 줄 알리오

五月十三日喜雨

一雨三農慰庶民, 有禾有麥不憂貧.

絲絲搖颺無聲細, 物物照蘇得氣新.

薰操阜財緣舜哲, 衢歌含哺自堯仁.

須從極處天心見, 方旱那知有此辰.

---

347) 삼농(三農): 언덕, 습지, 평지의 농사를 지칭함.

병들어 누워 느낌이 있어서

세상사 다스리는데 병들어 게을러지고

종일 대문 닫고 도망치듯

언틀먼틀 정수리 무릎 가진 가을 숲의 학이고

울발한 바람 우레 치는 밤 못의 용이오

북정(北征) 나선 육자(陸子)348)의 나이는 이미 연로하고

서쪽 나선 양생(梁生)은 세상에 쓰이지 못했다오

이슥한 밤에 병석에서 잔몽(殘夢)에 놀라 깨어나니

하얀 달 동쪽에서 떠서 내 가슴 비치네

病臥有感

塵事彌綸惱病慵, 終朝閉閣似逋蹤.

崚嶒頂膝秋林鶴, 鬱勃風雷夜澤龍.

陸子北征年已邁, 梁生西出世難容.

深更伏枕驚殘夢, 皓月東來照我胸.

---

348) 육자(陸子): 다신(茶神)이라고 추앙받는 육우(陸羽)를 가리킴.

검소루(劍嘯樓)[안흥(安興) 동헌]

[제1수]

한 곳 움켜쥐면 삼로(三路) 장악하니

미연에 방비코자 하는 묘당(廟堂)의 계책이라

서촉(西蜀) 땅의 안위(安危)[349]

대명(大明) 하늘이 뒤집어진다

악어 바다의 파도가 편안하고

이리 뫼의 봉화가 끊겼구나

뽕나무에 군마 매고

휘파람 부는 늙은 병선(兵仙)이여[350]

劍嘯樓[安興東軒]

一扼拱三路, 廟籌防未然.

安危西蜀地, 翻覆大明天.

鰐海恬波浪, 狼山絶燧烟.

苞桑戎馬繫, 坐嘯老兵仙.

[제2수]

호서(충청)[351] 우측에서 뛰어난 명승이오

---

349) 안위(安危): 편안함과 위태로움.

350) 병선(兵仙): 초한 전쟁에서 큰 전공을 거둔 대장군 한신(韓信)을 지칭하는데, 여기에서는 시인 가행건을 지칭함.

석호집(石湖集)

물 위 떠 있는 부용(芙蓉)이구나

인화(人和)의 성(城)은 저절로 단단하고

임금의 바다는 편안히 흘러가네

달 떠있는 황학루(黃鶴樓)352)의 밤이오

바람 부는 적벽(赤壁)353)의 가을이여

간간이 공무(公務)로

한양 가는 조운선(漕運船) 돌보네

名勝擅湖右, 芙蓉出水浮.

人和城自固, 主聖海安流.

月上黃樓夜, 風來赤壁秋.

間哦公事在, 包貢漢陽舟.

제승루(制勝樓)[안흥에 있음]

[제1수]

해 지는 경관 바라보니 눈 빠질 듯

은하수와 구슬 바다가 서로 통하네

금성탕지(金城湯池)의 서문(西門) 잠그고

하늘이 우리 왕에게 이곳 지키게 하네

---

351) 호우(湖右): 호서(湖西), 충청도를 가리킴.

352) 황학루(黃鶴樓): 중국 무한(武漢)에 소재한 강남 3대 누각.

353) 적벽(赤壁): 손권, 유비 연합군이 조조의 수군을 대파시킨 역사적 장소.

制勝樓[在安興]

若木花迷眼欲窮, 銀潢瑤海與俱通.

西門鎖鑰金湯勢, 天爲吾王鎭此中.

[제2수]

벽(壁) 가득한 아름다움 글귀가 다함이 없고

옛사람과 마음이 서로 통하네

얼마나 올랐는지 누가 알리오

거울 속에 서호(西湖: 서해)354)가 두루 비치네

滿壁瓊琚語不窮, 古人心事點相通.

誰知多少登臨跡, 遍照西湖鏡面中.

[제3수]

호서(湖西: 충청)의 53개 주에서

우뚝 솟은 안흥의 제승루(制勝樓)여

땅은 용 허리 돌아 하늘 바깥에서 일어나고

성(城)은 자라 뿔 펼쳐 바다 가운데에 떠 있네

호생(豪生)이 천 리 구름을 바라보고

대성(大聖)이 만추(萬秋: 일만 가을)의 달에 마음 두네

---

354) 서호(西湖): 안흥 제승루에서 바라본 서해가 호수처럼 잔잔하다는 형상에서 나옴
명칭.

나뉜 연(燕)나라 제(齊)나라는 어느 날 합쳐지고
동국(東國) 사대부의 부끄러움을 영원히 씻을 것인가

湖西五十有三州, 高出安興制勝樓.
地轉龍腰天外起, 城開鼇角海中浮.
豪生縱目雲千里, 大聖留神月萬秋.
分幅燕齊何日合, 永湔東國士夫羞.

회포에 부치다

[제1수]
맑고 깨끗함에 미치니 세미(細微)함 통하고
때때로 동정(動靜) 따라 진기(眞機)가 보이네
걱정스러운 풍랑으로 고기가 깊은 곳 숨어 있고
사랑스러운 봄빛에 새가 나는 것 배우는구나
피었다 또 지는 꽃 일찍이 무슨 뜻인고
가서 돌아오는 구름 또한 무심하오리
밤이 되자 허망한 말 잊고 가만히 앉아 있으니
강 위의 달이 친우처럼 반쯤 잠긴 문으로 들어오네

寓懷

思到澄淸徹細微, 時隨動靜見眞機.

能憂風浪魚潛在, 自愛春輝鳥習飛.

何意花曾開又落, 無心雲亦去將歸.

夜來凝坐因妄語, 江月如朋八355)半扉.

[제2수]

병든 이 자축거리며 억지로 누대 올라

해악(海岳) 모퉁이에 부질없는 시(詩) 채무 남겨

박정(薄情)한 봄이여 꽃이 떨어지고

가약(佳約) 같은 밤이여 달이 떠올라 오네

십 년 고심 겪어도 여전히 객이고

백 리 근심 나누는 재주가 아닐세

찰랑찰랑 은하수 건너가기 어렵고356)

바람 앞에 고개 들고 아득히 배회하네

病夫彳亍强登臺, 詩債謾留海岳隈.

春似薄情花落去, 夜如佳約月浮來.

十年喫苦猶爲客, 百里分憂奈不才.

一水盈盈難可越, 臨風翹首杳俳徊.

---

355) 원문 '八': '入'의 오기.

356) 본 시구는 〈고시십구수(古詩十九首)〉의 "찰랑찰랑 은하수 사이 두고, 애틋하게
말 한마디 못 건네네.(盈盈一水間, 脈脈不得語)"에서 나왔음.

가뭄에 넉넉한 비가 내리다

상제(上帝)가 어짊 베풀어 푸른 하늘 거두시고

새벽에 검은 구름이 사방에 가득

처음엔 처마 방울 울리고 돌에 맑은 소리 뿌리더니

다시 섬돌에 따닥따닥 못을 이루네

누렇게 익은 보리 이삭이 무성하게 우거지고

비취색 젖은 볏모가 산들산들 자라구나

교외마다 사람들이 누른 사립 쓰고 기뻐하며 서 있고

항가(巷歌)에서 〈중곡유퇴(中谷有蓷)〉357)를 찾을 수 없네

旱餘有雨

帝垂仁霂降穹蒼, 五夜玄雲遍四方.

初聽簷鈴淸洒石, 更看階溜混成塘.

潤黃麥穗幪幪合, 浥翠禾苗嫋嫋長.

斜笠千郊欣忭立, 巷歌無復谷蓷章.

---

357) 〈중곡유퇴(中谷有蓷)〉: ≪시경≫ 〈王風〉의 한 편장으로 흉년에 기근이 든 주나
라를 걱정하는 시.

섣달그믐

올 저녁은 해마다 지나가고
낙수(落水) 구름 호수 달을 얼마나 보았는고
가여운 흰 머리는 근심 자라난 것이고
억지로 붉은 홍조는 취기 올라온 것이라
웅절(戎節)358) 시절에 본시 계획 어긋났어도
큰 바다 같은 성은은 막아도 여파 넘쳐났다오
오경(五更) 마치면 여전히 새해가 시작되니
어디 새 힘 얻어 다시 갈고 닦고자 하오리까

除夕

此夕年年逆旅過, 洛雲湖月閱何多.
偏憐白髮緣愁長, 强許紅潮上面酡.
戎節明時違素計, 君恩遐海阻餘波.
五更纔訖仍三始, 那得新功復琢磨.

---

358) 웅절(戎節): 가행건이 안흥첨절제사가 되어 새벽에 궁궐을 떠나는 것을 지칭함.

경신년(1850) 4월 15일 제수씨359) 생신 잔치에서 짓다

은자(恩資)360) 내린 숙부인(淑夫人)361)이요

과부라 고생했다고 한스럽다 하지 마소

성주(城主)로 키운 자식으로 귀하게 되고362)

근면한 며느리는 시어머니 어짊 잇고

얼음 같은 맑은 세월 동안 붉은 등 오래가고

옥 같은 윤나는 손자들이 새 색동옷 입었네

수복강녕(壽福康寧) 오복(五福)이 가득

비로소 세상에 진짜 신선 있음을 알았다오

庚申四月十五日嫂氏晬宴韻

恩資伩降淑夫人, 莫恨孀閨閱苦辛.

榮養專城緣子貴, 勤勞待戶續姑仁.

氷淸幾歲紅燈久, 玉潤諸孫彩服新.

壽富康寧全五福, 始知寰宇有仙眞.

---

359) ≪(무자)소주가씨대동보≫에 의하면 수씨(嫂氏)는 남평(南平) 문씨(文氏) 현복(顯福)의 따님임. 남편은 가덕건(賈德健)이고, 계자는 가중영(賈中永)임.

360) 은자(恩資): 조정으로부터 특별히 내린 품계를 지칭함.

361) 숙부인(淑夫人): 정삼품 당상관의 부인에게 주던 봉작임.

362) 영양(榮養): 자신의 지위와 명망이 높아져서 부모를 영화롭게 봉양함.

우연히 읊다

[제1수]

형문(荊門) 슬하에서 굶주림 잊고 오래 즐겼는데

세월은 노부(老夫) 위해 늦춰 주지 않네

집 호리병 차고 대 지팡이 들고 선

바다 돌아다니며 낚싯줄 당기네

붕새는 먼저 양각(羊角) 풍세 끼워서 옮기고

봉황은 반드시 역양(嶧陽) 가지에 가려 머무네

쇠퇴하고 썩어빠짐을 분수 아니 누구 원망하니

먼 마음을 다시 바꾸지 않겠다고 맹세하네

偶吟

抱膝荊門久樂飢, 流光不爲老夫遲.

壺中居住提節竹, 海上經營引釣絲.

鵬徙先培羊角勢, 鳳棲須擇嶧陽枝.

自分衰朽吾誰怨, 誓使遐心更勿移.

[제2수]

근래 청수(淸秀)하고 참됨이 좋아

산수 돌아다녀도 즐거운 뜻이 같구나

밭떼기 구하는 것은 본시 계획 아니고

남쪽 창 기대며 함께 노닐 수 있구나

흉금이 거울같이 밝음을 더욱 느끼고

일월이 바퀴처럼 돌아감을 어찌 알리오

깊숙한 당(堂)에 앉으니 천뢰(天籟)는 고요하고

사람들 옳고 그름에 입술만 움직이네

近來吾事愛淸眞, 臨水看山樂意均.

出地求田非素計, 南窓寄傲可同倫.

胸衿轉覺明如鏡, 日月那知轉似輪.

牢坐深堂天籟靜, 人非人是敢翻脣.

해일

갈댓잎 벼꽃 조각조각 찢긴 가을날

한 차례 지나가니 한 차례 시름이

어리석은 민초들 내년 봄 굶주릴 것 알지 못하고

오히려 석양 마주하고 단가(短歌) 부르는구나363)

海溢

蘆葉稻花片片秋, 一回行過一回愁.

愚民不識明春餓, 猶對斜陽唱短謳.364)

---

363) 단구(短謳): 단가(短歌), 짤막한 노래.

364) 본시 뒤편에 시제 '해일(海溢)'을 붙임.

무오년(1858) 61세 환갑

[제1수]

해동 강역 태어나 성은을 받았고

더구나 빛나는 금옥(金玉)이 가문에 가득하오니

10대 동안 집안 명성은 선조를 이어받고

천추 유도(儒道)는 본원(本源)으로 거슬러 올라갔지오

그만두세 장정 때 나라 바로잡을 대책365)

뜻밖에 환갑 만나 마루에 가득한 술잔

그대에게 티끌 속의 일이 얼마인지 놓아두고

웃으며 좋은 친우와 옛 계를 논하리오

戊午六十一初度

生寄東疆摠聖恩. 矧伊金玉爛盈門.

家聲十代承先祖, 儒道千秋溯本源,

已矣丁年匡國策, 居然甲目366)滿堂樽.

放他多少塵中事, 笑對良朋舊契論.

---

365) 정년(丁年): 장정이 된 나이.

366) 원문 '目': '日'의 오기.

[제2수]

젊은 나이엔 올해가 올지 어찌 알았을꼬

오로지 내 운명이 하늘에 있다고 믿었다오

대일통(大一統) 확립한 춘추(春秋)에 마음 돌리지 않고

옛 집안 전해 온 시례(詩禮)에 도(道) 치우침 없으니

갑자기 푸른 휘장한 태수의 뽐냄을 보고

다시 반의(斑衣) 춤추는 신(神)의 나부낌을 보았도다

여러 빈객이여 날 저문다고 근심하지 않고

잠깐 사이에 환갑잔치(華筵)에 모두 왔다오

弱岭367)那識到今年, 只信吾生命在天.

一統春秋心未展, 古家詩禮道無偏.

俄看翠幰專城跨, 更覿斑衣舞神翩.

諸客不須愁日暮, 少焉時月上華筵.

태어나고 자라며 마시고 먹는 것 모두 성은(聖恩)이라

오복문(五福門)368)에다 삼달존(三達尊)을369)

---

367) 원문 '岭': '齡'과 통용.

368) 오복(五福): 전설상 기자(箕子)의 홍범구주(洪範九疇)에 나오는 다섯 가지의 복,
즉 수(壽)·부(富)·강녕(康寧)·유호덕(攸好德)·고종명(考終命)을 지칭함.

369) 삼달존(三達尊): 맹자가 제나라 왕에게 천하에는 작(爵), 연치(年齒), 덕(德) 등
세 가지 달존(達尊)이 있는데, 조정에서는 작만한 것이 없고, 고을에서는 연치만
한 것이 없으며, 세상을 다스리고 백성을 돌보는데 덕만한 것이 없다고 했음. ≪맹
자(孟子)≫ 〈공손추(公孫丑)〉에 나옴.

부자가 4년 동안 같은 절제사(節制使)370)

중국 조상의 근원으로 거슬러 올라가네

평생 존왕(尊王) 글자만 크게 읽었고

이날 종묘(宗廟) 제례 술잔에 슬픔 더했다오

오직 평상 앞에 회혼례를 축수하오니371)

신선 명부 오른 쌍선(雙仙)이 다시 무엇 논하리

[장자(長子) 일영(日永)372)]

生成飮啄摠君恩, 三達尊於五福門.

父子四年同節制, 祖宗中國溯淵源.

一生大讀尊王字, 此日增悲祭廟樽.

只祝床前回卺宴, 雙仙瑤籍更堪論. [長子日永]

---

370) 부자사년동절제(父子四年同節制): 가행건, 가중영이 연이어 안홍수군첨절제사
　　를 지낸 것을 말함.

371) 회근(回卺): 회혼(回婚). 자손들이 그의 부모를 위해 베푼 혼례임.

372) 가일영(賈日永): 자는 승여(昇汝), 호는 소화은(小華隱), 가행건(賈行健)의 장남.
　　임자(1852) 무과 중화성시(中華城試) 급제, 갑술(1874) 충량과(忠良科) 중시
　　(重試) 급제, 관직으로 행어모장군(禦侮將軍) 좌변포도청종사관(左邊捕盜廳從
　　事官), 울진현령(蔚珍縣令), 절충장군(折衝將軍), 용양위부호군(龍驤衛副護
　　軍) 등을 역임.

불초자가 삼가 살피건대,

≪중용(中庸)≫에서 "어진 이는 반드시 수명을 얻고, 반드시 지위도 얻는다."라고 하였습니다.373) 이 말은 믿을 만합니다. 어진 이는 위로 제왕(帝王), 즉 황제(黃帝) 헌원씨(軒轅氏)·고양씨(高陽氏) 전욱(顓頊)·문왕(文王)·무왕(武王)이고, 아래로 신하, 즉 고요(皐陶)·기(夔)·한기(韓琦)·부필(富弼)입니다. 우리 가군(家君)께서는 황조(皇朝) 공신의 후예로 화악(華岳)에서 내려온 신선(華岳降神)의 영기를 받드셨습니다. 유가(儒家)의 도를 강구하여 밝히셨고 정일(精一)한 이론으로 절충하시었으며, 집안의 법도를 삼가 닦아 효제(孝悌)의 뜻을 근본으로 추구하셨습니다. 자손들을 가르치심에 시(詩)와 예(禮)의 문장뿐만은 아니었고 궁핍하고 가난한 자들을 두루 구휼하셨으며 화목하게 행하시려 힘쓰셨습니다.

먼저 삼대(三代)가 펼친 덕으로 충효(忠孝)의 정기(旌旗)를 탐하시고, 여러 조종(諸宗)이 이끈 올바름으로 충량과(忠良科)374)에 참여하셨습니다. 두 품급이 더해지자 항상 모의(毛義)가 격문을 받아 기뻐했던 마음을 간절하게 새기셨고, 진에 부임한 3년 동안 백성들이 양호(羊祜)를 기리

---

373) 이 구절은 ≪중용(中庸)≫ 17장에서 나옴. "공자께서 '순 임금은 대단한 효자이시다! 덕으로 성인이 되셨고 존귀함으로 천자가 되셨으며 부유함으로 사해 안을 소유하셨다. 종묘에선 순임금을 흠향하였고 자손들은 그를 보전하였다.'라고 말하셨다. 그러므로 큰 덕을 지니면 반드시 지위를 얻고, 반드시 녹봉을 얻으며, 반드시 명성을 얻고, 반드시 장수를 얻는다.(子曰 : "舜其大孝也與! 德爲聖人, 尊爲天子, 富有四海之內, 宗廟饗之 , 子孫保之." 故大德, 必得其位, 必得其祿 , 必得其名, 必得其壽.)"

374) 충량과(忠良科): 병자호란 때 나라를 위해 순절한 충절자, 임진왜란 때 참전하거나 이후 귀화한 황조인(皇朝人)의 자손들을 등용시키고자 실시된 특별 과거임. 1764년(영조 40) 이후 최소한 두 차례 실시되었음.

는 비석을 보고 눈물을 흘리는 것처럼 그리움에 이르렀습니다.

금번 무오년(戊午年) 8월 26일이 바로 환갑이십니다. 불초자가 올 6월부터 뒤를 이어 이곳을 지키며 판여(板輿)에 모시는 여정375)을 받들고 회갑 축하연을 베풉니다. 어머니 집에 계시니 경사스러움이 금슬지우(琴瑟之友)의 갑절이 되고 형제가 문안을 올리니 기쁨이 퍼지고 때때옷 춤(斑舞)을 바라봅니다. 친척들이 함께 기뻐하니 인을 행하는 공효를 열심히 말씀하시고 멀리 있는 이와 가까이 있는 이가 서로 축하를 전하며 모두 적선지경(積善之慶)376)이라 칭송하였습니다.

왕년의 정사가 양거원(楊巨源)377)의 소윤(少尹)보다 못하지 않고, 지금 돌아가 휴양함이 또 가히 위국공(魏國公)378)의 주금(晝錦)379)이라고 말할 만합니다. 기주(箕疇)에서 말한 다섯 가지 복380)이나 ≪추서(鄒

---

375) 진(晉)나라 반악(潘岳)의 <한거부(閑居賦)>에 "어머니를 판여에 모시고 가벼운 수레에 태워 멀게는 경기를 유람하고 가깝게는 집안의 정원을 둘러본다.(太夫人乃御板輿, 升輕軒, 遠覽王畿, 近周家園.)"라고 하였다. 판여는 모친을 편하게 모시는 푹신한 가마를 지칭함.

376) ≪주역(周易)≫ <문언전(文言傳)>에 "선을 쌓은 집안은 반드시 남는 경사가 있고, 불선을 쌓은 집안에는 반드시 남는 재앙이 있다(積善之家, 必有餘慶, 積不善之家, 必有餘殃)"는 말에서 나옴.

377) 양거원(楊巨源): 당나라 시인으로 시를 밤낮 읊조리면서 그칠 줄 몰랐다고 함. 늙어 머리를 흔들었는데 사람들이 시를 읊조리다가 벌어진 일이라고 말함. ≪전당시(全唐詩)≫에 시 158수가 전함.

378) 위국공(魏國公): 송(宋)나라 명재상 한기(韓琦)에게 봉해진 작위임.

379) 주금(晝錦)은 비단옷을 입고 대낮에 다닌다는 뜻인데, 부귀영달하여 귀향했다는 뜻임. 한기(韓琦)가 벼슬을 그만두고 고향인 상주(相州)로 돌아와 관청 뒤에 주금당(晝錦堂)을 지었음.

380) 기주(箕疇): 기자(箕子)의 홍범구주(洪範九疇)를 줄임 말임. 홍범구주에서 말한 다섯 가지 복은 수(壽)·부(富)·강녕(康寧)·유호덕(攸好德)·고종명(考終命)임.

석호집(石湖集)

書)≫381)에서 말한 달존(達尊)382), 아니면 둘 다 가졌다고 할 수 있습니다. 곽분양(郭汾陽)383)의 복을 누림은 장수라 말하고 부유하다 말합니다. 어찌 문경(文景)384)이 봉록을 사랑하여 번성하고 창대하였겠습니까? 어찌 오로지 아름다웠겠습니까? 이는 오직 인(仁)하여야 비로소 장수(長壽)를 얻을 수 있음을 아는 것입니다. 그러니 자사(子思)의 가르침은 실로 거짓이 아닙니다. 부모의 연세를 아는 일은 무겁고도 낮으니 글로 재단할 줄 모릅니다. 오직 천만세의 장수로 기원해도 해가 되지 않습니다.

不肖謹按:

≪中庸≫有曰: 仁者必得壽, 必得位. 信哉斯言也. 上而帝王, 則軒、頊、文、武是已: 下而公卿, 則皐、夔、韓、富是已. 惟我家君, 以皇朝勳臣之裔, 膺華岳降神之靈. 講明儒道, 折衷精一之論: 謹修家法, 推本孝悌之義. 敎子訓孫, 不獨詩禮之文: 周窮恤貧, 克懋敦睦之行. 先陳三世之德, 而叨忠孝之旌: 旁推諸宗之誼, 而叅忠良之科. 加級二品, 常切毛家喜檄之情: 茌

---

381) 추서(鄒書): 맹자가 지은 책자, 즉 ≪맹자(孟子)≫를 지칭함. 맹자가 산동(山東) 추현(鄒縣) 출신임.

382) 달존(達尊): ≪맹자(孟子)≫ 〈공손추(公孫丑)〉에 "천하에는 보편적으로 통하는 높은 것이 세 가지 있으니, 벼슬이 그 하나이요, 나이가 그 하나요, 덕이 그 하나이다.(天下有達尊三, 爵一齒一德一.)"

383) 곽분양(郭汾陽): 당나라 때의 무장인 곽자의(郭子儀)임. 곽자의는 안사(安思)의 난을 평정한 공으로 분양왕(汾陽王)에 봉해졌음. 살아서 부귀영화를 누렸고 장수했으며 자손들도 많았다고 함.

384) 문경(文景): 한나라 문제(文帝)와 그 아들 경제(景帝)의 시대를 말하는데, 태평성대를 지칭함.

鎭三年, 至有羊公墮淚之思.

今戊午八月二十六日, 卽晬辰也. 不肖以今六月繼守玆鎭, 奉板輿之行, 設懸弧之宴. 母氏在堂, 慶有倍於琴瑟之友: 弟兄趨庭, 喜敢望於斑爛之舞. 宗戚同歡, 盛說行仁之效: 遠邇相賀, 咸頌積善之慶. 往年臨莅, 似不下楊巨源之少尹: 今日歸休, 亦可謂魏國公之晝錦矣. 然則箕疇之五福, 鄒書之達尊, 抑可以兼得. 而郭汾陽之享福, 曰壽曰富: 胡文景之愛祿, 俾熾俾昌者, 奚獨專美也. 是知壽者惟仁, 然後可以必得. 則子思之訓, 誠不誣矣. 喜懼交口, 文不知裁. 只以萬有千歲眉壽, 無有害祝之.

[제1수]

명령(椧櫺)385)에 비와 이슬386) 젖은 천은(天恩)을 송찬(頌讚)하고

푸른 인끈(印綬)과 찬란한 반의(斑衣)로 집안에 경사 넘치니

예로부터 어진 이(仁者)는 장수를 얻고

오로지 사람만 백행(百行) 효의 근원 삼았다오

오호(五湖)의 가을 물387)로 도화(圖畵)에 칠하고

남극(南極)의 밝을 별388)이 장수 술잔에 비추네

회례(回禮) 잔치에 훤당(萱堂)389)의 후락(後樂)이 있으니

---

385) 명령(椧櫺): 명령(冥靈)과 같은 뜻으로, ≪열자(列子)≫ 〈탕문(湯問)〉에 초나라 남쪽에 500년을 봄으로, 또 500년을 가을로 삼는 장수 나무.

386) 우로(雨露): 비와 이슬에 젖은 은혜를 지칭함.

387) 오호수(五湖水): 중국에서 이름난 다섯 개의 호수.

388) 남극성(南極星): 남극노인성의 준말로 예로부터 장수를 상징하는 별. 일생에 노인성 세 번만 보면 백세까지 장수한다는 민간신앙이 있음.

389) 훤당(萱堂): 일명 자당(慈堂)으로 어머니를 높여 이르는 말.

동해(東海)390)가 얇고 깊은지를 헤아려 주기를 청하오

槇橲雨露頌天恩, 靑紫斑爛慶溢門.

自古遐齡391)仁者得, 惟人百行孝爲源.

五湖秋水沾圖畵, 南極郎星映壽樽.

叾宴萱堂伊後樂, 請量東海淺深論.

[제2수]

존당(尊堂)의 춘추가 61년이라

덕은 이미 일어났고 복은 하늘에서 나왔다오

황명(皇明) 일월(日月)의 집안 명성이 오래되고

동국(東國) 성루(城樓)의 임금 은총이 치우쳐졌다나

군자와 더불어 금슬처럼 벗고

자손들 줄 짓고 색동옷 나부끼네

만수무강(萬壽無疆)의 송축을 더하니

해마다 맑은 가을날에 이 잔치 여소서

[차자(次子) 중영(中永)392)]

---

390) 동해(東海): 동해처럼 많은 복을 빈다는 복여동해(福如東海)에 비유한 것임.

391) 원문 '岭': '齡'과 통용.

392) 가중영(賈中永): 자는 용여(庸汝), 호는 정와(定窩), 생부 가행건(賈行健)의 차자
    이며 나중에 가덕건(賈德健)으로 계출. 계축(1853) 충량과(忠良科) 급제, 관직
    으로 용양위부호군(龍驤衛副護軍), 어영청일번기사장(御營廳一番騎士將), 행
    절충장군(行折衝將軍) 안흥량진(安興梁鎭) 수군병마첨절제사(水軍兵馬僉節
    制使) 등을 역임.

堂上春秋六一年, 德由已作福由天.

皇明日月家聲舊, 東國城樓聖渥偏.

君予與偕琴瑟友, 兒孫成列彩衣翩.

仙籌添進無疆祝, 歲歲淸秋敞此筵. [次子中永]

화악(華岳)에서 내리신 신령으로

종족들이 돈독하고 화목하네

삼대(三代)가 정포(旌褒) 받고

두 아들이 시례(詩禮) 배운다오

높고 훌륭한 종족에서 나와

집안이 엄숙하고 화락하며

낭간(琅玕)393)에 봉해지고

세상에 드러내고 용문(龍門)에 올랐다오

그 나이에 그 지위에

동중서(董仲舒)394)의 장막에서 반초(班超)395)의 붓이라

군자께서 해로(偕老)하여

---

393) 낭간(琅玕): ≪포박자(抱朴子)≫ 〈거혹(祛惑)〉에 곤륜산(崑崙山)에 자라는 주옥 같은 보배나무인데, 여기에서는 학습에 뛰어난 인물을 지칭함.

394) 동유(董帷): 동중서(董仲舒)의 장막이라는 뜻으로 학자가 강학하는 곳을 말함. ≪한서(漢書)≫ 〈동중서전(董仲舒傳)〉에 나옴.

395) 반초(班筆): 후한 반초(班超)가 글씨 써주는 품삯이하던 붓을 던지고 군대에 나서 공을 세워 정원후(定遠侯)에 봉해진 고사에서 나왔음. ≪후한서(後漢書)≫ 〈반초전(班超傳)〉에 나옴.

석호집(石湖集)

옥 나무에 여경(餘慶)396)이 있도다

오로지 효제(孝悌)와 충신(忠信)으로

소진(蘇秦)397) 갓옷과 한기(韓琦)398) 주금(晝錦)처럼 금의환향

찬란하도다 뿔 베게(角枕)

푸른 하늘이 굽어 살펴보소서

내가 오항(烏巷)399)에 올라보니

석산(石山)이 높다랗구나

만수무강을 축하하오니

석호(石湖)400) 어른이시오

華岳降靈, 族而敦睦. 三世旌褒, 二子詩禮.

鍾戢賢宗, 家而肅雝. 琅玕是封, 顯楊401)登龍.

其年其位, 董帷班筆. 君子偕老, 玉樹餘慶.

維孝維忠, 蘇裘韓錦. 燦兮角枕, 蒼天俯瞰.

我拜烏巷, 石山其峩. 祝壽無疆, 石湖其長.

---

396) 여경(餘慶): 남에게 좋은 일을 많이 한 보답으로 그 자손들에게 좋은 결과를 가져
　　다주는 경사를 지칭함.
397) 소고(蘇裘): 문사 소진(蘇秦)이 금의환향할 때 입은 갓옷을 지칭함.
398) 한금(韓錦): 송나라 재상 한기(韓琦)가 낮에 입은 비단을 지칭함. 구양수(歐陽修)
　　의 〈상주주금당기(相州晝錦堂記)〉에 나옴.
399) 오항(烏巷): 오의항(烏衣巷)의 준말로 귀족의 가문을 뜻하는 말임. 동진(東晉) 때
　　왕씨(王氏)와 사씨(謝氏) 등 망족(望族)이 오의항에 많이 모여 살았던 데에서 유
　　래되었음.
400) 석호(石湖): 가행건의 호.
401) 원문 '楊': '揚'의 통용.

옛 갑자 다시 돌아온 60년

늙은 신선의 풍도와 의표가 하늘에서 내리고

장군께서 음덕 베풂에 욕되지 않고

대감께서 인재 구함에 편애 있었도다

혜옥첨주(海屋添籌)로402) 신령한 산가지가 넘치고

운구(雲衢)403) 모두 우러러보니 상서로운 의표(儀表) 나부끼네

아름다움에 다하지 않고 두 호랑이(雙虎)404) 있으니

반무(斑舞)405) 엿보며 잔치 말석에서 축원하오리라

[족종(族從) 출신(出身) 정건(廷健)406)]

舊甲重回六十年, 老仙風表降如天.

將軍垂隲生無忝, 相國求材愛有偏.

海屋漸加靈籌溢, 雲衢咸仰瑞儀翩.

嘉休未艾餘雙虎, 敢自窺斑賀末筵. [族從出身廷健]

---

402) 해주(海籌): 해옥첨주(海屋添籌)의 준말로 빈객이 장수를 송축할 때 자주 등장하는 말임. 송나라 문인 소식(蘇軾)의 ≪동파지림(東坡志林)≫〈삼로어(三老語)〉에서 바다가 뽕밭으로 변할 때마다 놓아둔 산가지가 집에 가득 찼다는 데에서 유래되었음.

403) 운구(雲衢): 청운의 뜻을 펼쳐 조정에서 현달(顯達)한 것을 지칭함.

404) 쌍호(雙虎): 가행건의 두 아들 가일영, 가중영을 지칭함.

405) 반무(斑舞): 덩실덩실 춤추는 모양을 말함.

406) 가정건(賈廷健): 초명은 정렴(廷濂), 자는 경함(敬涵), 가문한(賈文漢)의 차남. 경신(1860) 충량과(忠良科) 급제.

살아 질그릇 뒤집는 성세(聖世)407) 맞이하고

남극 밝은 별이 한 가문을 빛냈도다

진·송·은·주(晉宋殷周)의 절의가 남았고408)

관·민·렴·락(關閩濂洛)의 연원으로 올라가네409)

청운(靑雲) 오른 두 아들이 영양(榮養)410)하니

백발의 두 신선이 환갑 술통 기억하네

호수에서 풍류와 수복(壽福)을 겸하니

오의항(烏衣巷)411) 어귀에서 옛 정 논하리라

[족제(族弟) 출신(出身) 양건(陽健)412)]

生逢聖世覆陶恩, 南極明星耀一門.

晉宋殷周餘節義, 關閩濂洛溯淵源.

靑雲二子供榮養, 白髮雙仙記醮樽.

湖上風流兼壽福, 烏衣巷口舊情論. [族弟出身陽健]

---

407) 복도(覆陶): 요임금 시절에 민초들이 질그릇 뒤집고 노래하는 태평성세를 비
유함.

408) 진송은주(晉宋殷周): 중국의 조대 이름.

409) 관민렴락(關閩濂洛): 송나라 성리학을 지칭함.

410) 영양(榮養): 벼슬과 명망이 높아져서 부모를 영화롭게 봉양함.

411) 오의항(烏衣巷): 검은 옷을 입는 동네를 지칭함. 강소성(江蘇省) 강녕현(江寧
縣) 남쪽에 있는데, 진(晉)나라 때 왕도(王導)와 사안(謝安) 등 귀족들이 살면서
자손들에게 늘 검은 옷을 입혔기 때문에 생긴 이름이라고 함.

412) 가양건(賈陽健): 자는 대춘(戴春), 호는 오산(梧山), 가종빈(賈宗斌)의 차남. 을
묘(1855) 충량과(忠良科) 급제.

자상한 아름다운 날이 오고 날이 해가 되어

호수의 선인을 구천(九天)에서 내려보냈도다

명예가 어찌 사실인가 이다지 무겁고

어진 이보다 장수하니 편애했다고 말하리오

요직(要津)에 구름 솟고 쌍룡이 도약하고413)

옛 화표주(華表柱)에 별 귀환하고 늙은 학이 나부끼네

물 위의 연꽃처럼 성대한 연회 개최하니

억지로 호로(葫蘆)의 그림으로 훌륭한 잔치에 함께 하도다414)

[족질(族姪) 석영(錫永)415)]

滋休日至日如年, 湖上仙人降九天.

名豈實耶如許重, 壽於仁者若爲偏.

要津雲出雙龍躍, 古柱星廻老鶴翩.

水上蓮花開盛宴, 强將蘆畫與高筵. [族姪錫永]

---

413) 요진(要津): 요직과 같은 뜻으로 삼국 위(魏)나라의 산도(山濤)가 요직(要職)인
    선조랑(選曹郎)에 자신의 후임으로 친구인 혜강(嵇康)을 추천하자, 혜강이 그에
    게 절교하는 서찰을 보냈다는 고사에서 나옴. ≪문선(文選)≫ 〈여산거원절교서
    (與山巨源絶交書)〉에 나옴.
414) 노화(蘆畫): 호리병박에 그린 그림인데, 옛사람이 본뜨기만 할 뿐 창조력이 전혀
    없다며 자신의 재주를 낮추는 말임.
415) 가석영(賈錫永): 자는 성중(聖中), 호는 국사(菊史), 가현건(賈賢健)의 장남. 문
    장과 도덕으로 명성을 떨침.

공(公)의 선조 상서공(尚書公: 가유약)은 황조(皇朝: 명나라)에서 방략(方略)을 세우는 찬획주사(贊畫主事)였고, 황명(皇命)을 받들어 동쪽으로 왔습니다. 그의 아들 유격장군(遊擊將軍: 가상)과 더불어 왜노(倭奴)들을 크게 섬멸하고 일심(一心)으로 원수 갚기에 나섰다가 두 대가 순절하였습니다. 그 공훈 사적은 모두 사첩(史牒)에 기재되었고 마치 오늘 일처럼 빛났습니다. 그 후예들이 동토(東土: 조선)에 계속 머물러 이에 수백 년이 되어 낙엽이 뿌리를 생각함이 아득하고 흘러갈 물결은 옛 물가로 돌아오지 않았습니다. 겨우 실낱같은 명맥만 이어 가고 미약하여 떨치지 못하였습니다. 지사들이 탄식하고 아쉬워함이 끝이 없었습니다. 하물며 내가 맺은 교분이 두텁고, 같은 병을 앓은 사람까지 서로 가엾게 여겼으니 마땅히 슬프고 기쁨을 나누어야 하기에 휴척(休戚: 행복과 불행)에 겨를도 없이 다투어 달려왔습니다. 지금 공(公)이 화갑을 맞이했으나 벼슬 끝자리에 있는지라 성문(城門)을 나설 수 없어 잔을 잡는 정성을 할 수 없어 함부로 거친 말로서 축하 시를 대체하옵니다.

황금색 빛나는 두 짝의 살쩍은 천은(天恩) 입었고
모두 군자(君子) 집이 경사 쌓은 가문이라 말한다오
중화(華夏)는 이제 우리 땅이 아니오
예천(醴泉)은 예로부터 연원이 있다오
모범이 되는 현명한 아내와 금슬 좋고
진(鎭) 지킨 장수가 진실로 기쁘게 축수의 잔 올리니
선대(先代)의 두터운 우의로 송축 노래 올리나
시가 거칠고 졸렬해서 논할 바 못 된다오

[산동인(山東人) 화은(華隱) 오위장(五衛將) 왕은주(王殷疇)]

公之先祖尙書公, 粤自皇朝, 贊劃方畧, 承皇命東來, 與其子遊擊將軍, 大殲倭奴, 一心敵愾, 兩代殉節. 其勳勞事蹟俱載於史牒, 赫赫若今日事. 其後裔仍留東土, 干⁴¹⁶兹數百年, 落葉思墮於本根, 逝流未回於舊浦. 綿綿一脉, 微弱不振. 志士之歎惜有無窮者矣. 况余結契也厚, 同病相憐, 宜其悲歡, 休戚趨走之不暇, 而今於公之華甲適厠, 簪紲之末不能出閭, 未遂執爵之誠, 妄搆蕪辭, 替作賀詩云爾.

輝金雙鬢沐天恩, 摠說君家積慶門.
華夏卽今非我土, 醴泉從古有其源.
賢閨儀範諧琴韻, 戎鎭歡誠獻壽樽.
頌賀只緣先誼篤, 詩工荒拙不須論. [山東人華隱五衛將王殷疇]

비단옷 입고 휴가 얻음이 성상(聖上)의 은덕이고

복록(福祿) 내리고 덕 쌓은 가문이라

문(文)과 무(武)를 겸비한 훌륭한 인재이고⁴¹⁷⁾

충(忠)과 효(孝)에 그 연원이 있다오

알겠도다 이날 여러 반무(斑舞) 춤춘 것을⁴¹⁸⁾

---

416) 원문 '干': '于'의 오기.

417) 기재(杞梓): 좋은 재목들로서 훌륭한 인재를 뜻함.

418) 반무(斑舞): 춘추 시대 노래자(老萊子)가 나이 칠십에 부모를 즐겁게 해드리기 위하여 색동옷을 입고 춤을 추었다는 고사에서 나왔음.

축원하노라 다른 해에도 다시 술잔 올릴 것을

팔월 화산(華山) 남쪽에서 온 기럭아비

마음의 그림에 의지하여 옛 계를 논하리오

[현감(縣監) 홍영우(洪永禹)]

錦衣休沭⁴¹⁹⁾摠⁴²⁰⁾天恩, 福祿由來積德門.

以武兼文爲杞梓, 惟忠與孝有淵源.

聊知此日諸斑舞, 應祝他年更奲樽.

八月華山南鴈夫, 憑將心畫舊契論. [縣監洪永禹]

금호(錦湖)의 물이 영해(瀛海)로 거슬러 가고

천수 얻어 축수(祝壽) 술잔 기울이네

지금 성상(聖上)으로 우로(雨露)같은 깊은 은혜 받고⁴²¹⁾

옛 황조(皇朝)의 고관대작 집안이라

뜰에서 옥 같은 자손들이 나와 반무(班舞) 추고

평상에서 거문고에 맞추어 백수(白首) 노래 부르네

만년(晚年)에 돌아와 평지에 누워서

높이 솟은 소나무와 벗 삼아 속세 벗어나오리

---

419) 원문 '沭': '沐'의 오기.

420) 원문 '摠': '摠'의 오기.

421) 우로(雨露): 비와 이슬임. 주로 군주의 은혜를 상징하는 용어로 사용됨.

[군수(郡守) 임헌우(任憲禹)]

錦湖之水溯瀛海, 籌到仙籌壽聖搖.

雨露深恩今聖主, 簪纓華閥舊皇朝.

庭趨叢玉斑衣舞, 床和瑤絃白首謠.

晚節歸來平地臥, 喬松爲友俗相超. [郡守任憲禹]

부록 만사

어릴 적에 경륜 배우는데 뜻을 두어

몸은 순수 완전함을 얻어 참됨 함양하였도다

삼대(三代) 조상의 유적(遺蹟)을 널리 알리고

한 가문 인사의 귀함을 열어 밝혔도다

거문고 줄 다시 잇고 외로운 무덤의 달

옥나무(玉樹)422) 다시 향내 나는 양쪽 언덕의 봄

공(公) 돌아가니 한(恨) 다할 길 없고423)

시름 겨운 구름, 처량한 비, 해 저문 강가

[족제(族弟) 출신(出身) 양건(陽健)424)]

---

422) 옥나무(玉樹): 몸가짐이 아름다운 모양의 사람, 재능이 뛰어난 사람을 가리킴.

423) 양절산붕(樑折山崩): 대들보가 무너지고 산이 붕괴된다는 뜻으로 가행건의 죽음을 의미함.

424) 가양건(賈陽健): 자는 대춘(戴春), 호는 오산(梧山), 가종빈(賈宗斌)의 차남. 을묘(1855) 충량과(忠良科) 급제.

輓詞附

早年托意學經綸, 體得純全涵養眞.

遺蹟闡楊[425]三世祖, 顯榮開發一門人.

瑤絃重續孤墳月, 玉樹齊香兩岸春.

樑折山崩無盡恨, 愁雲悽雨暮江濱. [族弟出身陽健]

충(忠)과 효(孝) 겸비하고 화악(華岳) 정기 모아

마음이 얼음과 옥(氷玉) 같고 절개가 소나무 같도다

백년 대의(大義)로 홍무(洪武) 새기고

한밤 비가(悲歌)로 철종(哲宗) 읍하네

재기(才器)와 문장, 장수와 겸하고

공명(功名) 진퇴에 또 여유 있네

아양곡(峨洋曲)[426] 한 번 끊기면 누가 이을꼬

집안 명성 이을 두 용(二龍)[427]이 있도다

[족종(族從) 출신(出身) 정건(廷健)[428]]

---

425) 원문 '楊': '揚'의 통용.

426) 아양곡(峨洋曲): 거문고의 명인인 백아(伯牙)가 고산(高山)을 염두에 두고 연주하자 종자기(鍾子期)가 "아아(莪莪)하여 태산과 같다."고 하였고, 유수(流水)에 뜻을 두고 연주하자 다시 "양양(洋洋)하여 강하(江河)와 같다."고 했다는 고사에서 유래되었음. ≪열자(列子)≫ 〈탕문(湯問)〉에 나옴.

427) 이용(二龍): 가행건의 두 아들 가일영, 가중영을 지칭함.

428) 가정건(賈廷健): 초명은 정렴(廷濂), 자는 경함(敬涵), 가문한(賈文漢)의 차남. 경신(1860) 충량과(忠良科) 급제.

忠孝雙全華岳鍾, 心如氷玉節如松.

百年大義銘洪武, 中夜悲歌泣哲宗.

才器文章兼將帥, 功名進退又從容.

羢洋一斷能誰續, 繼述家聲有二龍. [族從出身廷健]

오십 년 이래 이 마음 실어

문장(文章) 사업이야 당대(當代)에 풍부하도다

대명(大明)의 해와 달 잇는 소주(蘇州)는 멀고

동토(조선)의 바람과 서리 내린 한강(漢水)은 깊구나

높은 절개의 노생(魯生)과 함께 바다 건너고

맑은 의표의 소전(疏傳)이 또 금처럼 나누네

도인(道人)의 얼굴이 어디 있으매 꿈에서도 자주 놀라고

지는 달 처량한 바람에 눈물 금할 수 없네

[족제(族弟) 희건(熙健)429)]

五十年來托此心, 文章事業富當今.

大明日月蘇州遠, 東土風霜漢水深.

高節魯生同蹈海, 清標疏傳又分金.

道顏何在頻驚夢, 落月悽風淚不禁. [族弟熙健]

---

429) 가희건(賈熙健): 자는 명여(明汝), 호는 남호(南湖). 가종해(賈宗海)의 삼남.

맑고 수려한 화엄(華巖)과

산천 같은 간기(間氣)로 나왔으니430)

문장은 당대(當代)를 울렸고

도심은 옛 현인(賢人)을 얻었네

세 분의 조상431)을 드러내고

이년(二年) 덜어서 치사(致仕)하였도다432)

여전히 구천(九泉: 황천)에서

줄 고르며 앞쪽에서 입시(入侍)하오리

[족제(族弟) 출신(出身) 익건(翊健)433)]

華巖明且秀, 間氣是山川.

文章鳴當世,434) 道心得古賢.

彰先三有祖, 致仕二減年.

依舊泉臺下, 調絃侍在前. [族弟出身翊健]

---

430) 간기(間氣): 세상에 이름 알릴 기운, 즉 영걸이 태어남을 뜻함. ≪맹자(孟子)≫
〈공손추상(公孫丑上)〉에 맹자가 "오백 년 만에 반드시 왕자(王者)가 태어나는데,
그 사이에 반드시 세상에 이름 알릴 인물이 있다.(五百年必有王者興, 其間有名
世者)"라고 하였음.

431) 삼조(三祖): 가행건의 선조 가유약, 가상, 가침 삼대를 지칭함.

432) 치사이감년(致仕二減年): 대부는 나이 70세면 치사하는데, 가행건이 2년 덜어서
68세로 세상을 등졌다는 의미로 사용됨.

433) 가익건(賈翊健): 자는 자운(字雲), 호는 의암(義菴), 가종갑(賈宗甲)의 차남. 정
사(1857) 충량과(忠良科) 급제, 관직으로 선략장군(宣略將軍) 선전관(宣傳官)
을 역임. 병인양요 때 중군(中軍)으로 의병을 모아 출병하여 싸우다가 순국.

434) 국립중앙도서관장본에는 '장(章)'자 옆에 '학(學)'자가 적혀 있음.

화수(花樹)435)의 향기로운 뿌리가 대명(大明)에서 나와

봄빛이 해동(조선)의 성(城)에서 이식하고 자랐네

집안 대대로 장군의 실마리 잇고

아들 가르쳐 태수(太守) 영달에 올라

수명 칠순 누리며 어짊(仁)으로서 얻었고

시가 오의(奧義)436)에 다하니 귀신도 놀라는구나

자주 곁에서 모시고 청담(淸談) 들었고

제승루(制勝樓) 앞에 달은 새벽녘(오경)이라

[족질(族姪) 석영(錫永)437)]

花樹香根自大明, 春光培植海東城.

傳家已繼將軍緖, 敎子並登太守榮.

壽享七旬仁以得, 詩窮三昧鬼猶驚.

頻陪杖屨承淸話, 制勝樓前月五更. [族姪錫永]

덕(德) 쌓아온 지 2백 년

조종(朝宗)의 여열(餘烈)이 비로소 공(公)에게 전하니

문장(文章)은 전대 문사(文士) 도연명(陶淵明)과 사령운(謝靈運)이

---

435) 화수(花樹): 화수위가(花樹韋家)의 줄임말로 당(唐)나라 잠삼(岑參)의 〈위원외
    화수가(韋員外花樹歌)〉라는 시에서 유래함. 친족끼리의 모임을 뜻함.

436) 오의(奧義): 어떤 사물(事物)의 현상(現象)이 지니고 있는 매우 깊은 뜻,

437) 가석영(賈錫永): 자는 성중(聖中), 호는 국사(菊史), 가현건(賈賢健)의 장남. 문
    장과 도덕으로 명성을 떨침.

고438)

도학(道學)은 후세 현자(賢者) 안자(顔子)와 증자(曾子)이오

백리 태수(太守)라는 칭송 문장이 지어지고

칠순 치사(致仕)하며 효(孝)와 충(忠)을 겸전하였도다

우리 고향에 불행하게도 태산(泰山) 무너지고

지상 떠나 승천하여 옥경(玉京)의 신선이 되었네

[족질(族侄) 기영(璣永)439)]

積德由來二百年, 祖宗餘烈始公傳.

文章陶謝之前士, 道學顔曾以後賢.

百里專城稱頌作, 七旬致仕孝忠全.

吾鄕不幸泰山顚, 地上仙登玉京仙. [族侄璣永]

본시 대명(大明) 신하의 명문 집안인데

후손들이 동토(조선) 사람이 되었다오

삼세충효(三世忠孝)를 이어 전하여

문중에 귀한 신분을 일제히 배출하였다오

문장으로 당대(當代)를 울릴 뿐만 아니라

---

438) 도연명(陶淵明), 사령운(謝靈運): 중국 육조 시인으로 중국 문학의 전원시와 산
    수시의 길을 열어 놓았다는 평을 받은 인물.

439) 가기영(賈璣永): 자는 군집(君集), 가학락(賈學洛)의 장자. 관직으로 첨지중추부
    사(僉知中樞府事) 겸 오위장(五衛將)을 역임.

금단(金丹)으로 백성을 오래 살게 해 주었다오

예전에 7년 동안 친히 가르침 받았는데

서풍에 짧은 만사(輓詞) 짓고 눈물이 수건에 가득

[풍산(豊山) 심인식(沈麟植)]

家聲自是大明臣, 苗裔仍成東土人.

三世相傳忠孝祠, 一門齊出顯榮身.

非徒文學鳴當世, 兼用金丹壽此民.

憶昔七年親炙日, 西風短誄淚滿巾. [豊山沈麟植]

화산(華山)의 돌 기운이 하늘 누르고

지령(地靈) 모아 빼어난 인걸(人傑) 탄생시켰네

이선생(이문수)에게 도학(道學)을 배우고[440]

김대감(김좌근)의 문정(門庭)에서 노닐었다오[441]

고국(故國) 삼천리의 흥망을 이겨내고

충효(忠孝)를 가보(家寶) 삼아 2백 년 이어왔네

지하의 사업에서도 여경(餘慶)이 남아

보배나무 재배하여 난향(蘭香)을 풍기소서

[경주(慶州) 최창문(崔昌文)]

---

440) 이선생(李先生): 서산 출신 선비 연안(延安) 이문수(李文秀)를 지칭함.
441) 김상국(金相國): 영의정을 역임함 김좌근(金左根)을 지칭함.

석호집(石湖集)

華山石氣抑蒼冥, 挺出人豪萃地靈.

業受李先生道學, 宦遊金相國門庭.

存亡故國三千里, 忠孝家寶二百岺[442].

事業泉臺餘慶在, 栽培寶樹茁蘭香. [慶州崔昌文]

문무(文武) 겸전한 재주는 세속(世俗) 훌쩍 벗어났고

아름답고 넓은 덕문(德門)이 호주(湖州: 충청)에 들리는구나

대명정(大明庭) 아래에 장군의 후예오

제승루(制勝樓) 안에 태수의 계략이오

한 쌍 천리마(千里馬) 함께 달려 용(龍)과 친우 맺고

수컷 봉새(鳳) 먼저 떠나가니 암컷 황새(凰)가 짝 잃었다오

몇 곡의 이웃 피리 소리가 예스러운 청산(靑山)에 울리고

홀로 선 서쪽 바람에 종일 시름겹다오

[기성(箕城) 조희룡(趙羲龍)]

文武全才逈出流, 德門休廣聞湖州.

大明庭下將軍冑, 制勝樓中太守籌.

雙驥並馳龍有友, 一凰先夫鳳無儔.

數聲隣笛靑山古, 獨立西風盡日愁. [箕城趙羲龍]

---

442) 원문 '岺': '齡'의 통용.

가의대부(嘉義大夫) 행안흥수군절제사(行安興水軍節制使) 가공 행장 (賈公行狀)

　　공(公)의 휘는 행건(行健), 자는 강현(疆賢), 호는 석호(石湖)이다. 삼가 ≪명사(明史)≫, ≪국승(國乘)≫, ≪재조번방지(再造藩邦誌)≫443), ≪동정일기(東征日記)≫, ≪왕인성명기(王人姓名記)≫444), ≪소화외사(小華外史)≫445)를 살펴보면 소주(蘇州) 가씨(賈氏)가 중조(中朝: 중국)에서 으뜸가는 벼슬 집안이다. 지난 신종(神宗)황제가 등극할 초기에 널리 베풀고 많은 사람을 구제하는 것으로 인(仁)을 삼고, 먼 나라를 회유하고 작은 나라를 보살펴 주는 것으로 덕(德)을 삼았다. 무릇 교화가 젖어 들고 위엄이 더해져서 해와 달이 비추며 서리와 이슬이 내리는 바가 온누리 안팎에 두루 미쳐서 멀거나 가까움이 없었다.

　　당시에 높은 덕(德)을 지닌 명신(名臣)인 문연각학사(文淵閣學士), 병부상서(兵部尚書) 겸 요동감찰사(遼東監察使) 휘 유약(維鑰)이 있었으니, 공(公)의 13대조이다. 그의 아들은 봉조정왜(奉詔征倭) 겸 부총병(副摠兵)、도독부참의군사(都督府叅議軍事)、유격장군(遊擊將軍) 휘 상(祥)이고, 손자는 종사관 휘 침(琛)이다. 만력 계사년(1593)에 상서공(尚書公: 가유약)이 흠차직방주사(欽差職方主事)로서 명을 받들고 황금을 가져와 세 번이나 사행을 왔다. 정유년(1597) 8월에 아들 유격공(遊擊公:

---

443) ≪재조번방지(再造藩邦誌)≫: 1693년(숙종 19)에 신경(申炅)이 임진왜란 때 명나라로부터 지원 받았던 사실을 정리한 책임.
444) ≪왕인성명기(王人姓名記)≫: ≪소화외사(小華外史)≫의 한 편장임.
445) ≪소화외사(小華外史)≫: 1830년(순조 30)에 오경원(吳慶元)이 고려 말부터 조선 순조 연간까지 대중국 외교관계에 관한 주요 기록을 모아둔 책임.

가상)과 부산에서 왜적을 쫓았다가 부자 모두 순절하였다. 상서공의 손자 종사공(從事公: 가침)은 무덤가에 여막을 짓고 효를 다하였다. 부산에서 호서(湖西: 충청)의 소성(蘇城: 태안)에 들어와서 집안을 일으켰다.

증조부 휘 태경(泰慶)은 증장악원정(贈掌樂院正)이고, 조부 휘 세철(世喆)은 증호조참의(贈戶曹叅議)이며, 부친 휘 종식(宗軾)은 증호조참판(贈戶曹叅判)이다. 10대 이래 시와 예로서 집안에 전하여 내려왔다. 모친 정부인 달성(達城) 서(徐)씨 유근(有根)의 여식이다. 참판공(參判公: 가종식)은 청렴한 덕행이 있었고, 정부인(貞夫人)은 내면과 행실을 잘 갖추었다. 공(公)은 정조 무오년(1798) 8월 26일에 소성의 석호리(石湖里) 집에서 태어났다. 공(公)의 호를 석호(石湖)라 한 것은 그 땅에서 나왔다.

공(公)은 태어나서 기개와 도량이 준수하고 위대하며 타고난 재능이 총명하고 민첩하였도다. 4세에 배우기 시작하고, 6세에 능히 문장을 지을 수 있었다. 〈영포시(詠匏詩: 박을 읊은 시)〉에서 "너의 뿌리가 땅속에서 솟구쳐, 성긴 울타리 위로 뻗었구나."라고 하였다. 7세에 ≪소학(小學)≫을 읽었는데, 무릇 성현(聖賢)의 이름과 언행에 대해 눈앞을 지나가면 기억하지 않음이 없었도다. 선생이나 장자(長者)가 혹 잊어버린 것이 있으면 메아리치듯이 대답하였다. 10세에 외척에서 자라자 외삼촌은 그를 사랑하였으므로 비용을 내어 스승을 구하여 사서(四書)를 독파하도록 하였다.

18세에 서산(瑞山) 이문수(李文秀) 선생 문하에서 학문을 익혔다. 선생이 그 재주와 학식을 기하게 여기고 유학(儒學)의 도리로서 가르쳤다. 마음을 가라앉히고 가슴속에 새겨 경적(經籍)에 관통하였다. 위로는

≪중용(中庸)≫, ≪대학(大學)≫, ≪논어(論語)≫, ≪맹자(孟子)≫에서부터 염계(濂溪) 주돈이(周敦頤)의 ≪태극도설(太極圖說)≫, 주자(朱子: 朱熹)의 ≪훈의(訓義)≫, ≪역학계몽(易學啓蒙)≫, ≪근사록(近思錄)≫ 등 책자에 이르기까지 그 요령을 터득하였다.

일찍이 성리학을 논하여 "마음이 움직이면 정(情)이 되고 고요하면 성(性)이 된다. 성(性)은 즉 이(理)이요, 이(理)는 하늘이다. 하늘에 있으면 이(理)가 되고, 사람에 있으면 성(性)이 된다."라고 말하셨다. 또 "사람이 고요한 곳에 성경(誠敬)을 보존하니 높고 밝은 지경에서 완미하면 저절로 마음속의 하늘을 얻을 수 있다."라고 말하였다.

퇴계(退溪) 이황(李滉) 선생의 ≪성학도설(聖學圖說)≫의 '이(理)와 기(氣)가 함께 발로한다.'라는 것을 논하며 "이(理)와 기(氣)는 함께 행해져서 거슬리지 않음이 태극(太極)이 음양(陰陽) 안에 있는 것과 같다. 태극(太極)은 태극(太極)에서 나오고 음양(陰陽)은 음양(陰陽)에서 나오니 태극(太極)은 이(理)이고 음양(陰陽)은 기(氣)이다. 만물이 태어나는 초기를 논하면 이(理)는 기(氣)에 통섭받고, 품부를 받은 이후라면 기(氣)는 이(理)에 배속받는다. 이런 까닭에 기(氣)의 온전함은 얻으면 이(理) 또한 온전하고, 기(氣)의 편중함을 얻으면 이(理) 또한 편중해진다. 이것이 사람과 금수의 변별이다."라고 말하였다.

또 "≪대학(大學)≫의 수신·제가·치국·평천하(修身齊家治國平天下)의 도리는 본분 안에 있는 일이오니 미루어 넓히고 배우고 익혀 오래되면 나아갈 수 있다."라고 말하셨다. 기타 노장(老莊), 불교(佛敎), 선술(仙術) 무리는 모두 기(氣)를 성(性)으로 인정하고 작용의 법을 확고하게 했다. 그 말은 높으면서도 실로 비루하고, 그 행동은 깨끗하면서도 실로 껄끄럽다. 그 책을 고찰함에 스며 나오고 깨뜨려 부수어 매번 논변하면 선생이 반드시 칭찬하였다.

공의 집은 본시 가난한 가운데 양친을 봉양하였다. 과거 보는 일에 힘쓰니 옛 투식의 여러 체를 지으면 논리가 뛰어났다. 그러나 제때 나가는 것을 달갑게 여기지 않아 과거에 누차 미끄러져 사람들은 이를 원통하게 여겼다. 일찍이 선조(先祖)의 명망과 공적이 드러나지 않아 오랜 세월 동안 억울하였다. 하옥(荷屋) 김좌근(金左根) 대감 문하에 노닐었는데, 대감이 친지, 빈객(賓客)으로 삼았다. 고금의 득실을 물으면 공(公)이 아주 자세히 변론하고 말이 반드시 공정하고 의젓하였다. 이에 대감은 공(公)을 예우하였다.

헌종 기유년(1849) 10월에 경릉명정봉지관(景陵銘旌奉持官)에 제수되었는데, 조상의 덕으로 천거되었다. 경술년(1850) 2월에 통정대부에 승직하였다. 신해년(1851) 10월에 절충장군에 가좌되었다. 이 해에 삼세충효(三世忠孝)로 유생들이 조정에 상소하니, 특별히 사우(祠宇)와 정려(旌閭)를 세우고 표창하는 조치를 명하였다. 황단(皇壇: 대보단) 반열에 참여하는 것을 허하고 자손들을 채용함을 이여송(李如松), 마귀(麻貴)의 사례와 같게 했다. 임자년(1852) 4월에 가선대부에 올랐다가 곧이어 가의대부에 승격되었다. 계축년(1853) 6월에 안흥수군절제사(安興水軍節制使)가 되어 관직이 있는 3년 동안 민초들을 자식과 같이 돌보았다. 돌아갈 때 민초들이 (안흥)성 동문 안에 마애비(磨崖碑)를 새겼다.

을축년(1865) 12월 23일에 석호(石湖)의 사저에서 돌아가니 향년 68세이다. 병인년(1866) 4월 13일에 정부인 평산(平山) 신(申)씨 묘소의 우측에 묻혔다. 즉, 소성부(蘇城府) 남쪽 안 적석산(赤石山) 언덕이다. 부인

풍산(豊山) 심(沈)씨는 후사가 없었다.446) 후배(後配) 정부인 평산 신씨
는 재록(在祿)의 따님이다. 여사(女士)의 행실이 있었고, 시부모를 효(孝)
로서, 남편을 덕(德)으로 섬기고, 아들을 의(義)로 가르쳤으며 함께 봉양
(奉養)의 영화로움을 누렸다.

　　장남 일영(日永)은 현령(縣令), 차남 중영(中永)은 첨사(僉使)이다. 따
님은 사인(士人) 덕수(德水) 이민성(李敏星)에게 시집가니 충무공(忠武
公: 李舜臣)의 후예이다.447) 현령(縣令: 가일영)에게는 아들 3명, 따님 1
명이 있다. 아들은 모두 어렸고, 따님은 사인(士人) 홍재경(洪載慶)에게
시집가니 현감(縣監) 홍선용(洪選容)의 아들, 부마(駙馬) 당원위(唐原尉)
의 후손이다.448) 첨사(僉使: 가중영)에게는 따님 3명이 있는데, 한 따님
은 사인(士人) 김세기(金世基)에게 시집가니 광성부원군(光城府院君: 金
萬基)의 후예이다.449)

　　공의 장사를 지내는 날에 만장(挽章)을 지은 자는 40~50명이고, 상
여 끈을 잡은 자는 수백 명이다. 여강(驪江) 김찬지(金贊之) 선생이 말
하기를:

　　정로(正路)를 걷은 선비는 홍무(洪武)450)의 유민(遺民)이라.

---

446) ≪(무자)소주가씨대동보≫에 의하면 풍산 심씨의 부친은 심의문(沈義文), 조부
　　는 심명순(沈命淳), 증조부는 심종기(沈宗起)임.
447) 충무공(忠武公): 이순신(李舜臣)을 지칭함.
448) 당원위(唐原尉): 홍우경(洪友敬)을 지칭함.
449) 광성부원군(光城府院君): 김만기(金萬基)를 지칭함. ≪(무자)소주가씨대동보≫
　　에 의하면 가중영의 장녀는 김세기(金世基), 차녀는 이태민(李台敏), 삼녀는 조
　　능현(趙能鉉)에게 각각 출가했음.

선대의 뜻을 좇아 황제(皇帝) 제사에 참여하였도다
동해의 고결한 선비이오 서산(西山)의 백이(伯夷)로세
천도(天道)가 이미 막혔으니 영명한 계략을 어찌 펼치리

독자들이 이 만장에서 공(公)의 평생을 알 수 있을 것이다. 오호! 공(公)이 사리가 남달리 밝은 자세로서 부모에게 효도하고 형제에게 우애스러운 도리를 다하였다. 매번 독서하다가 틈이 나면 산에서 나무하고 물에서 고기 잡아 부모와 형제의 노고를 대신하였다. 부친을 여의자 통곡하며 더이상 효행을 다할 수 없자 〈육아(蓼莪)〉 편장을 다시는 보지 않았다.451) 모친을 효로서 섬길 때는 늘 기쁜 얼굴빛과 부드러운 태도를 지냈다. 일찍이 질병이 나자 밤새도록 잠들지 못하고 약을 친히 달이고 변기를 씻고 똥을 맛보아 고을에서 칭찬하였다.

아우 한 명이 있었는데,452) 우애가 비할 곳 없다. 한 상에서 식사하며 같은 베개에서 잠을 잤다. 불행히도 일찍이 죽어 후사(後嗣)가 없자 과부가 된 제수를 은혜와 의리로서 대하고 차자 중영(中永)을 후사로 삼았다. 〈수연시(壽宴詩)〉에서 "은자(恩資) 내린 숙부인(淑夫人)이요", "성주로 키운 자식으로 귀하게 되었네"라고 하였다.453)

---

450) 홍무(洪武): 명 태조(太祖)의 연호인데, 여기에서는 명나라를 지칭함.
451) 육아(蓼莪): ≪시경(詩經)≫의 한 편장. 〈육아(蓼莪)〉: "슬프고 슬프다 우리 부모여, 나를 낳아 기르느라 얼마나 애쓰셨나.(哀哀父母, 生我劬勞)."
452) ≪(무자)소주가씨대동보≫에 의하면 아우는 가덕건(賈德健)임.
453) 〈수연시(壽宴詩)〉의 구절은 〈경신년(1850) 4월 15일 제수씨 생신 잔치에서 짓다(庚申四月十五日嫂氏晬宴韻)〉의 제1구와 제3구임.

대개 공(公)의 효성스럽고 우애롭고 자애롭고 믿음직한 덕행은 가정 안에 온화하게 똑같이 적시고 종친, 사돈, 동서 집안에까지 미쳤다. 가난한 자를 구휼하고 외롭게 된 자를 키우고 쓸모가 있는 자를 가려서 충효(忠孝)와 시문(詩文)으로 가르치고 재주의 크고 작음에 따라 각각 나아가게 했다. 말년에 강호(江湖)에 있으면서 더욱 공손하고 검소함을 숭상하고 선조에게 보답하고 후손에게 넉넉하게 하는 마음으로 깨우쳐 주고 풍속을 도탑게 하는데 힘을 썼다.

위로는 경전(經傳)으로부터 염락관민(濂洛關閩: 성리학)에 이르기까지 강구하지 않음이 없었다.454) 무릇 천문, 지리, 의약, 복서(卜筮), 백가문(百家文)을 자세히 연구하고 이치를 탐색하지 않음이 없었다. 매번 사람들과 강론함에 일상적인 가까운 말이라도 반드시 가려서 살폈다. 천문 운행의 묘미, 인륜 일용의 상체, 크기로는 강, 바다, 산악, 미세하기로는 초목, 금수에 이르기까지 스스로 그렇게 되는 이치와 당연하게 되는 의리에 대해 몸으로 고찰하고 마음으로 회통하지 않음이 없었다.

일찍이 ≪소학요어(小學要語)≫를 지었는데, 주자의 ≪소학절요(小學切要)≫의 말을 뽑아 후학들에게 나침판으로 삼게 했다. 또 ≪심학해(心學解)≫를 지었는데, 대개 주돈이와 소옹의 ≪도설(圖說)≫에서 미진한 점을 발명(發明)하였다.455) 50년간 팔꿈치와 책상에서 한 공부는 모두 여기에 있다.

---

454) 염락관민(濂洛關閩): 송나라 성리학을 지칭함. 염(濂)은 염계(濂溪)의 주돈이(周敦頤), 낙은 낙양(洛陽)의 정호(程顥)와 정이(程頤) 형제, 관은 관중(關中)의 장재(張載), 민은 복건(福建)의 주희(朱熹)가 주창한 성리학임.
455) 주소(周邵): 송나라 성리학자 주돈이(周敦頤)와 소옹(邵雍)의 병칭임.

석호집(石湖集)

오호! 내가 어릴 때 가까이에서 모셔 공(公)의 풍도가 풍부하며 위대하고 의론이 종횡으로 치달아 바라보고 이미 장자의 아량이 넓고 의지가 강하였음을 알아보았다. 세월이 아주 빨리 지나가 이승과 저승으로 나뉘어 자주 마음에 잊히지 않게 했다. 가까이로 현령(縣令) 형제와 인연이 깊었는데, 현령(縣令)이 본 행장(行狀)을 품고 와 첨삭을 청하여 감히 사양하지 못하고 사실에 따라 적으니 입언(立言)하는 군자(君子)가 널리 뽑아주기를 기다린다.

숭정 기원후 경오년(1870)년 5월 하순 진사(進士) 응천(凝川) 박영무(朴永茂)가 삼가 적는다.

嘉義大夫行安興水軍節制使賈公行狀

公諱行健, 字疆賢, 號石湖也.

謹按≪明史≫,≪國乘≫,≪再造藩邦誌≫,≪東征日記≫,≪王人姓名記≫,≪小華外史≫, 蘇州之賈, 卽中朝冠冕之族也. 粤在神宗皇帝御極之初, 以博施濟衆爲仁, 以柔遠字小爲德. 凡化之所漸, 威之所加, 日月所照, 霜露所墜, 薄海內外, 無有遠邇.

時則有碩德名臣、文淵閣學士、兵部尙書、兼遼東監察使諱維鑰, 寔公之十三世祖也. 其子奉詔□[456)倭、兼副摠[457)兵、都督府叅議軍事、遊擊將軍諱祥, 其孫從事官諱琛. 萬曆癸巳, 尙書公欽差職方主事, 承命賁金,

---

456) 원문 '□': '征'의 통용.
457) 원문 '摠': '摠'의 오기.

三作槎行. 丁酉八月, 與其子遊擊公追倭於釜山, 父子同殉. 尙書孫從事公廬墓全孝, 自釜山至湖之蘇城而家焉.

曾祖諱泰慶, 贈掌樂院正. 祖諱世喆, 贈戶曹叅議. 考諱宗軾, 贈戶曹叅判. 十世以來, 以詩禮傳家. 妣貞夫人達城徐氏有根女也. 叅判公有淸德, 貞夫人內行克備, 以正宗戊午八月二十六日生公于蘇城之石湖里第. 公之號石湖, 以其地也.

公生而氣宇俊偉, 才性聰敏. 四歲入學, 六歲能屬文, 〈詠匏詩〉有曰: "爾根從地出, 延蔓上踈籬." 七歲讀小學, 凡聖賢姓名言行, 無不過眼記心. 先生長者, 或有遺忘, 答對如響. 十歲養于外宅, 舅氏愛之, 資給求師, 歷覽四書.

十八學于瑞山李先生諱[文秀]之門, 先生奇其材識, 敎以儒道. 公潛心服膺, 貫穿經籍, 上自《庸》、《學》、《論》、《孟》, 以至濂溪《太極圖說》、朱子《訓義》、《易學啓蒙》、《近思錄》等書, 得其要領.

嘗論性理曰: 心動則爲情, 靜[458]則爲性. 性卽理, 理卽天. 在天爲理, 在人爲性. 又曰: 人於靜處存誠敬, 玩高明, 則便自見得心中之天.

又論退溪先生《聖學圖說》理氣互發之義, 曰: 理與氣並行而不悖, 如太極在陰陽之中, 太極自太極, 陰陽自陰陽. 太極, 理也: 陰陽, 氣也. 論有生之初, 則理統於氣: 而稟受之後, 則氣配於理. 故得氣之全者, 理亦全: 得氣之偏者, 理亦偏. 此人物之辨.

又曰: 《大學》修齊治平之道, 自是分內事, 推擴習熟, 久能將就. 外他老莊佛仙之流, 都是認氣爲性, 堅定作用之法. 其言若高而實鄙, 其行若潔而實澁. 考之其書, 滲漏破碎, 每一論辨, 先生必詘焉.

---

458) 원문 '諍': '靜'의 오기.

公家素貧, 以養親計, 務公車業, 科臼各體, 立就理勝. 然不屑屑於趨赴, 故射策屢屈, 人皆冤之. 嘗以先祖名績之未闡, 積歲菀悒, 遊於荷屋金相公之門. 相公延爲親賓, 問以古今得失, 公辨論甚悉, 言必正大, 相公禮之.

憲宗己酉十月, 除景陵銘旌奉持官, 以蔭薦也. 庚戌二月, 陞通政. 辛亥十月, 加折衝. 是年, 以三世忠孝, 因儒疏上達, 特命立祠旌閭, 許叅皇壇班, 錄用子孫, 如李、麻一例. 壬子四月, 擢嘉善, 尋陞嘉義. 癸丑六月, 拜安興水軍節制使. 處官三年, 視民如子. 及歸, 民磨崖於城東門內.

以乙丑十二月二十三日考終于石湖之第, 享年六十八. 丙寅四月十三日, 附于貞夫人平山申氏之墓之右, 卽蘇城府之南內赤石坐酉原也. 配豐山沈氏, 無嗣. 后配貞夫人平山申氏在祿女也. 有女士行, 事姑以孝, 事夫子以德, 敎子以義, 並享榮養. 一男曰永, 縣令: 二男中永, 僉使. 女適士人德水李敏燮,[459] 忠武公后也. 縣令有三子一女, 男並幼, 女適士人洪載慶, 縣監選容子, 附馬唐原尉后也. 僉使有三女, 一女適士人金世基, 光城府院君后也.

葬公之日, 操文者四五十人, 執紼者數百人. 驪江金先生贊之曰:

斯文正路, 洪武遺民. 遹追先志, 肇叅皇禋.

東海高士, 西山伯夷. 天道已否, 英畧奚施.

---

459) 국립중앙도서관장본에는 '섭(燮)'자 옆에 '보(甫)'자 적혀 있음. ≪(무자)소주가씨대동보≫에는 '성(星)'자로 적어놓았음. 본문에는 ≪(무자)소주가씨대동보≫에 따라 수정했음.

讀者於此, 可以得公之平生矣. 嗚呼! 公以特達之姿, 盡孝悌之道. 每讀書暇, 山樵水漁, 代父兄勞, 及哭風樹, 至廢〈蓼莪〉. 事母以孝, 愉色惋[460]容. 嘗有疾, 夜不交睫, 晝不解帶, 藥飲親煎, 洗牏嘗糞, 鄕黨稱之.

有一弟, 友愛無比, 食則同床, 臥則共枕. 不幸蚤卒, 無嗣, 待孀嫂以恩義, 以次子中永嗣焉. 其〈壽宴詩〉有曰: 恩資佇降淑夫人, 榮養專城繆子貴, 云云.

盖公之孝友慈諒之德, 藹然同洽於閨門之內, 推以至宗族姻婭, 貧者恤之, 孤者養之, 擇其有用者, 敎歲以忠孝詩文, 隨其才之大小而各就焉. 晚暮江湖, 尤尙恭儉, 以報先裕後爲心, 以牖蒙敦俗爲務.

上自經傳, 至於濂洛關閩, 無不講究. 凡天文、地理、醫藥、卜筮、百家之文, 無不硏精探賾. 每與人講論, 雖一言之邇, 必加擇察, 以至天地運行之妙, 人倫日用之常, 大而河海內岳, 微而草木鳥獸, 所以然之理, 所當然之義, 靡不驗之於身, 會之於心.

嘗著《小學要語》, 撫取朱子《小學切要》之語, 使後學得爲司南. 又製《心學解》一編, 盖發明周、邵《圖說》之餘蘊, 而五十年肘案之工, 盡在是矣.

嗚呼! 憶余童年, 獲承警咳, 公之韻度豐偉, 論議縱橫, 望之已知爲弘毅長者, 而星霜儵捷, 人天便隔, 常耿耿記于心. 近與縣令兄弟有契, 縣令袖本狀請硏削, 旣不敢辭, 敢據實行, 以俟立言君子之博採云爾.

崇禎紀元後庚午五月下弦, 進士凝川朴永茂謹狀

---

460) 원문 '惋': '婉'의 오기.

[석호집(石湖集) 가일영(賈日永) 후지(後識)]

　　우리 선조는 황명(皇明: 명나라) 소주(蘇州) 사람입니다. 14대조 상서공(尙書公: 가유약)이 황명을 받들어 아들 유격공(遊擊公: 가상)과 함께 동국(東國: 조선)에 지원에 나서 왜적을 추적하다 부산에서 부자 모두 순절하였습니다. 상서공(尙書公: 가유약)의 손자 종사공(從事公: 가침)이 계속 동국(東國)에 남았습니다.

　　10여 대를 지나 나의 선친에 이르러 처음으로 '삼세충효(三世忠孝)' 정표(旌褒)를 하사받은 은전을 입었습니다. 부친의 관직은 2품에 이르러 나라의 은전이 하늘과 같은데 은혜를 갚을 길이 없습니다. 가문의 모든 식구는 오로지 살아서는 목숨을 바치고 죽어서는 결초보은(結草報恩)하고자 하는 마음이었습니다.

　　오호! 선친께서는 하옥(荷屋) 김좌근(金左根) 대감, 이재(彝齋) 권돈인(權敦仁) 대감, 유관(遊觀) 김흥근(金興根) 대감으로부터 지음으로 알고 예우를 받아 교제한 바가 아주 두터웠습니다. 시문과 간찰을 살펴보면 대접을 받은 것이 깊었음을 알 수 있습니다.

　　오호! 선친께서 성리(性理)에 몰두하고 학문에 덕행을 쌓아 실로 그 연원의 출처가 있는 바이옵니다. 다만 부들이 우거진 곳에 있어 아는 사람이 없었는데, 이 세 명의 대감으로부터 받아들여져 비로소 세상에 이름을 알렸습니다. 시문 약간과 ≪소학요어(小學要語)≫ 한 책이 있어 불초자가 늘 이것을 전하지 못할까 봐 근심이 되었는데, 지금 족보를 편찬하는 여력으로 간행하오니 후세에 열람한 자는 불초자의 사사로운 말이라 하지 말고 제 선친(先親)의 행적을 만 분의 일이라도 알아주면 매우 다행이겠습니다.

숭정(崇禎) 243년 경오년(1870) 5월 상순 불초자(不肖子) 일영(日永)
은 삼가 쓰다.

[賈日永後識]

我先卽皇明蘇州人也, 十四世祖尙書公承皇命, 與子遊擊公, 來援東
國, 追倭至于釜山, 父子殉節. 尙書公之孫從事公仍留東國, 今十餘世, 至
我先考, 始蒙三世忠孝旌褒之典. 先考官至二品, 國恩如天, 報酬無地, 一
門百口, 惟以隕結爲心矣.

嗚呼! 先考知遇於金相公荷屋·權相公彛齋·金相公遊觀, 論文敍懷, 容
接甚厚, 考諸詩文簡牘, 可知其見待之深矣. 嗚呼! 先考性理上工夫, 學問
中德行, 實爲淵源之所自, 而處在菰蒲, 人無知者, 幸得此三公而始名於
世. 有詩文若干編, 《小學要語》一篇. 不肖常以無傳爲憂, 今因修譜餘
力, 付之繡梓, 後世覽者, 勿以不肖之私言, 而尙克以是知我先考行績之
萬一, 則幸甚云爾.

崇禎二百四十三年庚午五月上浣不肖子 日永 謹識

3

부록

가유약(賈維鑰), 3대의 '2충1효(二忠一孝)' 이야기

가유약(賈維鑰), 3대의 '2충1효(二忠一孝)' 이야기

가재모

소주가씨는 중국의 성씨로 본래 주나라 문왕의 자손인 당숙우(唐叔虞)의 아들 공명(公明)이 가백(賈伯)[낙양, 소주 일대를 통치하던 제후]에 봉해짐으로써 성을 가씨(賈氏)라 하였고 소주를 본관으로 삼았다고 전한다. 이 때문에 가씨 족보에도 본관을 소주로 하면서 입국 시조인 가유약(賈維鑰)을 중시조(中始祖)로 하여 세계(世系)를 계승하고 있다.

나라에 대한 충성(忠誠)과 부모에 대한 효도(孝道)는 동서와 고금, 남녀노소를 막론하고 백행(百行)의 근본(根本)이고 인간이 마땅히 지켜야 할 도리이며 최고의 덕목이다.

2충1효(二忠一孝)는 명나라 병부낭중(兵部郎中)으로 한국의 소주가씨(蘇州賈氏)의 중시조인 가유약(賈維鑰), 명군 유격장군(遊擊將軍)이며 아들 가상(賈祥), 명군 종사관(從事官)이며 손자인 가침(賈琛), 3대의 조선 참전과 효행을 표상하는 말이다.

1587년 전국을 통일한 일본의 도요토미 히데요시(豊臣秀吉)는 자신을 돋보이게 하기 위한 노력의 일환으로 동남아와 중국 대륙 정복을 야망을 가졌다. 중국 정복을 통해 국민들의 존경심을 모으고, 토지 몰수로 인한 다이묘와 지방 호족 세력의 불만을 해외로 돌릴 생각이었다. 도요토미 히데요시는 대마도주에게 명령하여 조선에게 명나라 정복을 위한 길을 비켜줄 것을 요청하였다.

조선이 이를 거부하자 1592년 임진(壬辰) 4월, 일본의 도요토미 히데요시(豊臣秀吉)가 가토 기요마사(加藤淸正), 고니시 유키나가(小西行長) 등을 선봉장으로 한 왜군 16만 대군에 조선 침공을 명하여 임진왜란이 발발, 파죽지세로 북진했다. 조선군의 연전연패와 충주의 신립 장군의 대패 소식을 접한 선조는 5월에 한양과 백성들을 뒤로한 채 급히 평양을 거쳐 의주로 파천했다. 왜군은 4월 14일 부산 상륙 후 불과 20일 만에 한양에 무전 입성했고 이어서 임진강(臨津江)을 건너 평양(平壤)을 차지하였다. 조선은 이렇게 왜군에게 연전연패(連戰連敗)하면서 나라의 운명도 풍전등화(風前燈火)였고 나라의 안위도 실로 대단히 위급한 백척간두(百尺竿頭)의 상황에 이르렀다.

선조가 다급한 나머지 이덕형을 시켜 왕명을 받들어 명나라 신종황제(神宗皇帝)에게 명군의 조선 파병을 간청했다. 병부상서 석성은 역관 홍순언이 과거 자기 후처에게 베풀었던 은혜461)에 대한 보은 차원에서 조

---

461) 조선 선조 때 중국어 역관 홍순언 북경에 도착하기 하루 전날 그는 통주에 조선에서 출발한 지 두어 달, 홍순언은 이곳에서 하룻밤을 묵기로 한다. 한 기생집에 들렀다. 그곳에서 소복을 입은 아름다운 중국 여인을 만나게 된다. 부친이 북경에서 벼슬살이 하다가 불행히 돌림병에 걸려 두 분 다 돌아가셨는데 돈이 없어서 관이 객사에 있다는 딱한 사정을 듣게 된다. 이 말을 들은 홍순원은 그 자리에서 여인에게 필요한 돈 삼백금 전대를 모두 털어주었다. 여인은 조선의 의인에게 이름을 묻지만 그는 끝내 답하지 않았다. 그 여인이 후일 병부상서인 석성의 계실이 되어 다시 만난 홍순언을 통해 은혜를 갚는다는 기록이 있다.

선의 종계변무(宗系辨誣)462)를 해결해 줬기 때문에 조선에 대한 애정이 각별했던 것이다. 석성은 신종황제께 "조선의 일은 명에 대하여 순망치한(脣亡齒寒)과 내복(內服)의 역할과 같으며 만약 왜가 조선에 상시 주둔하여 압록강과 요동을 넘어 침공해 들어오면 크나큰 후환이 아닐 수 없다"고 하면서 조선 파병을 강력히 주장했다.

한편 1592년 조선 방문으로 친조선파(親朝鮮派)가 된 병부 낭중인 가유약은 황궁의 황명 출납의 추밀원사(樞密院使), 황실 장서각인 문연각(文淵閣) 태학사(太學士)와 태자소부(太子少傅) 등의 경력으로 인하여 황제의 신임이 두터웠다. 가유약은 황제 편전에서 "조선은 2백 년 동안 예의 바르고 공순한 나라였으니 명 내의 어떤 어진 제후라도 조선보다 나은 경우가 없습니다. 더구나 왜적은 조선의 불공대천의 원수인데 조선이 어찌 왜적을 끌어들여 상국을 범할 리가 있겠습니까? 황제께서 조속히 명나라의 울타리와 같은 번국(蕃國)인 조선 출병을 윤허하옵소서." 라고 아뢰었다.

석성은 수다한 반대에도 불구하고 명 원군의 조선파병 주장을 끝내 관철시켰다. 명 황제(明 皇帝)가 허락하시어 1차로 유격(游擊) 사유(史儒), 부총병(副總兵) 조승훈(祖承訓) 등이 지휘한 5천의 명군은 7월 15일 평양(平壤)에서 싸웠으나 중과부족으로 패전했다. 그리하여 동년 9월에 선조가 정곤수(鄭崑壽)를 시켜서 명(明)나라 병부(兵部)에 청군 주문(奏

---

462) 고려 말 1390년(공양왕) 이성계의 정적이던 윤이(尹彝)·이초(李初)가 명나라로 도망가서 이들이 공모해 명나라를 치려고 한다면서, 이성계의 가계에 관해 정적이었던 고려의 권신 이인임(李仁任)의 후손이라고 한 일이 있었다. 그 뒤 명나라는 그 내용을 명나라의 《태조실록》과 《대명회전 大明會典》에 그대로 기록하였다.

文)하고 다시 애원(哀願)했다. 서기 1592년 임진(壬辰) 12월 25일에 명은 다시 2차로 경략(經略) 송응창(宋應昌)과 동정제독(東征提督) 이여송(李如松), 부총병(副提兵) 양원(楊元) 등 4만 3천의 장병이 압록강(鴨綠江)을 도강(渡江)하여 평양 전투에서 왜군에 승전하여 평양을 탈환했다.

조명연합군의 평양성 탈환 모습을 묘사한 병풍

그러나 이여송은 평양전투의 승리감에 도취해서 명 대군과 중화기 부대를 남겨둔 채 소수 기마병으로 무모하게 진군하다가 벽제관 전투에서 왜병에게 무참하게 대패해서 개성을 거쳐 평양까지 후퇴했다. 명(明)나라 조정에서는 이러한 제반 사정을 감안하여 황제 칙사(勅使)로 병부 흠차사험군공(兵部 欽差査驗軍功) 겸 병부 무선청리주사(兵部 武選淸吏主事)인 가유약(賈維鑰)에게 명(命)하여 강금(岡金) 2만 냥과 채단(綵緞) 5천 필을 하사하고 옥절보도(玉節寶刀)와 조서(詔書)를 받아 조선으로 갔다.

가 칙사는 1593년 계사(癸巳) 4월 13일 압록강을 건너 의주에서 정응창 경리 관사에 머물면서 명의 제장을 만나 군공을 조사해서 포상했다. 그리고 안주에서 소를 잡고 주연을 베풀어 장병들의 노고를 위로, 격려 해서 명군의 사기가 충천하였다. 가유약이 칙사 일정을 다 마치고 요동(遼東)에 건너가 복명하니 황제가 각별한 위로와 선물을 하사했고 가유약에게 상서성 중서문하직(尚書省中書門下職)을 맡게 했다. 가유약은 아들 좌영도사(左營都司)인 상(祥)과 함께 논의(論議)한 후 황은에 보답키 위하여 군사를 모아 훈련을 시켜서 음흉한 토요토미 히데요시(豊臣秀吉)의 조선 재침에 대비토록 분부했다.

가상은 문무겸전에 재력이 있어서 부친의 분부대로 사재를 털어 순천부 소주 준화현(順天府蘇州遵化縣)463)에 문중의 동복(僮僕)과 용사 2천명 정도를 수합하여 집중 훈련을 시켜 불우한 지변에 대비했다. 서기 1597년 정유(丁酉) 정월(正月) 10일 과연 왜적은 야욕(野慾)과 만행(蠻行)을 고치지 못하고 도요토미 히데요시(豊臣秀吉)의 명으로 고니시 유키나가(小西行長), 가토 기요마사(加藤淸正), 구로다 나가마사(黑田長政) 등을 선봉으로 16만 4천의 왜병이 재침하여 순식간에 영남 이남은 적지가 되고 말았다.

선조(宣祖)는 또 다시 정기원(鄭期遠) 권회(權恢) 류성룡(柳成龍) 등으로 구원을 재삼 청하여 명제(明帝)에게 급히 간청했다. 명 황제는 크게 결심하여 병부상서 형개(邢玠)를 총독으로 첨지도어사 양호(楊鎬)를 경

---

463) 중국 기록에는 가유약의 고향은 하북성 준화시(河北省遵化市)이고 명나라 병부 상서 가응원의 아들이라고 기록되어 있다.

리로 삼고 총병관(摠兵官) 마귀(麻貴)를 제독으로 삼아 조선의 구원을 명했다. 그리하여 편갈송(片碣頌), 소응궁(蕭應宮), 정응태(丁應泰), 동한유(童漢儒)와 함께 가상(賈祥)은 조선연병도사겸 부총병 도독부 참의군사 유격장군(朝鮮練兵都可兼 副提兵 都督府 參議軍事 游擊將軍)으로 임명 받았다. 황제는 가상 유격에게 내구마(內廐馬) 1필과 무고소장모극(武庫所藏矛戟) 200지를 하사하였다. 가상의 아들 나이 13세인 가침(賈琛)이 종군하기를 청하므로 황제께서 특히 허락하여 병부종사관(兵部從事官)으로 배명하여 가침(賈琛) 조선에 참전하였다.

같은 해 6월에 명 황제는 가유약(賈維鑰)에게 옥절보도(玉節寶刀)를 주고 객고가 심한 군사를 슬프고 원통히 여겨서 포상수여를 명하니 강개(慷慨)하여 명을 받아 노령에도 사양치 아니하고 평양을 거쳐 양호경리의 군영에 머물렀다. 가상 유격은 치열했던 직산 소사평 전투에서 마귀제독의 지휘하에 편갈송 중군 등과 합세해서 왜군과 6차에 걸쳐 일진일퇴를 거듭하다가 막판에 숨겨 뒀던 원숭이 기병부대를 투입시켜 왜군이 혼란한 틈을 이용하여 집중 공략해 승리를 거뒀다.

1597년 12월에 총독 형개(邢玠)가 한성에 나와 머물고 양호(楊鎬)를 경리로 삼고 마귀제독(麻貴提督)과 휘하 제장과 가상(賈祥) 유격, 편갈송 중군과 천사마(千司馬)로 더불어 군 4만5천을 이끌고 울산 도산성 앞에 진을 쳤다. 조명(朝明) 연합군은 12월 23일부터 이듬해 1월 4일까지 울산의 도산성(島山城)에 주둔 중인 가토기요마사(加藤淸正)의 군대를 향해 포격과 화공을 섞어 집중 공격했다. 공격 10일만에 왜성에는 양식, 물과 우물까지 말라서 곤경에 처했으나 1598년 무술(戊戌) 정월에 구로다 나가마사의 구원과 강추위가 몰아쳐서 도산성 1차 전투에서 조명 연합군은 물러날 수밖에 없었다.

명나라에서는 서기 1598년 연초에 수군 1만 3천여 명을 조선에 추가 파병했고 육해군을 재정비했다. 1598년 8월에 조명연합군중 마(麻)제독은 울산 도산성의 가토오의 군을 공략키로 했고 동일원(董一元)은 사천(四川)에 있는 시마즈(島津)의 왜군을 공격키로 했다. 유정(劉綎)은 순천(順天) 왜교의 고니시군을 공격하기로 했고, 진린(陳璘)은 명수군으로 통제사 이 순신과 함께 해상을 담당하니 총 병력 15만에 달했다. 서기 1598년 무술(戊戌) 9월 20일에 일제히 적의 3근거지를 총공격에 들어갔다. 마귀(麻貴)가 이끄는 조명연합군은 울산 도산성을 공격했으나 왜군은 성문을 굳게 닫고 나오지 않았다.

울산성(도산성) 전투도

가유약(賈維鑰) 낭중이 마귀 제독과 협의하여 "조선의 산수가 험준하니 지형 별로 4협으로 나누어 서로마다 대장을 두자"고 했다. 그리하여 동(東)에는 마제독(麻提督), 중(中)에는 이여매(李如梅), 서(西)에는 유정

(劉綖), 남(南)에는 가유약, 가상 부자(父子)가 계요용사(薊遼勇士)를 영솔하고 공격하기로 하였다. 대적 7일에 수천을 참획하는 성과를 올렸고 마제독(麻提督) 영하에 있던 편갈송은 울산(蔚山)에 이르러 군병 2천을 거느리고 선봉(先鋒)이 되어 추적했으나 왜적이 성문을 꼭 잠그고 나오지 않았다.

1598년 9월 22일부터 10월 4일까지 벌어진 2차 울산 도산성 전투 역시 일본 구원군이 소식으로 조명연합군이 퇴각하여 도산성을 완전히 함락시키지 못하였다. 여하튼 일본군은 조명연합군의 맹렬한 공격에 상당한 타격을 입고 가등청정은 도산성을 버리고 서생포(西生浦)로 후퇴했다. 이 과정에서 낭중 가유약은 아들 가상 유격의 계요용사를 요소 요소에 매복시켜 서생포로 퇴각하는 왜군 수백을 주살하여 큰 전공을 세우게 된다.

불행히도 동래 왜군의 나자성(螺子城)464)에서 선봉장으로 돌격하던 가상 유격이 장렬히 전사하자 낭중 가유약이 아들에 대한 복수심으로 성 안으로 진격해 분전했다. 그러나 뜻을 이루지 못하고 결국 아들이 죽은 지점에서 장렬히 동순(同殉)했다. 손자 가침은 마귀 제독 영내에 있다가 이 급변을 듣고 원수를 갚고자 돌진하려 하였으나 마 제독은 "네가 지금 뛰어들어 가고자 함은 적신으로 범 앞에 몸을 던짐과 같으니 무엇이 유익하겠느냐" 하고 "또한 이는 가유격의 후사가 끊기는 불효한 일이다." 라고 극구 만류하여 뜻을 이루지 못하고 장중에서 울분과 애통함을 참으

---

464) 나자성(螺子城)은 성의 이름이라기보다는 왜적은 사천(四川), 울산 서생진(西生鎭), 부산진(釜山鎭) 동래(東萊)에 성을 쌓고 진지를 고등형체로 쌓아 석문을 곳곳에 만들어 침입을 어렵게 만든 성을 말한다.

면서 머물게 되었다.

이날 밤 야심에 이르러 용장 해생 등 10여 명을 밀파하여 성을 넘어 전처에 이른 후 전몰한 두 부자의 시신을 수습하여 위석으로 염수, 조부와 부의 시신을 경상도 울산 도독동 남록에 안장하였고 마 제독이 비를 세웠다. 가침은 울산 서생진 도독동에 할아버지와 아버지를 장례하고 그 곁에 비를 세워 대략 사실을 전하고 시묘를 살면서 평생 일본을 향하여 앉지도 않았다 한다.465)

묘소가 있을 곳으로 추정되는 울산 도독동 남록 전경

이보다 앞서 서기 1598년 무술(戊戌) 8월 18일에 왜적의 괴수 도요토미 히데요시(豊臣秀吉)는 이미 죽었고 그 유명(遺命)에 따라 동년 11월 11일을 기하여 철병하게 되었었다. 이를 전해들은 왜병들은 모두 전의(戰意)를 잃고 왜병은 야반에 소선(小船)을 타고 비밀리에 일본으로 도망

---

465) 울산 서생진 도독동(都督洞)은 1593년 가또가 성을 쌓고 거주했다는 서생포 왜성 포구에 위치하고 있으며, 마귀제독이 진을 치고 있었다고 알려져 있다. 그러나 종친 들이 여러 번 묘를 찾기 위해 현지 향토사학자들과 답사했지만 흔적을 찾을 수 없었다.

하기에 광분하게 되었다. 이를 탐지한 조명연합군(朝明聯合軍)은 그 기회를 타서 전멸시키려고 추적했다. 고니시가 수세에 몰리게 되자 사천(四川)의 시마즈 요시히로(島津 義弘)에게 구원을 청하니 시마즈 요시히로가 5백 척의 병선을 거느리고 남해(南海) 노량으로 습격하여 왔다. 11월 8일 이순신(李舜臣)과 진린(陳璘)이 호응하여 적을 협공하였으니 적함대의 태반이 격파되었고 왜병 익사자(溺死者)가 3만이요, 남은 적함도 반파이상 되어 간신히 남해 관음포로 몰려갔다가 퇴로가 없음을 알고 사력(死力)를 다하여 다시 나왔다.

서기 1598년 11월 19일 이른 아침 이순신(李舜臣)이 친히 북을 치며 앞장서서 무찔러 완전 소탕하였다. 이때에 명장(明將) 계금(季金)은 부상을 당했고 명장 등자룡(鄧子龍)도 전사했으며 이순신 장군도 유탄에 맞아 순국(殉國)하였다. 이로써 7년간에 걸친 대 전쟁은 종막(終幕)을 고하고 남방이 탕평되어 변란(變亂)이 점점 식어갔다.

서기 1599년 선조(宣祖)32년 4월 명총독(明總督) 형개(邢玠)가 사로(四路)의 명군을 거두어 돌아가기 시작했다. 다음해 1600년 선조(宣祖)33년 9월에 명군제독(明軍提督) 마귀(麻貴)도 선조가 친히 전별하고 사례하였다. 그러나 종사관 가침(賈琛)은 조부 가유약과 부 가상의 뜻에 따라 조선에 잔류키로 결심하고 마제독(麻提督)의 주선으로 안동부사 권순(安東府使 權純)의 딸과 부부의 연을 맺고 동복(僮僕) 10인을 같이 조선에 머물게 했다. 가침은 마제독의 배려에 깊이 감읍(感泣)하여 큰 절로 전송(餞送)했다.

전란이 끝나고 주위에서 명나라로 환국할 것을 권유하였으나 손자 가침은 조부와 부친의 묘소를 두고 어디로 가겠느냐며 그대로 머물러 그 역시 조부, 부친과 같이 울산 서생포에 묻혔다. 그 뒤 가침의 네 아들 성(晟)·호(昊)·병(昺)·수(遂)는 귀국할 생각으로 부산을 떠나 전전하다가 1개월 만에 중국과 뱃길 왕래가 빈번하였던 안흥량 부근에 도착, 귀국을 포기하고 태안반도에 정착하여 세거(世居)하기 시작하였다.

그 후 조선 철종(哲宗)때에 이르러서야 비로소 가유약 낭중, 가상 유격 부자의 충의(忠義)를 널리 표창하여 알리고 그 손(孫) 종사관(從事官公)의 효성(孝誠)을 정표(旌表)하여 충남 서산군 남면 양잠리에 삼세불천(三世不遷)의 사우(祠宇)를 명정(銘旌)466)하여 2충 1효(二忠一孝)를 영원이 잊지 않도록 후세에 알렸다. 이 숭의사는 1851년에 소주가씨의 시조 가유약과 아들 가상, 그리고 손자 가침의 2충 1효 사우(祠宇)를 하사받아 건립하였으며 1988년에는 충남지방 문화재 300호로 지정된 사당이다.

숭의사 전경(태안군 남면 양잠리 소재)

---

466) 국가와 민족을 위하여 혁혁한 공을 세운 인물로 업적을 높이 찬양하고 기리기 위해서 국비로 영정을 모셔 두고 연 수차에 걸쳐 제향을 행하는 장소인 사우를 세우고 명정하여 신위를 모시고 제향케 하였으며 고을 군수에게 제향행사와 경비를 책임지게 했었다.

가유약과 가상은 조선의 안위를 진정으로 걱정하고 이해한 친한파의 대표 인물이었음이 수십여 차례의 조선왕조실록(朝鮮王朝實錄)[467]에 실려 있는 내용으로 충분히 이해하게 한다. 우리나라가 외형적으로는 선진국 대열에 들어왔다고는 하나 그에 걸맞는 성숙한 시민의식과 선진 문화가 절실하다. 게다가 핵가족화로 민족의 미풍양속인 효행(孝行)이 점점 사라지고 있다. 마침 코로나19 팬데믹으로 인해 가족의 의미와 가족애의 중요성을 새삼 크게 느끼고 있다.

이충일효의 공을 기리는 사액현판

가유약은 3세가 원병으로 참전한 사실은 전쟁 당사국에서조차 찾아보기 힘든 일이요. 어쩌면 세계 전사상에서도 유례를 찾아보기 힘들 것이다. 이러한 소주가씨 시조 가유약(賈維鑰) 3대가 참전한 행적(行蹟)이야말로 동서고금의 사상에서도 그 유례를 찾아볼 수 없는 모범적인 훌륭한 충효의 실적(實績)으로써 한국은 물론 전 세계 후세 교육에도 매우 훌륭한 모델이 될 것이다.

---

467) 조선왕조실록은 완역되어 누구나 검색으로 조회가 가능하다. 선조실록에는 가유약 16회, 가상은 23회 검색으로 찾아볼 수 있다.

발간후기

　세상일은 참으로 인연이 중요한 것 같습니다. 한 번도 백일장에 나가
본 적 없는 제가 그럭저럭 30여 권의 책을 내게 되었습니다. 그런데 그
책을 발간해 준 출판사 사장 중 한 분이 제게 "소주가씨(蘇州賈氏)에 대
한 책 한 권 써 보면 어때요?"하는 제안을 했습니다. 그 이야기를 듣는 순
간 '아! 그것도 의미가 있겠는데' 하는 생각이 문득 들었습니다.

　이 일이 계기가 되어 소주가씨 관련 책 한 권을 쓰기로 마음먹게 되었
습니다. 우선 자료를 찾아보기 위해 지금까지 알려진 소주가씨 관련한
현장을 모두 가 보기로 했습니다. 1,2대 선조 묘지가 있다는 울산 서생
진 도독동(都督洞)을 시작으로 가유약 선조가 쓰신 평왜비명(平倭碑銘)
비문이 있었다는 부산 자성대(子城坮), 대전 뿌리공원, 14대 가익건 선
조께서 병인양요(丙寅洋擾) 때 출정하셨다는 강화도 덕포진(德浦鎭), 중
국 진한 때 인물인 가의(賈誼)가 유배 왔다고 알려진 가의도 섬까지 가
보았습니다. 한편 현장에 갈 때는 현지의 문화해설사, 향토사학자들과
동행하며 다각도로 자료를 찾아보았습니다.

　아울러 그동안 발행된 족보는 물론 지금까지 나온 모든 기록들을 찾아

모으기 시작했습니다. 특히 선조실록(宣祖實錄)에는 가유약, 가상 부자에 대한 상세한 기록이 40여 차례 나온다는 사실에 깜짝 놀랐습니다. 또한 임진왜란 시 역사서 중 선조들의 기록이 포함되어 있는 상촌집(象村集), 재조번방지(再造藩邦志), 오산집(五山集) 등의 많은 기록들 속에 두 분의 기록이 생생하게 남아 있다는 사실도 알게 되었습니다.

감사하게도 가씨 문중이 아닌 분들이 소주가씨 관련한 책이나 글을 쓰고 있다는 사실도 알게 되었습니다. 그중 한 분이 조계사 진관스님입니다. 그분은 〈조선 승군 사상사 연구〉 책자에 이조실록을 바탕으로 가유약, 가상 두 분의 기록을 상세하게 소개하고 있습니다. 소주가씨에 대해 누구보다도 많은 관심을 갖고 연구하신 분은 향토사학자 최재학 선생님이었습니다. 그분은 수필가, 소설가로도 유명하지만 태안지역 향토사학자로서 남면에 독립투사인 문양목(文讓穆) 선생 자료발굴과 연구에 크게 기여하신 분입니다.

최재학 선생님이 어느 날 소주가씨들이 가지고 있는 기록물 중에 유일무이한 책자라며 국립중앙도서관 소장 '석호집' 복사본을 건네주셨습니다. 이 책을 받고 놀랍고 반가워 그길로 석호집 원본을 찾아보기 위해 바로 국립중앙도서관으로 향했습니다. 귀중한 사료라 지하창고 별실에 있는 이 책 원본을 발견한 순간 가슴이 뜨거워졌습니다. 이 귀중한 책자를 번역하기로 마음먹고 번역할 분을 수소문했습니다. 역사학자, 한학자, 교수들을 찾아 만나 보았지만 석호집이 당대 기록물에 그치지 않고 그 안에 한시(漢詩)가 70여 편이나 포함되어 있는지라 번역자를 구하기가 쉽지 않았습니다. 한문을 많이 안다고 해서 가능한 번역이 아니었기 때문입니다.

수소문 끝에 적임자로 만난 분이 순천향대학교 박현규 교수였습니다. 중국에서 교수도 지내셨고 '한국중국문화학회' 회장도 역임하신바 중국 문학에 조예가 깊고 임진왜란 관련 역사에도 해박하신 분이었습니다. 이미 명 귀화 씨족에 대한 연구에 관심이 많은 분이었기에 석호집 번역을 선뜻 맡아 주셨습니다. 워낙 열정적인 분이라서 가씨 족보는 물론 역사서, 중국자료, 관련 도서자료를 섭렵하셨고 태안 숭의사와 안흥진성도 직접 방문하면서 작업하셨습니다. 이렇게 6개월 이상의 노력으로 번역이 완성되었습니다. 이 번역물이 이번에 예쁜 책자로 읽기 좋게 탄생했습니다. 서두에서 밝혔듯이 석호집은 충효사상이 듬뿍 담겼다는 역사적 의미도 크지만 당시의 태안에 대한 상세한 기록은 물론 서민들의 애환과 생활상들을 수려한 문장과 시로 표현한 귀중한 자료입니다.

　특히 안흥진성은 2020년 11월 국가 사적지 560호로 지정된 이후 복원사업이 활발히 추진될 예정인데 여기 석호집에 꼭 필요한 자료들이 많이 들어 있어서 더욱 의미가 크다고 하겠습니다. 마침 정낙추 태안 문화원장께서 이 소중한 번역 자료를 보시고 "소주가씨 차원에서만 활용되기보다 태안군 더 나아가 충남의 주요한 역사와 문화적 가치 차원에서 책을 널리 소개하고 활용되어야 한다."는 강한 의지와 격려를 해 주셔서 더 없는 영광입니다.

　앞으로 이충일효 문화연구원은 지속적으로 자료를 발굴하고 연구 활동을 진행하면서 삼세충효(三世忠孝) 사상을 고양하기 위한 교육, 백일장대회 개최 등 행사도 확대해 나갈 예정입니다. 이 귀한 책이 나오기까지 가갑손 이충일효 문화연구원 이사장님과 가재군 전임 종친 회장님, 가국진 현 회장님의 지원과 격려가 큰 힘이 되었습니다.

이 책자를 발행하는 데 함께해 주신 재모 형님 그리고 금현 사무총장, 글로벌컨텐츠그룹 홍정표 사장님 이하 직원분들에게도 감사의 말씀을 드립니다. 아무쪼록 이 책이 많이 보급되어서 이 시대에 꼭 필요한 충효 사상이 널리 널리 확산되어 각 가정에서도 활용되기를 기대합니다.

이충일효 문화연구원장 가재산

이충일효(二忠一孝)문화연구원

가유약(賈維鑰) 3세의 충효정신(忠孝精神)을 기리고 그 이념을 실현하고 지속적인 연구와 자료 발굴을 위한 취지로 2021년 11월 18일 소주 가씨 종친회 부설로 설립하였다. 연구원은 설립 취지에 맞도록 충효사상을 고양하기 위해 역사학적 중요 자료에 대한 수집, 연구 및 책자 발간 등의 제반 활동과 국가와 사회 발전을 위한 인성, 진로, 리더십, 창의 체험, 공동체 활동, 글로벌 마인드 함양에 필요한 체험, 교육, 연구 활동을 지원하고 실행하는 것을 설립 목적으로 하고 있다. 연구원의 주 사무소는 충청남도 태안군 태안읍에 소재한 소주 가씨 종친회 회관 내에 두고 있다. 전국 소주 가씨를 대표하는 대종회, 화수회, 지역별 종친회 대표를 위시하여 종친회 관심이 많은 분들을 이사진으로 구성하되 외부의 학자, 전문가들을 자문으로 모시고 다양한 활동을 하고 있다.

박현규(朴現圭)

순천향대학교 중어중문학과 교수이자 천진외국어대학교의 객좌교수이다. 한국중국문화학회 회장을 지냈으며 다양한 영역에 걸쳐 활동 중이다. 펴낸 책으로는 『임진왜란 중국 사료 연구』, 『임진왜란 남원성 전투와 명군 문물』, 『중국 대륙 속의 한민족 디아스포라 지명』, 『동아시아 해상 표류와 해신 마조』, 『중국 명말·청초 조선시선집 연구』, 『19세기 중국에서 본 한국 자료』 등이 있다. 중국어로 낸 『광운판본고(廣韻版本考)』, 『대만공장한국고서적연합서목(臺灣公藏韓國古書籍聯合書目)』, 『항왜원조(抗倭援朝); 계금(季金)』을 포함하여 315편에 달하는 책을 집필하였다.